国家出版基金项目
NATIONAL PUBLICATION FOUNDATION

中国之治·坚持和完善社会主义基本经济制度丛书

建立更具活力的所有制结构

范恒山等 著

SPM 南方出版传媒 山西出版传媒集团
广东经济出版社 山西经济出版社
·广州· ·太原·

图书在版编目（CIP）数据

建立更具活力的所有制结构 / 范恒山等著. —广州：广东经济出版社，2021. 11
（中国之治·坚持和完善社会主义基本经济制度丛书）
ISBN 978-7-5454-8006-1

Ⅰ.①建… Ⅱ.①范… Ⅲ.①中国经济—所有制结构—研究 Ⅳ.①F121

中国版本图书馆CIP数据核字（2021）第210198号

策　　划：王成刚
责任编辑：刘亚平　余　朔　张　齐
责任校对：黄思健
责任技编：陆俊帆
封面设计：柏拉图

建立更具活力的所有制结构
JIANLI GENG JU HUOLI DE SUOYOUZHI JIEGOU

出版人	李　鹏
出　版 发　行	广东经济出版社（广州市环市东路水荫路11号11～12楼）
经　销	全国新华书店
印　刷	佛山市迎高彩印有限公司 （佛山市顺德区陈村镇广隆工业区兴业七路9号）
开　本	787毫米×1092毫米 1/16
印　张	25
字　数	380千字
版　次	2021年11月第1版
印　次	2021年11月第1次
书　号	ISBN 978-7-5454-8006-1
定　价	68.00元

图书营销中心地址：广州市环市东路水荫路11号11楼
电话：（020）87393830　邮政编码：510075
如发现印装质量问题，影响阅读，请与本社联系
广东经济出版社常年法律顾问：胡志海律师

总　　序

坚持和完善社会主义基本经济制度

坚持和完善社会主义基本经济制度是习近平新时代中国特色社会主义思想的重要内容。党的十八大以来，以习近平同志为核心的党中央围绕新时代如何坚持和完善我国社会主义基本经济制度，在理论和实践的结合中进行了深入探索。基于新的实践和发展需要，党的十九届四中全会将公有制为主体、多种所有制经济共同发展，按劳分配为主体、多种分配方式并存，社会主义市场经济体制三项并列作为社会主义基本经济制度，这是对社会主义基本经济制度作出的一次重要理论创新。

党的十九届五中全会提出：“全面深化改革，构建高水平社会主义市场经济体制。坚持和完善社会主义基本经济制度，充分发挥市场在资源配置中的决定性作用，更好发挥政府作用，推动有效市场和有为政府更好结合。”从我国发展的现实情况看，加快构建以国内大循环为主体、国内国际双循环相互促进的新发展格局，必须构建高水平社会主义市场经济体制，实行高水平对外开放，推动改革和开放相互促进。这是我国进入新发展阶段，在更高起点、更高层次、更高目标上全面深化改革开放的重大部署。

当前，在国际环境日趋复杂，不稳定性、不确定性明显增加的特定背景下，拥有14亿人口的大国，保持战略定力，办好自己的事，重在以构建新发展格局为基本要求，走出一条以高水平开放促进深层次市场化改革的新路子。

构建高水平社会主义市场经济体制，是我国新时代经济体制改革的目标取向，是推进高水平开放的制度保障。从现实情况看，构建高水平社会主义市场经济体制，既要充分发挥市场在资源配置中的决定性作用，充分激发国内市场活力，又要在适应国际经贸规则重构中建设高标准市场体系。

公开市场、公平竞争是高标准市场体系的重要特征，也是高水平开放的重要前提。构建高水平社会主义市场经济体制，首要任务是完善公平竞争制度。一是要重点强化竞争政策的基础性地位，对各类所有制企业一视同仁，实现各类所有制企业公平竞争；二是要实现经济政策由产业政策为主向竞争政策为基础转变，明确产业政策以不妨碍公平竞争为基本原则，制定适用产业扶持政策的负面清单，将产业政策严格限定在具有重大外溢效应的领域或关键核心技术领域；三是要实现市场监管的重点由一般市场行为监管向公平竞争审查转变，推动市场监管的主要对象由商品为主向服务为主过渡，并强化对经济政策的公平竞争审查。

构建高水平社会主义市场经济体制，需要全面实施市场准入负面清单制度取代传统行政审批制度，在激发市场主体活力的制度创新上实现新突破。一是要尽快形成全国统一的、内外资一致的负面清单，加快推动现有负面清单与正面清单的合并对接；二是要进一步提升负面清单的可操作性，建议参照国际经贸谈判负面清单模板，详细列明负面清单管理措施与相关描述，建立健全外资企业投诉机制；三是要明确国民待遇标准，进一步细化准入阶段的管理权力、要素供给、融资方式、进出口权、税收政策、法律保护、司法救济等一系列待遇标准，给予内外资企业明确预期。

新一轮科技革命和产业变革深入推进，以数字经济为重要特征的新经济发展，对以知识产权保护为重点的产权制度改革提出新的要求。我国进入经济转型升级的重要时期，面向经济主战场，以创新引领高水平市场经济发展，关键在于形成产权保护的制度基础。一是要突出强化知识产权保护，逐步推进知识产权标准与国际接轨；二是要实现不同所有制经济产权平等保护，尽快梳理和消除各种隐性壁垒，支持各种所有制经济依法平等使用生产要素、公平参与市场竞争、同等受到法律保护、共同履行社会责任；三是要依法保护企业家的财产权和创新收益，形成防范以公权侵犯私权行为的制度约束。

要素市场化配置是高水平社会主义市场经济体制的重要特征，也是我国实现高质量发展的重要保障。要更好利用国际国内两个市场、两种资源，实现要素市场化配置改革的重要突破。一是要加快推进土地要素市场化改革，形成城乡建设用地“同地同价同权利”的制度安排，形成公开公正公平的统一交易平台和交易规则；二是要深化户籍制度改革，增强劳动力的城乡、地域流动性，充分释放城乡一体化的巨大潜能；三是要推进利率市场化改革，加快推进市场利率与基准利率的“两轨并一轨”，尽快实现银行体系与实体信用环节的贷款利率由市场决定这一目标。

基于对坚持和完善社会主义基本经济制度的学习、理解和研究，中国（海南）改革发展研究院与广东经济出版社联合策划出版这套“中国之治·坚持和完善社会主义基本经济制度丛书”。丛书在学习理解习近平新时代中国特色社会主义思想的基础上，注重战略性、前瞻性、学术性和可读性。我们期望，这套丛书能够对关注中国社会主义基本经济制度的读者有所启示，对坚持和完善社会主义基本经济制度发挥积极作用。

这套丛书的作者大多是所在领域的知名专家学者。张卓元老师、宋晓梧老师、范恒山老师、薛澜老师等，他们在繁忙的工作之余参与了丛书的撰写。作为丛书编委会主任，我对为丛书出版付出艰辛努力的各位作者、顾问、编委表示感谢，对为丛书出版给予大力支持的广东经济出版社表示感谢！

这套丛书中每本著作代表的是作者本人的研究结论和学术观点，丛书不追求观点的一致性。欢迎读者批评指正！

迟福林

2021年5月1日

前　言

拥有或占有生产资料是人们进行生产的前提。所谓所有制，指的是生产资料归属于某个主体（个人、阶级、集团、社会等）的事实，它反映的是人与人之间在占有生产资料方面所形成的关系。不同的所有制及其实现形式，往往反映着不同的生产式样，因而会带来不同的经济效率，自然而然，也蕴含着不同的经济活力和创造力。

马克思主义告诉我们，人类社会的发展进步来自生产力和生产关系的矛盾运动。生产力决定生产关系，生产力是生产关系形成的前提和基础，也决定着生产关系的发展和变革；生产关系反作用于生产力，生产关系必须适应生产力的要求发展与变革，与生产力发展要求相适应的生产关系会促进和推动生产力发展，反之则会阻碍甚至破坏生产力发展。而所有制则是生产关系的基础，一定的生产资料所有制形式，决定人们在生产关系中的一定地位和相互关系、一定的交换关系和一定的产品分配关系。所谓生产力与生产关系的关系，本质上或根本上是生产力与所有制的关系。马克思和恩格斯强调："社会制度中的任何变化，所有制关系中的每一次变革，都是同旧的所有制关系不再相适应的新生产力发展的必然结果。"[1]这就是说，所有制是整个经济制度乃至整个社会制度的核心，所有制的状况直接制约着生产力的发展状况，影响着经济运行的活力。事实上，2000多年前的中国先贤孟子，就曾用"无恒产者无恒心"的哲言向人们直朴地诠释过类似的道理。

---

[1] 中共中央马克思恩格斯列宁斯大林著作编译局：《马克思恩格斯选集》第一卷，人民出版社，1972。

新中国波澜壮阔的发展实践提供了生动的例证。在一定程度上说，新中国70多年的发展史，就是一部生产资料所有制及其具体实现形式适应生产力要求变革与完善的历史。这其中包括在没收官僚资本，对个体农业、个体手工业和资本主义工商业进行改造基础上确立公有制体系；通过“升级”“合并”推行以国有经济为主体的单一公有制；突破公“是”私“非”观念，积极鼓励、支持、引导非公有制经济发展；推进国有经济战略性调整，大力发展混合所有制经济；等等。经过努力，最终确立了“两个毫不动摇”的思想，形成了公有制为主体、多种所有制经济共同发展的所有制格局。这一过程充满曲折反复，但总体上体现了所有制适应生产力要求改革调整的基本方向，因而也带来了我国经济社会的持续发展和旺盛活力。可以肯定的是，这一过程仍将持续，在生产关系特别是所有制和生产力的矛盾运动中，我国所有制结构及各种所有制的实现形式必将更加科学完善，而我国经济社会也将朝着高质量发展的方向不断攀升，以劳动、知识、技术、管理和资本等要素活力竞相迸发为支撑的经济能量将更加充分地释放出来。

《建立更具活力的所有制结构》是一部以所有制为重点探索研究所有制、生产力和经济活力内在关系的书籍。本书从讨论最基础的生产力与生产关系之辩证关系入手，对体现在我国实践中的各种所有制类型进行了全面分析，进而延展到所有制与经济治理制度的研究，以期全面展示各种所有制及其实现形式与生产力发展、经济活力提升之间的逻辑联系，揭示其面临的现实挑战，指出其整体和各关键方面进一步调整改善的方向。

本书既有对实践过程的总结，也有对改革路径的思考。无论是总结还是思考，都带有较强的学术研讨色彩。参与本书撰写的有多位作者，这使这种研讨体现着明显的差异性。即使作了一定程度的统筹和统改，也很难完全消除这种差异而做到整齐划一。事实上，体现在本书各章间的差异并不止于内容表述上，还包括行文风格等其他方面。不论是出于力不从心的无奈，还是出于对各作者原意的充分尊重，我们最终没有通过修改来消除这种差别，反而在内心把这种差异性乐观地看成一种意外的收获，认为它们使本书呈现出了一些鲜活的成分和必要的张力，这一点是要事先向读者申明的。

我们努力遵循科学理论和尊重客观实际对复杂的所有制问题作深刻的研究，力求提出一些具有实践价值的创新性见解，因此有了“生产力域现象论”等研究成果。但更应强调的是，面对瞬息变化的国内外复杂环境，面对不断发展的生产力与所有制的矛盾关系，我们的理论素养和实践知识表现出明显的短缺或不足，因此本书中存在对一些方面论述不充分、不准确的问题是可以想见的，甚至还可能出现一些错谬，敬请读者理解并不吝指教。期待通过本书，引发更多关于所有制改革的理论创新和政策建议，以为促进生产力进一步发展、加快实现国家现代化提供坚实有力的支撑。

CONTENTS

目 录

CHAPTER 1

第一章

所有制、生产力发展与经济活力

所有制是生产关系的基础，所有制改革是经济体制改革中处于基础层面和核心地位的改革。所有制改革成功与否，决定着经济成分结构是否合理，也从根本上决定着经济体制改革的成功与否。本章主要明确所有制的内涵、分类和实现形式，探究所有制、生产力发展与经济活力之间的内在联系，梳理我国所有制改革的目标、现状和主要问题，对推进全面深化改革、促进中国特色社会主义事业蓬勃发展具有重要的现实意义。

第一节

生产力与生产关系的辩证关系

物质资料生产是人类社会生存和发展的基础。在物质资料生产过程中，人和自然会发生一定的关系，即生产力；人们相互之间会发生一定的关系，即生产关系。社会生产是生产力和生产关系的统一，两者相互结合、相互作用，推动人类社会发展进步。

一、生产力和生产关系的基本内涵

（一）生产力的内涵与结构

生产力是指劳动者利用生产资料进行物质资料生产的能力，体现了人类改造自然和控制自然的能力，反映了人与自然界之间的关系。生产力本身并不包括任何社会制度的属性，但它又总是与一定的社会制度相联系。

生产力包含三个基本要素，即劳动者、劳动资料和劳动对象。其中，劳动者是生产力的决定性要素，无论在哪种社会形态下，劳动资料和劳动对象等必须同劳动者结合起来，才能转化为直接的、现实的生产力，推动人类社会的发展和进步，劳动者的能力决定着其他生产力要素所能产生的最终效益。与此同时，劳动者必须同劳动资料和劳动对象结合，才能真正成为生产力的决定性要素。

劳动资料是指人用以影响和改变劳动对象的一切物质资料的总和，既包括生产工具、土地、建筑等实体性劳动手段，也包括科学技术、知识产权等非实体性劳动手段。生产工具是最重要的劳动资料。生产工具是劳动者作用于劳动对象的中介，是人们在物质资料生产过程中对劳动对象进行加工的手段，是人类自身肉体器官的延长。生产工具的先进与否是生产力高低的主要标志，生产工具的不断发展和进步，也推动着劳动对象的延展，从而更多地提升生产使用价值的效益。

劳动对象是指劳动者在生产实践中运用生产工具作用于其上的一切东西，是生产力运行的基础，没有劳动对象，劳动者的生产就无法实现，生产工具也不能发挥作用。劳动对象的数量、质量和种类对生产力的发展有很大的影响。

此外，随着人类生产力水平的提高和经济社会的发展，生产力要素的外延逐渐扩大，科学技术、管理、信息也被纳入其中。科学技术的进步在当今社会生产力发展中起着主要作用，科学技术不仅提高了劳动者的劳动技能，而且使劳动者创造出新的劳动资料和工艺方法，不断发现自然界新的有用物质或物质的新的有用属性，使劳动资料和劳动对象不断多样化，从而推动生产力的发展。生产力的诸多要素并不是孤立的，需要以合理的数量、比例和方式结合在一起，才能充分发挥作用。生产组织形式和制度安排的正确调整也会形成新的生产力，这就是生产关系发挥的作用。

（二）生产关系的内涵与结构

生产关系是人们在物质资料生产过程中相互之间所发生的一定关系，反映的是人与人之间的关系。生产关系是社会关系中最基本的关系，家庭关系、政治关系、宗教关系等其他社会关系都受生产关系的支配和制约。物质资料生产包含生产、分配、交换、消费等环节，与之相对应，生产关系本身也是一个由多重关系组成的系统，既包括生产、分配、交换和消费的相互关系，又包括人们在生产、交换、分配和消费各个环节中的关系。

1. 生产关系的基本要素

生产关系是一个多层次的复杂结构，是内部各环节或各方面相互联系、相互制约的有机统一体。它包括三个基本要素：生产资料的所有制关系、人们在生产中的地位和交换关系、产品的分配方式。

生产资料的所有制关系。一切生产实践的进行必须以生产资料与劳动者的结合为前提，生产资料与劳动者的不同结合方式就构成了生产资料的所有制关系。生产资料所有制关系是整个生产关系中最基本的、起决定作用的方面，它决定了生产关系的性质和类型。

人们在生产中的地位和交换关系。这主要指人们各处于什么样的生产地位，以及他们之间怎样相互交换彼此的活动这样一种关系。当一部分人为别人提供自己的劳动而不能换取等量劳动产品的时候，他们之间就形成了支配与被支配、剥削与被剥削的关系；如果等量劳动能够换取等量报酬，他们之间就形成了平等的关系。

产品的分配方式。这是指生产的产品如何进行分配，即按什么原则和标准进行分配，它反映出人们之间是平均主义还是按劳分配、按需分配的关系。产品的分配方式直接由生产资料所有制决定，体现了生产资料和劳动者之间的关系，是整个社会关系的直接表现。

2. 生产关系的内部结构

生产关系具体分为生产、分配、交换与消费的相互关系，以及人们在生产、分配、交换和消费过程中的关系。

（1）生产、分配、交换与消费的相互关系

在社会再生产过程中，生产和消费既是起点又是终点。生产是生产资料和劳动力的消费，同时消费品的消费又是再生产劳动力的生产。生产与消费之间存在相互决定关系：一方面生产决定消费，生产决定消费的对象和方式，生产的性质决定消费的性质，生产引起消费的需要；另一方面消费也决定着生产，只有通过消费，才能使产品成为现实的产品，消费是生产的目的和动力。

生产决定交换，生产的性质决定交换的性质，生产的发展程度决定交换的发展程度。交换对生产具有反作用，随着交换的发展、市场的扩大，对用来交换的产品的需求会增长，生产也会随之发展。

分配分为两种，一种是产品的分配，另一种是生产资料和社会成员在生产过程中的分配，即资源分配。在产品分配上，生产决定分配，没有产品也就不可能有分配。在资源分配上，生产资料和社会成员在生产过程中的分配决定着生产，这种分配包含再生产过程本身并决定生产结构。分配对生产有反作用，对生产效率具有调节作用，资源分配的方式不仅会直接影响劳动的效率，也会直接影响生产要素配置的效率。

（2）人们在生产、分配、交换和消费过程中的关系

人们在直接生产过程中的相互关系，由生产资料的所有制形式决定。人们在分配过程中的相互关系，既包括生产资料分配中的关系，体现生产资料所有制形式，也包括产品分配过程中的关系。人们在交换过程中的相互关系包括三个方面：一是直接生产过程内部活动的交换；二是再生产过程中国民经济各部门、地区、企业、个体劳动者之间的产品交换；三是不同利益主体之间的交换。消费按其内容分为生产消费和生活消费两个方面，生产消费直接属于生产过程。人们的生活消费，包括消费的对象，消费品的结构、数量和消费的方式、水平等，体现人们的相互关系。人们在各种消费方式中所占份额体现社会经济的发展阶段，也体现着人们在其中的地位[1]。

二、生产力与生产关系的作用机理

生产力与生产关系是社会生产的两个方面，二者的有机统一构成社会生产方式。生产力决定生产关系，生产关系对生产力具有反作用，这是历史唯物主义的基本原理。生产力的发展是生产关系变化的原因和新旧生产关系更替的依据，能否推动生产力发展，是评判生产关系先进或落后的根本标准。

（一）生产力对生产关系的决定作用

生产力决定生产关系，有什么样的生产力，就要求有什么样的生产关系与之相适应。人们在物质生产中采用什么样的生产关系，不是取决于人们的主观意志，而是由生产力的性质和生产力的发展阶段决定的。

一方面，生产力的状况决定生产关系的状况。生产力决定生产关系的性质，生

[1] 逄锦聚、洪银兴、林岗，等：《政治经济学（第五版）》，高等教育出版社，2014。

产力的状况如何，决定或要求有与之相适应的生产关系。例如，在原始社会，生产力水平极低，人们使用极其简陋的生产工具，从事捕鱼、打猎、采集等生产活动。在这种情况下，要想获得生活资料，就必须采取集体劳动的形式。这就决定了社会成员共同占有生产资料、平均分配产品的原始公有制的生产关系。同时，生产关系要适应生产力的发展状况，生产关系的变革要以生产力的发展为物质基础。在一种生产关系所能容纳的生产力的作用全部发挥出来之前，它就不会灭亡；当一种新的生产关系赖以存在的物质基础没有成熟时，它也不会出现。

另一方面，生产力的发展决定着生产关系调整的方向和社会制度变迁的演化方向。生产力在社会生产中是最活跃、最革命的因素，处在不断发展变化过程之中，它的这种发展变化会引起生产关系的变化和发展。而与生产力相比较，生产关系在一定历史时期内表现得相当稳定，不像生产力那样积极、活跃。当生产力发展到一定水平以后，会推动生产关系的发展和变革，最终满足生产力的要求。正如马克思所说："手推磨产生的是封建主为首的社会，蒸汽磨产生的是工业资本家为首的社会。"当适应生产力要求的某种生产关系建立起来后，它的进一步发展和变化，以及被另一种新的生产关系所取代，同样由生产力的发展决定。如果生产关系不适应生产力的发展，生产力的发展一定会冲破这种生产关系的束缚，从而引起生产关系的变革。生产力不仅提出变革某种生产关系的要求，而且规定了生产关系发展、变革的方向和程度。

（二）生产关系对生产力的反作用

生产关系也不是消极被动的，生产关系会反作用于生产力。当生产关系适应生产力的发展要求时，就会促进生产力的发展；当生产关系不适应生产力的发展要求时，就会阻碍生产力的发展。生产关系不能长期处于与生产力不相适应的状态，否则它迟早会被与生产力相适应的生产关系所代替，生产力终究会突破旧的生产关系的束缚，为自身的发展开辟道路。生产关系一定要适应生产力的发展，是人类发展的客观规律。

生产关系对生产力的反作用具体表现为：当生产关系适应生产力状况和发展要求时，它推动生产力的发展，即新的生产关系能有效地实现劳动者和生产资料的结合；当生产关系不适应生产力状况和发展要求时，它阻碍生产力的发展，即落后的生产关系不能有效地通过生产工具实现劳动者和劳动对象的高效结合，严重抑制劳动者的积极性。随着生产力的发展和社会进步，新的生产关系将代替旧的生产关系，以促进生产力的进一步发展。

然而，生产关系对生产力的反作用是有限的。在生产关系已经严重落后于生产力水平，成为社会生产发展的桎梏时，革新生产关系可以解放生产力，极大地促进生产力发展。但在生产力水平极大提高之前就盲目变革生产关系，只会对生产力的发展造成伤害。

三、生产力与生产关系的对应规律

有什么样的生产力，就会有什么样的生产关系，生产力和生产关系之间的作用与反作用形成了它们之间的对应规律，即生产力与生产关系的主对应和非一一对应。

（一）生产力与生产关系的主对应关系

生产力在一定的发展阶段上具有特定的客观性，当一种新形成的生产力普遍被应用于社会生产中时，它就成为社会生产的主导要素，需要建立与之相适应的生产关系。同时，生产力在质与量上的相对稳定性，决定了生产关系的质与量在一定历史时期的相对稳定性，从而出现了生产力与生产关系的主对应。

在石器时代，出现了石器与原始公有制的主对应；在铜器时代，铜器主要对应了奴隶制生产关系；随着铁器的产生和发展，封建社会逐渐形成和发展起来，出现了铁器与封建制生产关系的主对应；在封建社会后期，手工工具逐渐被机器所代替，资本主义生产关系也随之取代了封建制生产关系，出现了机器与资本主义生产关系的主对应。

（二）生产力与生产关系的非一一对应关系

生产力的发展和生产关系的调整都是循序渐进的过程。最初，随着生产力的发展，出现了新的生产关系；随后两者逐步适应，生产力快速发展；最后，生产力的发展超越了现存的生产关系，生产关系逐渐阻碍生产力的发展，进而出现新的生产关系调整。因此，在某一历史时期，除了先进的主导生产力之外，还会存在相对落后的生产力；除了存在与主导生产力适应的生产关系外，还存在其他类型的生产关系。

值得进一步说明的是，虽然生产力决定生产关系，但生产关系还会受政治、法律、意识形态等上层建筑，以及人口、自然资源、生活环境和地理环境等因素的影响，所以在主对应关系之外，生产力与生产关系还存在非一一对应关系。即两者存在“一对一”的因果关系，也存在“一对多”和“多对一”的对应关系，形成一种复杂、有弹性的对应关系系统。

第二节

所有制在生产关系中的特殊地位

生产资料所有制在所有制关系中居于核心地位，直接制约着整个社会的物质生产、分配、交换和消费，是整个社会生产关系的基础。所有制在法律、经济制度和企业层面上又有不同的实现形式，是决定生产关系基本性质和变革方向的主要因素。

一、所有制的内涵

一切物质资料都存在所有制关系。所有制一般是指生产资料所有制，即由一定的生产力水平所决定的人们对生产资料的占有形式，其内部结构由人们对生产资料的所有、占有、支配、使用等经济关系组成。在马克思、恩格斯和列宁的著作中，都曾按照所有制客体，即人们据以结成所有制关系的客观对象的差别，使用过生产资料所有制、流通资料所有制、劳动产品所有制、消费资料所有制等不同概念。从表面上看，生产资料所有制是人对物的占有关系，实质上它是在生产过程中表现出来的人与人之间的社会经济关系。生产资料所有制是一定社会的生产关系和经济制度的基础，决定着人们在生产过程中的地位、作用和相互关系，决定着产品分配的方式和性质。

所有制分为三大类，即公有制、私有制和混合所有制。其中，公有制是指处于生产过程之中的劳动者共同占有生产资料和劳动产品，共同进行生产活动的所有制形式。公有制的主体仅仅是劳动者，不从事劳动的、单纯的财产所有者不能成为公有制的主体；公有制的生产条件属于它的成员共同所有，其所有权是不能分割的；公有制的成员拥有同等的权利和义务，任何人都不能凭借经济的、行政的权力占有他人的剩余劳动。而私有制则是相对于公有制的经济制度，在这种制度下，财产进行个人或集体的排他性占有。混合所有制是由几种所有制成分结合在一起而形成的所有制形式。混合所有制经济的具体形式有股份制经济、合作经济、合资经济等。

从结构上看，在实际的社会运行中，所有制又可以分为单一所有制和多种所有制共存两种形态。例如，我国在1956年底社会主义改造完成后，建立了以单一公有制为基础的社会主义社会，生产资料的社会主义公有制成为我国国家和社会的唯一经济基础。改革开放以后，为了适应我国生产力的水平、层次和发展需要，又建立了以公有制为主体、多种所有制并存的所有制结构。

按照历史唯物主义的解释，生产力发展过程可以通过不同性质的所有制的更替来反映。正常更替的顺序是：部落所有制→古代公社所有制和国家所有制→奴隶所有制→封建或等级所有制→资产阶级所有制→社会主义所有制→共产主义所有制。这符合人类社会发展的基本规律。但是，当立足于某一生产力发展阶段时，马克思主义经典作家也解释了一个非常态规律：所有制的演化程序并不是绝对固定的。由于历史发展的复杂性，私有制和公有制并不是非此即彼的关系，从现代经济社会发展看，资本主义私有制不同于传统的私有制，而是出现了公众持股的“股份制”“国有经济”等公有的形式；而社会主义国家传统的单一公有制也正在改变，形成多种经济成分并存的局面。客观上这是一种“趋同”的迹象。

二、所有制在生产关系中的地位

所有制是生产关系的基础，构成生产关系形成的前提，决定生产关系的性质和内容，是生产关系发生变动乃至根本性变革的基本因素和主要环节。生产资料归谁所有、由谁支配，不仅决定着直接生产过程中人与人的关系，而且决定着分配关系、交换关系和消费关系。

（一）所有制是生产关系形成的前提

马克思曾指出："一切生产都是个人在一定社会形式中并借这种社会形式而进行的对自然的占有。"也就是说，生产资料占有是生产的一个基本条件，突出了所有制的基础性作用[1]。在社会生产过程中，生产对分配、交换和消费等环节具有重要的决定作用，作为生产条件的所有制，决定了生产，从而也决定了一定的分配、交换、消费和不同环节之间的一定关系，从而构成生产关系形成的重要前提。

（二）所有制决定生产关系的性质和内容

历史唯物主义的观点认为，人类社会发展要经过五个依次递进的社会形态，即原始社会、奴隶社会、封建社会、资本主义社会和未来的共产主义社会，区分不同社会形态的最显著的标志是占主导地位的所有制形式。同时，生产资料所有制决定了一定社会的经济利益关系，从根本上决定了生产关系的物质内容。对生产资料的占有是生产的前提， 是人们在分配、交换和消费领域中得以发生关系的基础。生产资料归谁所有、占有和支配决定它们根据谁的意愿使用、为谁的利益服务，从而决定了社会生产的目的和各类经济主体之间的物质利益关系，因而生产资料所有制是最基本的生产关系，它决定了整个社会的利益关系，也决定了生产关系的物质内容。

（三）所有制是生产关系变革的起点和主要环节

在所有制形式既定的情况下，生产者可以各自分工，与生产资料结合进行生产。生产关系中的主体是人，所有制的主要内容是物的归属，因此，所有制较生产关系更具有现实依据，从而是生产关系变革的起点。生产力的提高，特别是生产工具的改良与进步，会引起所有制的变化，所有制的变化就使整个生产关系随之发生变革。例如，原始社会末期生产关系的变革，是因为出现对畜群和奢侈品的私人占有，引起单个人之间的交换，使产品变为商品，进而引起了生产关系的变化。

所有制形式发生变化了，人们在生产、分配、交换过程中的一系列关系也会随之发生变化，因此所有制的变革会构成生产关系变革的主要环节。正如马克思所

[1] 范恒山：《所有制改革：理论与方案》，首都经济贸易大学出版社，2000。

说："世界史就是所有制关系发生变革的历史。"也就是说，变革生产资料所有制是变革生产关系的主要内容。

三、所有制的表现形式

所有制是生产关系的基础，占主导地位的生产资料所有制决定着整个社会制度的基本性质。所有制在法律、经济制度、企业等不同层面上具有不同的表现形式。

（一）法律层面上的表现形式

从内涵和范畴上看，所有制是基于生产资料归谁所有生成的经济关系的总和，而所有权则是指财产归谁所有的法律制度，是所有制在法律层面上的表现形式，只有当所有制中的排他性支配关系为法律所肯定时，才产生所有权。所有制是所有权的经济基础，一定的所有制决定一定的所有权，所有制的性质和内容决定所有权的性质和内容，所有制的变化决定所有权的变化。所有权反过来又积极作用于所有制，保护、巩固和发展所有制。

所有权有广义和狭义之分。狭义的所有权是所有者对生产资料的归属的所有；广义的所有权则包括占有权、使用权、支配权和收益权等，与西方经济学中的产权概念基本一致。

（二）经济制度层面上的表现形式

基本经济制度是所有制结构的具体制度表现，指一个社会所容纳的所有制形式及其构成比例的关系，反映一个社会制度的属性。经济体制是指经济活动的具体组织和运行形式，不带有社会性质，社会主义可以用，资本主义也可以用。

经济制度根据其基本性质，可以分为公有制经济、非公有制经济和混合所有制经济三大类。公有制经济包括国有经济、集体经济以及混合所有制经济中的国有成分和集体成分。其中，国有经济是指生产资料和劳动产品归全体人民共同所有的公有制经济，是国民经济的主导力量；集体经济是指生产资料归一部分劳动者共同所有的公有制经济。

非公有制经济主要包括个体经济、私营经济和外资经济。个体经济是指在劳动者个人占有生产资料的基础上，从事个体劳动和个体经营的私有制经济；私营经济是指以生产资料私人占有和雇佣劳动为基础，以谋取利润为生产经营目的的私有制经济；外资经济则是我国为发展对外经济关系吸引外资而建立起来的所有制关系。

此外，在中国特色社会主义的建设实践中，出现了公有制经济和非公有制经济同时并存的所有制经济类型——混合所有制经济，其发挥的作用日益突出。混合所有制经济是指由各种不同所有制经济，按照一定的原则实行联合生产或经营的所有制经济。混合所有制经济相较于单一的公有制经济或私有制经济，是一种更能适应现代生产力发展的内在要求，更能综合不同所有制关系的比较优势，更能实现不同产权的整合与协作、制衡与激励、约束与发展，更能释放生产力和推动生产力持续健康发展的经济组织方式，混合所有制经济的性质取决于在它内部占主体地位的所有制经济的性质。

（三）企业层面上的表现形式

企业是经济发展的微观基础，所有制在企业层面上具有多样化的表现形式，是基本经济制度在微观层面上的体现。按照所有制性质来分，我国目前的企业包括国有企业、集体企业、股份制企业、联营企业、私营企业、个人独资企业和港澳台及外商投资企业等类型。

其中，国有企业、集体企业是公有制经济的基本实现形式；私营企业、个人独资企业和港澳台及外商投资企业是私有制经济的重要载体；而股份制企业、联营企业则是混合所有制经济的实现方式，可以使所有制性质不同的产权主体多元投资、交叉持股、互相贯通、融合发展，形成新型的企业产权主体结构。我国的混合所有制企业一般分为三大类：国有资本之间的混合、民营资本之间的混合，以及国有、民营资本之间的混合。国有、民营资本之间的混合又可分为三小类，即国有资本控股；国有资本参股，民营资本控股；国有资本和民营资本相对均匀，没有绝对或相对控股的股东[1]。

[1] 肖贵清、乔惠波：《混合所有制经济与国有企业改革》，《社会主义研究》2015年第3期。

第三节

所有制与生产力发展和经济活力提升

生产力、所有制和经济活力是社会生产和经济发展的重要决定因素，彼此之间存在着深刻的相互作用关系。作为经济社会发展的决定性力量，生产力对所有制和经济活力影响深远，而所有制和经济活力又可以反作用于生产力的发展。同时，所有制是生产关系的基础，所有制的调整可以改变生产、分配、交换和消费各环节的关系，从而深刻影响微观经济主体乃至整个经济发展的活力。

一、所有制与生产力的关系

生产力决定生产关系，生产关系反作用于生产力的发展，而所有制是生产关系的基础，是通过社会生产关系表现的经济占有关系，因此生产力与所有制之间也存在着决定与反作用的关系。

（一）生产力决定所有制的性质和结构

所有制形式及其结构是生产力发展自然选择的结果，生产力不断向前发展，所有制及其结构也需要不断调整。人类社会物质生产活动的历史，就是生产力不断发展变化从而引起生产关系和所有制关系相应发展变化的演变过程。

一方面，生产力的发展水平决定所有制的基本性质。所有制是在生产关系中表现出来的对生产资料的占有和对劳动过程以及劳动产品的支配关系。正如恩格斯所指出的，“生产以及随生产而来的产品交换是一切社会制度的基础；在每个历史地出现的社会中，产品分配以及和它相伴随的社会之划分为阶级或等级，是由生产什么、怎样生产以及怎样交换产品来决定的”[1]。生产力的发展水平决定了生产关系和社会分工的基本形式，进而决定了生产资料的占有和对生产过程的支配，以及相应出现的劳动和产品的分配，最终决定了所有制的基本性质。

另一方面，生产力决定所有制的结构是单一所有制还是多种所有制共存。在一种社会形态里，占主导地位的所有制形式是由生产力的总体发展水平决定的。大部分时期，生产力发展水平又是多层次的，既有高技能劳动者与先进生产工具相结合形成的高水平生产力，也有低技能劳动者与传统生产工具相结合形成的低水平生产力，还有介于二者之间的中等水平生产力。多层次的生产力水平必然要有多样性的生产关系与之相适应，具体表现之一就是所有制及其形式的多样化。如果一个社会形态中出现高水平、中等水平、低水平生产力并存的局面，那么单一的所有制结构就很难适应整个社会生产力的发展要求，需要以某一种所有制为主导、多种所有制共存的结构与之相适应[2]。

此外，与生产关系相同，所有制形式与生产力水平相对应也只是一般趋势，两者之间还存在非一一对应关系。存在非一一对应关系的原因在于，除生产力之外，影响所有制形式的因素还有很多，各种因素的作用方向不一致，导致了所有制形式的多样化，出现了所有制形式与生产力水平的局部偏离现象。

（二）所有制反作用于生产力的发展

生产资料所有制决定社会产品的分配方式和分配结果，决定不同社会阶层的经济地位，从而影响整个社会再生产的运行过程。如果所有制的性质和结构适应生产力的发展要求，就会促进生产力的发展；反之，则会阻碍生产力的发展。

1956 年底，我国基本完成了生产资料所有制的社会主义改造，通过没收官僚资本和赎买民族资本建立了全民所有制经济，通过改造个体农业和个体工商业，建

[1] 张素芳：《生产力、生产关系、所有制的涵义及其相互关系新探》，《生产力研究》1992年第1期。

[2] 黄华：《国有企业发展混合所有制经济的理论与对策——基于生产力多层与所有制多样的分析》，《甘肃社会科学》2017年第2期。

立了社会主义劳动群众集体所有制经济，从而确立了单一公有制经济体制，符合当时我国的发展需要，为国家的发展奠定了政治和经济基础，使我国在较短时期内建立起比较完整的工业体系和国民经济体系。

然而，随着经济社会的不断发展，这种单一的所有制结构逐渐与我国生产力水平低、不平衡和多层次等情况不匹配，在后来的发展过程中阻碍了生产力的提高和经济的发展。因此，改革开放以后，我国逐步建立和完善与生产力发展相适应的，以公有制为主体、多种所有制经济共同发展的基本经济制度，毫不动摇地巩固和发展公有制经济，毫不动摇地鼓励、支持、引导非公有制经济发展，显著增强了经济活力和竞争力，推动了经济社会发展，取得了举世瞩目的发展成就，一跃成为世界第二大经济体。

（三）“生产力域”现象[1]

生产力和一定性质的所有制并不是在一个点上相联结，它提供给一定性质所有制的是一个水平区域。在这个区域内，不仅同一种性质的所有制的不同形式可以替代出现，而且不同性质所有制的适当形式的并存也有可能。我们称这个区域为“生产力域”，而把生产力和所有制间的这种关系称为“生产力域”现象。

按照历史唯物主义的解释，不断深化的社会和自然界间的物质交换过程即生产力发展过程，可以通过不同性质所有制的更替来反映或体现。这是一个由“原始的直接公有制”经各种性质的私有制向高级的直接公有制进化的过程。这一解释是科学的，准确地反映了人类社会发展的基本态势。而“生产力域”现象揭示的是生产力和所有制关系上非马克思一般态势的规定，但却不是对一般态势的否定。相反，它是马克思主义生产力和所有制关系原理的一个组成部分，是其更深层次的内容。“生产力域”现象具体表现为，同一性质的生产资料所有制，可以在极不相同的生

[1] “生产力域”概念最早是范恒山于1987年发表在《福建论坛》上的《商品经济的二重属性及其对所有制的反规定》一文中提出的，“生产力域”现象解释了不同性质的所有制以适当形式并存的可能性。

产力基础上建立；不同性质的生产资料所有制，则可以在大体相同的生产力水平上并存；而在大体相同的生产力水平上对峙并存的所有制，往往在内在结构上显示出许多共同之处。

生产力发展和所有制更替的渐进性，是“生产力域”现象存在的基本依据。根据唯物史观的相关原理，生产资料所有制是适应生产力发展而发展的，在不同的历史阶段，社会生产力发展水平不同，生产资料所有制也不同。然而生产力的发展是一个由低到高的渐进过程，除非生产力发展到特定阶段（最起码的阶段），否则一种性质的所有制不可能被另一种性质的所有制所取代，因此，所有制的转化也是一个渐进的过程。对于同一性质的所有制来说，这种渐进性为它的产生和发展提供了一个区间；对于不同性质的所有制来说，这种渐进性事实上为它们提供了一个存在和发展的共同区间。前者使同一性质的所有制在不同的生产力水平出现成为可能，而后者则使在同一国家或地区内不同性质的所有制并存成为可能，也使不同国家或地区选择不同性质的所有制成为可能，从而可能导致不同性质的所有制的对峙并存。

基于此，我们可以深化对“生产力域”现象的认识，即生产力提供给一定性质所有制的是一个水平区域，这一区域为这种所有制以各种具体形式存在和发展提供了可能，但只有那些适应这一区域各阶段生产力发展的特定的质、量及其结构的具体形式，才能最终存在和发展。反言之，只有这些具体形式，才能最大限度地促进生产力发展。同时，由生产力提供给某种性质的所有制存在和发展的水平区域内的某个特定区间，可能同时成为适应其他性质的所有制以特定形式存在和发展的区间。在这个“共同区间”，可能出现不同性质的所有制以特定形式并存的状况，亦可能出现新性质的所有制取代原性质的所有制的状况。

揭示“生产力域”现象的重大实践意义在于，有助于人们正确对待如下非常规状态及深化所有制改革的实践。首先是公有制和私有制的并存。“生产力域”现象表明，不同性质的所有制能够在同一生产力发展阶段并存。而现有的实践表明，私有制，尤其是以现代股份公司制度为特征的私有制，现阶段还有存在的生产力基础。因此，私有经济可以作为独立于社会主义公有制的一种所有制在某些国家或地区存在，也可以作为社会主义经济的一个组成部分在同一个国家或地区内部存在。

其次是公有制和私有制的互换。在实践中，无论是公有制的一定形式向私有制的一定形式转换，还是相反的转换，只要这种转换是自然的而不是人为强制的，都不过是生产力的变化引起的对所有制形式的调整，是生产力的现有水平对于与之相适应的所有制形式的选择，要把握正确的转换方向，进一步采取符合实际的特殊措施推进这种转换。

最后是公有制和私有制的融合。公有制和私有制并没有好坏之分，两种所有制并存时出现的趋同或融合现象，是生产力引起的由两种所有制各自的内在调节机制的调节而完成的一种自然过程，根本的基础在于两种所有制所依赖的生产力水平的一致性。而两种所有制所出现的趋同方面或融合方面，很可能是生产力发展所要求达到的阶段性或最后的所有制模式。现有的生产力水平为公有制和私有制以一定形式并存提供了必然性，从而为两者逐渐吸取对方的某些规定或机制提供了必然性。正确认识公有制和私有制的融合，有助于我们在所有制改革实践中突破非此即彼的选择模式而大大拓展理想的所有制形式的寻找范围，最终建立理想的所有制模式。

二、生产力与经济活力

生产力与经济活力存在相互作用、相互影响的关系，生产力发展水平直接影响经济发展活力，经济发展活力释放有利于推动生产力发展。

（一）生产力发展直接表现为经济发展活力

生产力发展水平对经济活力具有显著的影响，生产力的发展直接表现为经济发展活力的释放。在改革开放初期，我国充分发挥后发优势，大力引进国外先进技术，在与国外企业的合作中，逐渐学会了主流的经营方式、设计理念。先进的技术和经验与我国劳动力、土地等生产要素相结合，使我国的生产力水平显著提高。

同时，新技术的应用使新产品不断涌现，使某些旧产品趋于淘汰，产品更新换代加速，产业提质升级和动能转换加速，生产力的发展有效激发了经济发展的活力。在这样的背景下，我国许多部门和行业的劳动生产率快速提高，大幅降低了生产成本，使这些部门和行业能更快地发展。

从经济发展的空间形态来看，传统的经济发展对自然资源和地理位置的依赖性极大，随着我国交通、通信技术的发展，高速公路、铁路及高速铁路、航空等网络日益完善，基础设施网络等的出现，使得产品和生产要素在全国范围内高效流动，一方面形成了全国统一的大市场，大幅扩展了企业的发展空间，另一方面促进了生产要素和企业向具有区位优势的地区集聚，形成了城市群等经济活力突出的经济增长极。目前，我国24个千万级人口的大都市圈以全国6.7%的土地集聚约33%的常住人口，创造约54%的GDP。中共中央已把“优化行政区划设置，发挥中心城市和城市群带动作用，建设现代化都市圈”作为“十四五”时期优化国土空间布局、推进区域协调发展和新型城镇化的重要途径。

当前，以新一代信息技术为代表的新技术新产业新业态，持续对商业、工业等传统产业进行数字化智能化改造，推动生产方式发生深刻变革，有效激发了经济增长的新活力。如近年来“互联网+”蓬勃发展，网上购物、线上教育、互联网医疗等模式逐步成熟，新用户规模增长可观，直播带货等新模式的影响力也日益突出，为线上平台经济增加新动能，使相关行业焕发了极大的活力。工业互联网快速兴起，成为传统制造业全要素、全产业链、全价值链连接的枢纽。目前，随着工业企业数字化转型的加速，数字化的应用范围也进一步扩展，使工业企业可以精准调配施工生产和物资供需对接；精准对接客户，解决需求疲软问题；提升市场波动下生产业务智能决策水平，实现智能化的按需生产，有效激发了企业活力，促进了工业转型升级。有关数据显示，过去10年，中国数字经济产值从9.5万亿元涨到了35.8万亿元，占GDP的比重从20.3%上升到了36.2%，成为引领经济发展的重要力量。

然而，生产力的发展瓶颈也会抑制经济活力的提升。改革开放以来，虽然我国经济持续快速发展，但发展不平衡、不协调的问题仍然突出。部分产业的科技创新能力不强，核心技术缺乏，生产力的层次较低，导致了局部地区产业结构不合理、产能过剩等问题非常突出，不仅造成了资源浪费，还造成了恶性竞争、行业竞争力下降等问题，这压缩了企业的发展空间，恶化了企业发展环境，进而降低了经济发展活力。

（二）经济活力越充足，生产力发展越好

经济活力对推动生产力水平提高和经济发展的作用举足轻重。在一个充满活力的经济环境中，微观市场主体的创新能力可以被充分激发，随着企业进行创新和其他企业的模仿推广，技术创新浪潮兴起，通过生产方式的革新提高生产率，加速经济发展方式和动力的转变，促进经济社会迅速发展，生产力水平不断提高。

例如，深圳是中国改革开放的“试验田”，20世纪80年代的价格改革、劳动工资改革，20世纪90年代的股份制改造、科技体制创新等改革的推进，深圳都走在全国前列。有效的体制机制改革，成功激发了深圳的经济活力，成为推动生产力发展的重要原因，使深圳实现持续的经济高速增长，成为我国创新驱动发展和高质量发展的旗帜。1979年，深圳地区生产总值仅为1.97亿元，2019年已达2.69万亿元，年均增速达26.9%。2017年，深圳全社会研发投入占地区生产总值的比重高达4.13%，接近世界最高水平；PCT（专利合作条约）国际专利2.04万件，占全国的43.1%，连续14年居全国城市第1位。

而东北地区的情况与之形成鲜明的对比，进一步印证了经济活力对生产力发展的重要作用。东北地区曾经是中国重工业基地，受制于计划经济时期的经济体系，国有企业经济效益较低，且规模占比仍处于高位，导致了当地体制机制僵化，经济活力不足，严重阻碍了生产力的发展[1]。

[1] 常修泽等：《所有制改革与创新：中国所有制结构改革40年》，广东经济出版社，2018。

三、所有制与经济活力

经济活力来源于合理的经济成分结构的活力。所有制是生产关系的基础，建立与生产力发展相适应的所有制，可以从根本上激发经济发展活力，进而推动生产力的发展。所有制没有好坏和高低之分，不同层次的发展要求不同的所有制结构。改革开放的实践证明，哪里合理调整了所有制结构、哪里的所有制结构比较合理、哪里的所有制形式适当且制度规范，哪里的经济发展就快，政府负担就轻，社会就安定有序、充满活力。从微观企业层面看，通过合理的所有制调整和改革，可以创造活力突出、种类丰富的市场主体，通过建立承包经营、委托代理、股份合作、混合所有等形式，能够在生产、分配、交换、消费等全经济过程中树立“主人翁”意识，激发企业和劳动者干事创业、提高效率、创造价值的活力。从宏观制度层面看，合理构建结构多元的所有制经济体制，可以使各类经济成分公平竞争、相互促进、互为补充，有效调动各方的积极性，充分发挥各自的比较优势，加速释放经济活力。

在经济社会发展初期阶段，所有制越灵活，越能适应生产力发展需要，也越能激发经济活力。在改革开放初期，为了促进农业生产力的发展，我国首先在农村进行所有制改革的探索，以家庭联产承包责任制、统分结合的双层经营体制取代“三级所有、队为基础”的人民公社制度，这一改革极大地调动了亿万农民的积极性，有效地激发了农业经济活力，促进了农业和农村经济的发展。

此后，我国逐步推动非公有制经济的恢复和发展。1981 年 6 月党的十一届六中全会提出，“一定范围内的劳动者个体经济是公有制经济的必要补充”，个体经济作为公有制经济的必要补充得到了党的文件的正式确认，为个体经济快速发展提供了政策支持。随后，乡镇企业、私营经济、“三资”经济等各种经济形式也得到认可，并迅速发展起来，充分释放了整个社会的经济活力，使劳动力、资金、技术等生产要素合理流动，极大地促进了生产力的发展，使我国经济保持高速增长，同时提供了大量的就业岗位，显著提高了人民的生活水平。

此外，微观企业主体的所有制改革也有序推进，其中搞活国有企业是中心环节。最初通过实行承包制、租赁制等措施，扩大企业自主权，并进行以厂长负责制、工效挂钩、劳动合同制为内容的企业领导、分配、用工等管理制度的改革，增强企业的内在活力。随着改革的进一步深入，部分企业按照现代企业制度的要求，改制为股份有限公司或有限责任公司，形成了企业法人治理机构。按照“抓大放小”的方针，一批国有企业在市场竞争中脱颖而出，不少企业通过兼并、收购、联合、托管劣势企业，资本迅速增加，市场竞争力明显增强，国有企业的经济实力和效益向优势企业集中。另外，一大批中小国有企业也通过改组、联合、租赁、出售、承包经营、股份合作制等，找到了适合的发展形式，为经济发展注入了极大的活力[1]。

[1] 范恒山：《中国经济体制改革的历史进程和基本方向》，《中国改革》2006年第8期。

第四节

提升经济活力必须持续推进所有制改革

当前，我国进入第十四个五年规划的发展时期，在《中共中央关于制定国民经济和社会发展第十四个五年规划和二〇三五年远景目标的建议》中，明确把激发各类市场主体活力，作为全面深化改革、构建高水平社会主义市场经济体制的重要抓手，把做好所有制改革作为提升经济活力的主要途径。因此，应深刻认识所有制改革对于经济活力提升的重要意义，理顺与生产力发展相适应的所有制关系，营造良好的营商环境，实现公平的市场竞争，有效推进各项配套举措，激发各类所有制的发展活力。

一、经济活力来源于所有制本身

生产力是不断发展变化的，需要对所有制的形式和结构进行优化，构建有效的竞争机制和激励机制，最大限度地激发经济活力。

（一）发展非公有制经济，优化所有制结构

改革开放初期，私营经济从无到有，在探索中发展，成为社会主义公有制经济有益的、必要的补充。党的十三大报告进一步肯定了私营经济的作用，1988年的宪法修正案规定："国家允许私营经济在法律规定的范围内存在和发展。私营经济是社会主义公有制经济的补充。"至此，私营经济不仅在理论上得到承认，而且从法制上得到保障，进入实践发展阶段。

1992年邓小平南方谈话扫除了人们思想中所有制姓"资"姓"社"的对立，提出了"三个有利于"的判断标准，进一步为非公有制经济的发展扫清了障碍。党的十五大提出，"公有制为主体、多种所有制经济共同发展，是我国社会主义初

级阶段的一项基本经济制度”。1992—2002年，全国个体工商户增长 54%，从业人员增长 92%[1]。党的十六大提出，毫不动摇地巩固和发展公有制经济，毫不动摇地鼓励、支持和引导非公有制经济发展，保证各种所有制经济依法平等使用生产要素、公平参与市场竞争、同等受到法律保护，使非公有制经济与公有制经济协调发展，成为促进社会生产力发展的重要力量。2004 年的宪法修正案规定保护非公有制经济的合法的权利和利益，非公有制经济的地位进一步提升，成为社会主义市场经济的重要组成部分。截至2012年，我国私营企业达到 1085.72 万户，占全国实有企业总数的 79.4%。党的十八大以来，非公有制经济的地位得到进一步巩固，党的十八届三中全会提出，“公有制经济和非公有制经济都是社会主义市场经济的重要组成部分，都是我国经济社会发展的重要基础”；党的十九大提出，要构建“亲”“清”新型政商关系，促进非公有制经济健康发展和非公有制经济人士健康成长。

当前，非公有制经济已成为我国经济体系不可替代的一部分。非公有制经济的发展壮大，打破了公有制经济一统天下的格局，为国有经济、集体经济带来了外部竞争压力，同时也发挥着推动作用，通过倒逼机制激活国有企业内生增长动力，为国企改革提供思路与借鉴。同时，非公有制经济本身也贡献突出，成为我国经济发展的重要基础，目前我国非公有制经济贡献了50%以上的税收、60%以上的国内生产总值、70%以上的技术创新成果、80%以上的城镇劳动力就业，以及90%以上的企业数量。

未来必须坚持和完善以公有制为主体、多种所有制经济共同发展的基本经济制度，着力优化所有制结构，在巩固公有制主体地位根基和国有经济主导地位的同时，营造支持非公有制经济高质量发展的制度环境，在要素获取、准入许可、经营运行等方面对各类所有制企业平等对待，破除制约市场竞争的各类障碍和隐性壁垒，不断提高各级政府服务效能，化解制约非公有制企业发展的突出矛盾，激发和

[1] 康德颜：《改革开放40年我国非公有制经济发展历程与启示》，《时代报告》2018年第12期。

释放各类市场主体的动力和活力。

（二）改革完善国有企业，提升竞争力、创新力、控制力、影响力

深化国有企业改革，着力完善中国特色现代企业制度。健全归属清晰、权责明确、保护严格、流转顺畅的现代企业产权制度，理清党委（党组）、董事会、经理层等各治理主体的权责边界，落实董事会职权，加快建立各司其职、各负其责、协调运转、有效制衡的公司治理机制。

加快建立健全市场化经营机制，大力推进经理层成员任期制、契约化管理和职业经理人制度，推动国有企业积极统筹运用各类中长期激励政策，着力提高企业活力和效率。积极稳妥分层分类深化混合所有制改革，特别是要推动混合所有制企业深度转化经营机制，充分发挥非国有股东的积极作用。

优化国有资本布局，推动战略性重组和专业化整合，引导企业进一步聚焦实体经济，做强做精主业。坚持有进有退、有所为有所不为，推动国有资本更多投向关系国计民生的重要领域和关系国家经济命脉、科技、国防、安全等领域，服务国家战略目标，做强、做优、做大国有资本，有效防止国有资产流失。对处于充分竞争领域的国有经济，通过资本化、证券化等方式优化国有资本配置。

进一步完善以管资本为主的国有资产监管体制。有效发挥国有资本投资、运营公司的作用，尊重企业市场主体地位和企业法人财产权，坚持一企一策，有效盘活存量国有资本，促进国有资产保值增值。

（三）发挥各类经济成分的比较优势，推动混合所有制改革

公有制经济和非公有制经济的特点不同，因此各自擅长的领域也不同，合理的所有制结构可以充分发挥两者的优势，使其互相补充、协调发展。公有制经济是国家发展战略的重要实践者，社会效益强、经营风险高、关系国计民生和经济命脉，在国民经济中居于主体地位。国有经济在国民经济中起主导作用，其主要作用主要体现在对国民经济发展的正确导向和对经济运行整体态势的控制力和影响力上。不能把国有经济在国民经济中的主导作用仅仅理解为国有经济在国民经济中所占的比

重越高越好，或者理解为在各类所有制企业中，国有企业的数量越多越好。而非公有制经济能够灵活捕捉消费者需求和时代变化所孕育的技术趋势，可以在贴近百姓生活需求、技术革新较快的领域发挥优势，满足人们多样化的生活需求，增加就业岗位，推动经济发展。

混合所有制经济是我国基本经济制度的重要实现形式。一方面，发展混合所有制经济有助于打破市场壁垒，降低某些领域的准入门槛，吸引更多的社会资本与国有资本共同发展，从而加强公有制经济的引领和带动功能；另一方面，也为非公有制经济的创新和发展提供了发展机遇和资本支持。因此，混合所有制经济同样有利于各种所有制资本优势互补，发挥各自的长处，能够激发各种经济成分的活力和创造力。

在混合所有制企业中，公有制和私有制这两种基本所有制形式结合，形成多元投资、交叉持股、互相贯通、融合发展的新型的企业产权主体结构。它们将按股份关系原则，形成共同的企业法人财产权以及相应的治理结构，包括董事会、监事会、总经理的关系也按照公司法的要求和股份关系原则来运作，按照现代企业治理结构和市场的原则进行经营管理。通过企业所有制和公司治理结构的改革，能够有效激发企业主体的活力、竞争力和创新能力，使企业的经济效益进一步提高。

未来应以“完善治理、强化激励、突出主业、提高效率”为总体原则，积极稳妥推进国有企业混合所有制改革。在收益分配方面，对充分竞争领域的国家出资企业和国有资本运营公司出资企业，探索将部分国有股权转化为优先股，强化国有资本收益功能；在企业治理方面，支持符合条件的混合所有制企业建立骨干员工持股、上市公司股权激励、科技型企业股权和分红激励等中长期激励机制；在企业监管方面，对混合所有制企业，探索建立有别于国有独资、全资公司的治理机制和监管制度。对国有资本不再绝对控股的混合所有制企业，探索实施更加灵活高效的监管制度。

二、为各类所有制激发能量

有效激发各类所有制经济的发展动能，关键在于营造良好的营商环境，实现公平的市场竞争。近年来，随着改革的不断深入，我国的营商环境得到大幅改善，世界银行发布的《2019年营商环境报告》显示，我国的营商环境综合评分在190个经济体中排名第46位，较2018年上升32位，在开办企业便利度等方面的进步尤为明显，但综合排名仍处于中游水平，与发达经济体仍有较大差距[1]。未来我国应落实好《优化营商环境条例》等政策法规，着力保证各类市场主体在市场准入、要素获取等方面的平等地位，加强市场监管，创造各类所有制的公平竞争市场环境，激发各类所有制的发展活力。

（一）市场准入公平

虽然我国非公有制经济的地位日益提高，但在市场准入方面仍存在着较大的制度壁垒和隐性障碍，即所谓的“弹簧门”“玻璃门”现象，特别是在传统垄断行业尤为严重[2]。非公有制经济在市场竞争中难以真正获得权利平等、机会平等和规则平等。

未来应全面实施市场准入负面清单制度，推行“全国一张清单”管理模式，维护清单的统一性和权威性。建立市场准入负面清单动态调整机制和第三方评估机制，进一步放宽准入限制，鼓励和支持非公有制经济进入金融、能源、交通、电信等高利润产业部门；建立统一的清单代码体系，使清单事项与行政审批体系紧密衔接、相互匹配；建立市场准入负面清单信息公开机制，提升准入政策透明度和负面清单使用便捷性；建立市场准入评估制度，定期评估、排查、清理各类显性和隐性壁垒，推动“非禁即入”普遍落实。进一步加强政府职能的转变，加大简政放权力度，优化政务环境，改善政府的服务，促进不同所有制经济取长补短、资源共享和

[1] 上海市人民政府发展研究中心：《推动高质量发展的营商环境研究：基于国际视角的比较分析》，格致出版社，2019。

[2] 蒲宇飞：《完善动态混合所有制结构　焕发经济活力》，《经济问题》2013年第11期。

互利共赢。

（二）要素市场健全

目前，我国资金、土地、技术等要素的市场化改革仍处于起步阶段，公有制经济和非公有制经济、大企业和中小企业在要素获取方面地位不平等，使非公有制经济和中小企业在市场竞争中处于劣势，破坏了竞争的公平性。

以资金要素为例，目前我国民营企业主要的外部融资途径为银行贷款，不少民营企业特别是中小企业在企业规模、行业竞争、谈判地位等方面尚处于弱势地位，大多缺乏银行所需的抵押物等融资担保，融资难、融资贵问题十分普遍。央行2018年末的数据显示，我国国有企业、民营企业贷款余额合计90.6万亿元，其中民营企业贷款余额占比47.4%，尚不足一半。同时，民营企业获得股权融资和债券融资等其他外部融资的可能性也相对较低，企业的融资方式主要靠内部融资，如企业自身积累、管理层投资等，资金规模小，缺乏稳定性、持续性，具有很大的局限性，制约了企业的快速发展[1]。2018年世界银行发布报告称，中国中小微企业的融资供给覆盖潜在融资需求的比率为56.8%，有四成以上的融资需求得不到满足。

未来应加速要素市场化改革，满足多层次多样化的要素需求，使公有制经济和非公有制经济、大企业和中小企业获得相应的支持和相对平等的要素获取机会。加快建设城乡统一的建设用地市场，建立同权同价、流转顺畅、收益共享的农村集体经营性建设用地入市制度；加快建立规范、透明、开放、有活力、有韧性的资本市场，构建与实体经济结构和融资需求相适应、多层次、广覆盖、有差异的银行体系；加快培育发展数据要素市场，建立数据资源清单管理机制，完善数据权属界定、开放共享、交易流通等标准和措施，发挥社会数据资源价值。

（三）市场监管到位

健康有序的市场环境是实现公平竞争的重要基础，由于市场监管“缺位”“越位”等，市场运行中仍存在许多不规范的行为。如许多中小企业面临拖欠账款问

[1] 胡恒松：《中国民营企业融资难融资贵问题研究》，《区域经济评论》2019年第6期。

题，严重损害了中小企业合法权益，影响了企业资金运转和正常经营；部分混淆市场、虚假宣传、侵犯商业秘密等不正当竞争行为依然存在，扰乱了正常的市场秩序。政府应加大市场监管力度，维护市场秩序，严厉打击不规范的市场行为，为民营企业、外资企业、国有企业等各类企业营造公平的竞争环境。

要全面落实公平竞争审查制度，完善竞争政策框架，建立健全竞争政策实施机制，强化竞争政策基础地位；加快完善公平竞争审查工作机制，修订完善公平竞争审查实施细则，建立公平竞争审查抽查、考核、公示制度，建立违反公平竞争问题反映和举报绿色通道；建立健全第三方审查和评估机制，鼓励引入具有一定评估能力的组织机构，建立健全定期评估、动态清理长效机制，不断提升公平竞争审查的能力和水平。

三、为所有制改革提供有效配套条件

（一）加快完善法律法规

与所有制改革相适应，我国应着眼于维护合法权益、保障公平竞争、激发创新潜能等方面，进一步完善市场主体财产保护、市场秩序维护、科技创新激励等方面的法律法规，巩固社会主义市场经济健康运行的法制基础。同时，加强执法和执法监督，保障各项法律法规的严格执行。

1. 加大合法产权的保护力度

市场经济在本质上是法治经济，产权保护是法治的基础和核心。只有不断完善产权保护制度，使个人的合法财产权得到有效保护，才能充分激发市场主体的活力和创造力，使经济发展的内生动力不断增强，提高资源配置和利用效率，推动社会主义市场经济的发展完善。下一步，应加强各种所有制经济产权保护，完善平等保护产权的法律制度，特别是健全司法对非公有制企业的平等保护机制，保护民营企业和企业家的合法财产。对公有产权与私有产权一视同仁，平等保护，使每个市场主体都拥有独立地位，平等参与市场竞争，并按价值规律的要求来配置资源。

2. 加强社会信用体系建设

社会信用体系，是完善社会主义市场经济体制的重要基石，是实现国家治理体系和治理能力现代化的重要途径，是打造法治化、国际化、便利化营商环境的重要标志。应进一步发挥信用在资源配置中的引导作用，发挥信用经济在扩大居民消费、服务中小企业中的特殊作用，大幅降低市场交易成本，大幅降低各类信用缺失行为造成的经济损失。具体而言，应完善信贷、纳税、合同履约、产品质量的信用记录，形成信用跟踪、征集、分析制度，加快建设企业和个人信用服务体系，健全守信激励和失信惩戒制度，应用大数据、人工智能等前沿技术手段，创新信用监管方式，打破数据孤岛、信息壁垒，以更加精准、高效的信用监管，规范市场秩序，优化营商环境。

（二）深化财税体制改革

一是合理调整和规范中央与地方、地方各级政府间的财政收支关系。减少地方政府的财政缺口，降低其对土地财政的依赖，建立更合理转移支付的新的机制，为不同地区的市场主体提供更加均等化的发展环境。二是建立全面规范透明、标准科学、约束有力的预算制度。推进全口径预算，硬化预算约束，对国有企业全面实施绩效管理，实施债务风险控制。三是深化税收制度改革。建立综合与分类相结合的企业所得税制度，形成以普惠性政策支持为主而非以所有制性质划分的税收支持政策。四是加大减税降费力度。保持合理的宏观税负水平，对中小科技型初创企业实施普惠性税收免除，降低企业生产经营成本，让企业轻装上阵，赢得发展先机。进一步减少各类收费，降低企业税外负担，促进公平竞争，激发经济发展活力。

（三）加强企业融资支持

拓宽非公有制企业和中小微企业融资渠道，充分满足各类市场主体多元化的融资需求。一是构建多层次的金融机构体系。加快推进国有金融企业股份制改革，放宽金融服务业市场准入，稳步发展多种所有制中小金融企业，增加服务小微企业和民营企业的金融服务供给，构建多层次、广覆盖、差异化、大中小合理分工的金融机构体系。二是拓宽企业融资渠道。建立多层次的资本市场体系，形成满足不同类型融资需求的金融服务体系；构建中小企业直接融资的长效机制，支持中小民营高科技公司在创业板、新三板、科创板上市融资。三是加强金融产品创新。鼓励金融机构开展融资租赁、仓单质押、货权质押、应收账款质押等业务，开发更多适应非公有制企业需要的金融产品；加快中小企业信用担保体系建设，充分发挥信用担保机构的增信和分险作用；不断创新小微企业贷款产品，有效缓解小微企业的融资问题。

CHAPTER 2

第二章

中国所有制改革与发展

第一节

新中国所有制演进的一般历程

所有制结构，是指各种所有制形式在社会经济中所占的比重、所处的地位以及它们之间的相互关系。所有制是社会经济制度的核心和基础，所有制性质也决定着社会制度的性质。我国所有制结构的调整，是生产关系适应生产力发展的必然要求，是我国政府和人民基于社会主义性质和初级阶段国情作出的选择。新中国成立后，特别是改革开放40多年来，我们党解放思想，实事求是，对所有制结构进行了不懈的探索和实践，形成了以公有制为主体、多种所有制经济共同发展的所有制格局，并作为我国社会主义初级阶段的基本经济制度确立下来，为新时代我国经济改革发展提供了根本遵循。

一、新中国成立到党的十一届三中全会召开前所有制结构变迁

（一）社会主义公有制初建和多种所有制成分并存（1949—1952年）

1949年，毛泽东在中共七届二中全会上指出："单有国营经济而没有合作社经济，我们就不可能领导劳动人民的个体经济逐步地走向集体化，就不可能由新民主主义社会发展到将来的社会主义社会，就不可能巩固无产阶级在国家政权中的领导权。"[1]新中国成立初期的中国人口相对庞大、经济基础薄弱、地区间发展不平衡。新中国诞生之后的首要任务，就是解决旧的生产关系与生产力之间的矛盾，其中最主要的一个环节就是变革生产资料所有制。新中国成立前，我国的所有制结构主要包括官僚资本所有制、民族资本所有制、封建地主土地所有制、劳动者个体所有制、外国资本所有制，一切有关所有制结构的改造便是基于这五种形式。劳动人

[1] 毛泽东：《毛泽东选集》第四卷，人民出版社，1991。

民逐步走向集体化和由新民主主义社会向社会主义社会过渡的迫切需求推动了国营经济与合作社经济的共存。在这一时期中，通过对外国资本与官僚资本的没收，逐步确立了农民个体土地所有制，同时民族资本主义工业也得到应有的发展，个体手工业逐步走上合作化的道路。1952年，我国所有制结构逐渐演化为全民所有制，体现为社会主义国家所有制、民族资本所有制、劳动者个体所有制、集体所有制共四种形式[1]。直到1957年生产资料所有制改造基本完成时，在全国工业总产值中，国营经济由1952年的41.5%增长至53.6%，集体经济由1952年的3.3%增长至19%，城乡个体经济由1952年的20.6%增长至26.4%，我国成功实现了生产关系的调整，极大地提高了生产力。

（二）社会主义所有制基本确立（1953—1956年）

基本确立所有制结构。从中华人民共和国成立到社会主义改造基本完成，这是一个过渡时期。党在这个过渡时期的总路线和总任务，是要逐步实现国家的社会主义工业化，并逐步实现国家对农业、手工业和资本主义工商业的社会主义改造[2]。在这一时期，社会主义经济成分（国营经济）、资本主义经济成分（资本主义工商业和乡村中的富农经济）和个体私有经济成分（个体农民经济）三种经济成分相互依存，并且各自对经济发展起着不同作用。经过“一五”计划（1953—1957年）的实践，到1956年，全国绝大部分地区完成了对生产资料私有制的社会主义改造。这一阶段的改造有力地提高了公有制经济的地位，一种新的社会主义所有制结构呼之欲出：逐步形成了在国民经济主要部门以公有制经济为主导，在工业部门中以国营经济为主导，在国营经济中以大中型企业为主导，在大中型企业中以关系国计民生的主要行业为主导的基本所有制结构[3]。与苏联相比，我国在所有制改革的探索过

[1] 王梦奎、郭振英、陈永杰、丁宝山：《我国所有制结构变革趋势与对策（上）》，《管理世界》1993年第6期。

[2] 吴江：《从资本主义经济转变到国家资本主义经济》，《经济研究》1956年第2期。

[3] 王梦奎、郭振英、陈永杰、丁宝山：《我国所有制结构变革趋势与对策（上）》，《管理世界》1993年第6期。

程中不仅没有遭遇生产力的滑坡，反而极大地提升了产值。

（三）所有制结构趋于单一（1957—1978年）

所有制结构走向单一化格局。这个阶段，中国国内的主要矛盾已经转化为人民群众日益增长的物质文化需要同落后的社会生产力之间的矛盾，发展生产力成了全国的根本任务。新中国成立初期，国有经济为我国的经济发展作出了不可磨灭的贡献，使我国在较短的时间内建立起工业化的初步基础，并且有力地影响着社会稳定局面[1]。出于对社会主义的片面理解，陆续采取一些措施，缩小乃至消灭非公有经济成分，与此同时，加紧公有制经济中集体所有制经济向全民所有制经济过渡或升级，使相当一部分集体经济变成了“准全民”经济。这样，最终形成了较为单一的公有制经济和事实上比较清纯的全民所有制经济。这种超乎现实要求的所有制结构严重束缚了生产力的发展，无法满足人民群众日益增长的物质和文化生活的需要[2]。1958年实行“一大二公”的人民公社急于将个体经济和集体经济转为全民所有制，加速向共产主义过渡，但这是超阶段的结果[3]。在进入社会主义初级阶段后，片面地追求所有制结构中的公有化逐渐显现出它的弊病，这种结构妨碍了人民物质生活水平的提高，降低了经济运行的效率。尤其在“文革”时期，所有制单一结构的不合理性被进一步放大，至此，改革开放之后的所有制结构改革中，非公有制经济的地位和作用开始受到重视。

二、改革开放以来所有制结构的重大调整与改革

1978年，党的十一届三中全会的召开，开启了历史新时期我国改革开放的序幕。基于我国生产力发展不平衡的现实基础，按照生产关系适应生产力发展的客观规律，我国加快了对所有制结构进行调整的进程，并随着经济社会的发展不断优化所有制结构。

---

[1] 郭飞：《深化中国所有制结构改革的若干思考》，《中国社会科学》2008年第3期。

[2] 谷书堂、耿明斋：《对我国经济体制改革的回顾和思考》，《南开经济研究》1991年第5期。

[3] 高尚全：《我国的所有制结构与经济体制改革》，《中国社会科学》1998年第1期。

（一）公有制经济为主体，非公有制经济为补充

党的十一届三中全会以来，我们党认真总结以往在所有制问题上的经验教训，制定以公有制为主体、多种经济成分共同发展的方针，逐步消除所有制结构不合理对生产力的羁绊，出现了公有制实现形式多样化和多种经济成分共同发展的局面[1]。具体而言，就是从党的十一届三中全会至党的十五大召开前，特别是党的十四大提出，公有制经济与非公有制经济的关系为：主体和补充[2]。

1978年，党的十一届三中全会作出了“从明年起，把全党工作重点转移到社会主义现代化建设上来”的战略决策。1980年，邓小平明确指出，要“不离开现实和超越阶段采取一些‘左’的办法”，“一定要有利于发展生产力”[3]。党的十一届六中全会通过的《关于建国以来党的若干历史问题的决议》明确指出，“社会主义生产关系的变革和完善必须适应于生产力的状况，有利于生产的发展。国营经济和集体经济是我国基本的经济形式，一定范围的劳动者个体经济是公有制经济的必要补充”。特别是党的十二大报告强调，“由于我国生产力发展水平总的来说还比较低，又很不平衡，在很长时期内需要多种经济形式的同时并存”[4]。党的十二届三中全会通过的《中共中央关于经济体制改革的决定》指出，“利用外资，吸引外商来我国举办合资经营企业、合作经营企业和独资企业，也是对我国社会主义经济必要的有益的补充”。党的十三大对公有制经济的实现形式作了进一步明确，即“公有制经济本身也有多种形式。除了全民所有制、集体所有制以外，还应发展全民所有制和集体所有制联合建立的公有制企业，以及各地区、部门、企业相互参股等形式的公有制企业。在不同的经济领域、不同的地区，各种所有制经济所占的比重

[1] 江泽民：《高举邓小平理论伟大旗帜，把建设有中国特色社会主义事业全面推向二十一世纪》，人民出版社，1997。

[2] 中国社会科学院经济研究所课题组：《“十四五”时期我国所有制结构的变化趋势及优化政策研究》，《经济学动态》2020年第3期。

[3] 邓小平：《邓小平文选》第二卷，人民出版社，1983。

[4] 胡耀邦：《全面开创社会主义现代化建设的新局面》，人民出版社，1982。

应当有所不同”。党的十四大明确了公有制经济与非公有制经济的关系，即主体和补充。即“社会主义市场经济体制是同社会主义基本制度结合在一起的。在所有制结构上，以公有制包括全民所有制和集体所有制为主，个体经济、私营经济、外资经济为补充，多种经济成分长期共同发展，不同经济成分还可以自愿实行多种形式的联合经营。国有企业、集体企业和其他企业都进入市场，通过平等竞争发挥国有企业的主导作用”[1]。党的十四届三中全会通过的《中共中央关于建立社会主义市场经济体制若干问题的决定》，进一步明确了公有制在国民经济中占主体地位，即“公有制的主体地位主要体现在国家和集体所有的资产在社会总资产中占优势，国有经济控制国民经济命脉及对经济发展的主导作用等方面”。同时强调，“坚持以公有制为主体、多种经济成分共同发展的方针。在积极促进国有经济和集体经济发展的同时，鼓励个体、私营、外资经济发展，并依法加强管理”。

（二）公有制为主体，多种所有制经济共同发展

党的十五大明确了社会主义初级阶段的基本纲领，对所有制结构的调整和完善提出了新的方向。一是从我国社会主义性质和初级阶段国情出发，明确了“公有制为主体、多种所有制经济共同发展，是我国社会主义初级阶段的一项基本经济制度”[2]。二是深化了公有制经济的含义和公有制实现形式。“公有制经济不仅包括国有经济和集体经济，还包括混合所有制经济中的国有成分和集体成分。”“公有制实现形式可以而且应当多样化。一切反映社会化生产规律的经营方式和组织形式都可以大胆利用。要努力寻找能够极大促进生产力发展的公有制实现形式。”“不能笼统地说股份制是公有还是私有，关键看控股权掌握在谁手中。”“劳动者的

[1] 江泽民：《加快改革开放和现代化建设步伐，夺取有中国特色社会主义事业的更大胜利》，人民出版社，1992。

[2] 江泽民：《高举邓小平理论伟大旗帜，把建设有中国特色社会主义事业全面推向二十一世纪》，人民出版社，1997。

劳动联合和劳动者的资本联合为主的集体经济，尤其要提倡和鼓励。”[1]三是强调“非公有制经济是我国社会主义市场经济的重要组成部分”[2]。党的十五大关于所有制的突破主要有三点：一是强调国有经济的控制力，而不再以比重论英雄；二是强调国有经济的实现形式是多种多样的；三是强调非公有经济在现阶段条件下的合法地位。第一点和第三点实际上是所有制结构继续调整问题，体现的是适当收缩国有经济的运作战线的内涵。第二点是制度创新问题。三点突破合起来就是八个字：结构调整，制度创新[3]。

党的十六大鲜明地提出“两个毫不动摇”，即“必须毫不动摇地巩固和发展公有制经济”“必须毫不动摇地鼓励、支持和引导非公有制经济发展”[4]。并明确提出，“坚持公有制为主体，促进非公有制经济发展，统一于社会主义现代化建设的进程中，不能把这两者对立起来。各种所有制经济完全可以在市场竞争中发挥各自优势，相互促进，共同发展”[5]。党的十六届三中全会为进一步推进非公有制经济的发展提出了新的要求，即“要清除体制性障碍，放宽非公有制经济的市场准入，鼓励有条件的非公有制企业做大做强”[6]。同时，为巩固公有制经济的主体地位、促进非公有制经济发展、推动混合所有制经济发展等，提出要“建立健全现代产权制度”[7]。党的十七大进一步要求，“坚持平等保护物权，形成多种所有制经济平等竞争、相互促进的新格局”[8]。

[1] 江泽民：《高举邓小平理论伟大旗帜，把建设有中国特色社会主义事业全面推向二十一世纪》，人民出版社，1997。

[2] 同上。

[3] 范恒山：《所有制问题再认识》，《中国党政干部论坛》1998年第6期。

[4] 江泽民：《全面建设小康社会，开创中国特色社会主义事业新局面》，人民出版社，2002。

[5] 同上。

[6] 《中共中央关于完善社会主义市场经济体制若干问题的决定》，人民出版社，2003。

[7] 同上。

[8] 胡锦涛：《高举中国特色社会主义伟大旗帜，为夺取全面建设小康社会新胜利而奋斗》，人民出版社，2007。

（三）党的十八大以来所有制结构的新发展

党的十八大以来，全面深化经济体制改革，在突出“两个毫不动摇”的原则下，更为深刻地强调，“要推行公有制多种实现形式，深化国有企业改革，完善各类国有资产管理体制，推动国有资本更多投向关系国家安全和国民经济命脉的重要行业和关键领域，不断增强国有经济活力、控制力和影响力”，“保证各种所有制经济依法平等使用生产要素，公平参与市场竞争，同等受到法律保护”[1]，在支持个体经济、私营经济、外资经济等健康发展方面迈出了更大的步伐，有效激发了各类市场主体活力和创造力。党的十八届三中全会通过的《中共中央关于全面深化改革若干重大问题的决定》，聚焦于“如何更好体现和坚持公有制主体地位，进一步探索基本经济制度有效实现形式”[2]，进一步丰富了我国所有制经济的内涵、凸显了非公有制经济的地位。《中共中央关于全面深化改革若干重大问题的决定》指出：“公有制为主体、多种所有制经济共同发展的基本经济制度，是中国特色社会主义制度的重要支柱，也是社会主义市场经济体制的根基。公有制经济和非公有制经济都是社会主义市场经济的重要组成部分，都是我国经济社会发展的重要基础。”同时，为推动非公有制经济健康发展，从多个层面提出鼓励、支持、引导非公有制经济发展，激发非公有制经济活力和创造力的改革举措。“在功能定位上，明确公有制经济和非公有制经济都是社会主义市场经济的重要组成部分，都是我国经济社会发展的重要基础；在产权保护上，明确提出公有制经济财产权不可侵犯，非公有制经济财产权同样不可侵犯；在政策待遇上，强调坚持权利平等、机会平等、规则平等，实行统一的市场准入制度；鼓励非公有制企业参与国有企业改革，鼓励发展非公有资本控股的混合所有制企业，鼓励有条件的私营企业建立现代企业

[1] 胡锦涛：《坚定不移沿着中国特色社会主义道路前进，为全面建成小康社会而奋斗》，人民出版社，2012。

[2] 习近平：《关于〈中共中央关于全面深化改革若干重大问题的决定〉的说明》，《人民日报》2013年11月16日。

制度。”[1]

党的十九大提出了新时代中国特色社会主义思想和基本方略，基于坚持社会主义市场经济改革方向，推动经济持续健康发展的要求，在完善社会主义市场经济体制的目标任务下，更为具体地对增强国有经济的主体地位、促进非公有制经济的快速健康发展提出了新举措。党的十九届四中全会提出，“公有制为主体、多种所有制经济共同发展，按劳分配为主体、多种分配方式并存，社会主义市场经济体制等”是社会主义基本经济制度[2]，是对社会主义基本经济制度作出的新概括，是对社会主义基本经济制度内涵作出的重要发展和深化，是习近平新时代中国特色社会主义经济思想的重要创新和发展[3]。这一最新概况和战略部署进一步实现了政策体系的制度化，为全面贯彻新发展理念，坚持以供给侧结构性改革为主线，推动经济高质量发展提供了制度保障。党的十九届五中全会通过的《中共中央关于制定国民经济和社会发展第十四个五年规划和二〇三五年远景目标的建议》，进一步强调要“坚持和完善社会主义基本经济制度，充分发挥市场在资源配置中的决定性作用，更好发挥政府作用，推动有效市场和有为政府更好结合”。

党的十八大以来，以习近平同志为核心的党中央，与时俱进，坚持和完善以公有制为主体、多种所有制经济共同发展的所有制结构。为激发各类市场主体的活力和创造力，相继出台了《中共中央　国务院关于深化国有企业改革的指导意见》《中共中央　国务院关于完善产权保护制度依法保护产权的意见》《中共中央　国务院关于营造更好发展环境支持民营企业改革发展的意见》等，构建了完善的政策和制度体系，对推动我国经济高质量发展、国家治理体系和治理能力现代化发

[1] 习近平：《关于〈中共中央关于全面深化改革若干重大问题的决定〉的说明》，《人民日报》2013年11月16日。

[2] 《中共中央关于坚持和完善中国特色社会主义制度 推进国家治理体系和治理能力现代化若干重大问题的决定》，《人民日报》2019年11月6日。

[3] 刘鹤：《坚持和完善社会主义基本经济制度——深入学习贯彻党的十九届四中全会精神》，《人民日报》2019年11月22日。

挥了重要作用。实践证明，这种以公有制为主体、多种所有制经济并存的所有制结构适应了现阶段生产力发展水平，极大地推动了我国生产力的发展，增强了综合国力[1]。

我们党“在巩固和发展公有制经济、发展混合所有制经济、支持民营经济健康发展、健全按劳分配和按要素分配机制、深化供给侧结构性改革、发挥市场在资源配置中的决定性作用等方面，取得了一系列新的重要理论和实践成果，把社会主义制度和市场经济更好结合起来，形成了习近平新时代中国特色社会主义经济思想”[2]。把握新发展阶段、贯彻新发展理念，构建新发展格局，应坚持以习近平新时代中国特色社会主义思想为指导，坚持和完善中国特色社会主义基本经济制度，坚持好、巩固好、完善好、发展好所有制结构，推进经济高质量发展。

[1] 范恒山：《中国改革：道路与目标》，中国言实出版社，2018。

[2] 刘鹤：《坚持和完善社会主义基本经济制度——深入学习贯彻党的十九届四中全会精神》，《人民日报》2019年11月22日。

第二节

改革开放前所有制的特点与形成依据

一、改革开放前我国所有制呈现的特征

（一）国民经济恢复时期（1949—1952年）

中共七届二中全会召开后，我国开始实施“公私兼顾、劳资两利、城乡互助、内外交流”的基本经济政策，以达到发展生产、繁荣经济的目的[1]。各种经济成分在国营经济领导下“分工合作、各得其所”。国家优先发展国营经济，积极扶持合作经济，鼓励国家资本主义经济。1949年，在工业生产总值中，国营、合作社营工业占34.7%，公私合营工业占2%，私营工业占63.3%。直到1952年，民族资本主义工业和个体工业虽然从从业人数来看存在优势，但是从主要工业部门的产值来看，国营工业都已占绝对优势，因此在国民经济中开始发挥主导作用[2]。从经济上来看，这一过渡时期的特点如下：一是多成分的复杂社会经济结构，是一种包容社会主义、资本主义和小商品生产共同存在的经济成分；二是包括了国家所有制、合作社所有制和个体劳动者所有制；三是社会主义经济成分的日益壮大，以国营经济的增长最为明显。这种所有制结构使我国的国民经济度过了恢复时期，弥合了长期战争的创伤。总体上说，这种所有制结构既没有使得生产遭到破坏，也没有让社会秩序发生混乱，相反，生产一直是不断增长的，为1953年开始的社会主义经济建设提供了物质基础，伴随着的还有不断提高的人民生活水平[3]。

[1] 厦门大学经济系资料室：《“中华人民共和国经济发展史资料汇编”提纲（国民经济恢复时期）（初稿）》，《中国经济问题》1960年第1期。

[2] 国务院研究室课题组：《我国所有制结构变革的趋势和对策研究总报告》，《经济研究参考》1994年第43期。

[3] 孙尚清、陈吉元：《党的工作着重点的转移和技术革命》，《经济研究》1979年第3期。

（二）过渡时期（1953—1956年）

1953年9月正式公布了毛泽东关于党在过渡时期总路线的建议：从中华人民共和国成立到社会主义改造基本完成，这是一个过渡时期。党在这个过渡时期的总路线和总任务，是要基本上实现国家工业化和对农业、手工业和资本主义工商业的社会主义改造[1]。这是全民所有制经济和集体所有制经济打基础的关键时期，改造完成后，公有制经济在全国工业总产值中的占比由1952年的44.7%增长为1957年的73%。1957年参加农业生产合作社的农户比重达97.5%，私营工业已全部公私合营，批发与零售商业中，私营成分分别仅占0.1%和2.7%。

（三）单一公有制格局形成期（1957—1978年）

1957—1978年，盲目追求“一大二公三纯”所有制形式的思想认识成为当时的主流意识，这里所提倡的“大”即基层组织如人民公社的规模越大越好，“公”就是公有化的程度越高越好，“纯”就是社会主义的经济成分越纯越好。1958年的人民公社化运动就是一个实验。公有制经济被理解为是社会主义社会的唯一经济成分，而公有制经济又主要体现为国有制经济。一方面，片面强调一度占统治地位的全民所有制无条件优越于集体所有制、大集体无条件优越于小集体的观点，将“一大二公”作为标准去判断各种社会主义所有制的优越程度，将公有制的范围与公有化的程度紧密结合[2]；另一方面，不顾农村生产力的发展水平而盲目地去改变所有制，忙于为实现全民所有制作准备，这必然会导致破坏农村生产力的“穷过渡”[3]。到1978年，在全国工业总产值中，全民所有制经济占77.6%，集体经济占22.4%，个体、私营经济几乎不存在。我国的经济结构基本上只剩下全民所有制和集体所有制两种公有制成分，而相当一部分集体经济实际上是按国有经济的规则管理和运行的，生产资料所有制结构已成为以国有经济为主体的单一的公有制。

---

[1] 王立彬、王永魁：《敢教日月换新天》，《人民日报》2011年6月4日。

[2] 陈真：《对〈试评三本政治经济学（社会主义部分）教材〉的意见》，《中国社会科学》1981年第2期。

[3] 许涤新：《论我国的社会主义制度》，《经济研究》1981年第7期。

二、改革开放前我国所有制特点的形成原因

这一阶段我国所有制特点的形成原因主要在于以下几个方面。

第一，思想认识不到位。1956年完成社会主义改造后，我国经济文化发展取得了空前的进步，党内部分同志的反冒进思想受到了错误的批判，高速推进工业化的需求使得经济建设中出现了盲目提高经济发展目标、忽视经济发展规律的现象。

第二，缺乏实践的成功经验。1956年社会主义改造完成后，我国开始了全面建设社会主义征程，但对中国实际国情认识不足且缺乏实践经验。认为社会主义所有制的形式越公越好，盲目求纯，进一步导致了僵化的经济体制，极大地限制了生产力的发展和经济运行的效率。

第三，摆脱苏联模式、急于脱贫的欲望。1956年的中共中央政治局扩大会议上，毛泽东在《论十大关系》中指出："特别值得注意的是，最近苏联方面暴露了他们在建设社会主义过程中的一些缺点和错误，他们走过的弯路，你还想走吗？过去我们就是鉴于他们的经验教训，少走了一些弯路，现在当然更要引以为戒。"[1]中国开始探索自己的社会主义建设道路，在这一过程中，在美苏冷战的背景下，苏联的赶超战略深深影响着中国共产党想实现快速经济发展的选择。

到1978年改革之前，约98%的经济是全民所有制经济和按照全民所有制经济进行管理和运行的集体经济。认识和实践上的误区，使得我国在所有制问题上出现了三大固守状态。

第一，固守传统的财产分布形式，使国有资产处于粗放状态。国有经济在国民经济中比重过大，国有资产不论有无必要都遍布各行各业，企业无论大小都由国家投资，实行国有国营。改革后，所有制结构得到不同程度的调整，但从总体上看，国有资产分散、粗放的状态并没有得到根本改变。

第二，固守传统的财产组织形式，使国有资产处于虚置状态。强调国有国营，

[1] 毛泽东：《毛泽东文集》第七卷，人民出版社，1999。

只承认国有国营的地位，否定国有经济存在着其他形式。与此相对应，只看产权的归属与经营的主体是否是国家，而不问其运转的结果是否能实现国有资产的保值增值。然而，传统的国有国营实际上是缺乏国有资产保值增值责任主体的财产组织形式，名义上是全民所有制，实际上却成了“人人所有、人人不关心，个个是主人、个个不负责，只要有机会，个个都想捞一把”。当然这是一种形象的说法。在改革前，所有制上的缺陷已经存在，但并没有出现国有资产的大流失。这是因为所有权和经营权高度集中，企业事无巨细都要由主管部门来审批，这弥补了所有制上的缺陷，没有给某些人捞取国有资产的机会。然而，这并不等于国有资产没有流失，从表面上看，国有资产的直接流失比较少，实际上国有资产却普遍存在着间接流失，主要表现为效率的流失和活力的流失。从1978年开始，国有企业要革除的主要弊端就是政企不分、缺乏活力和效率，解决问题的主要思路就是放权让利。从1978年到现在，企业先后经历了几次扩权。先是政策性扩权，后又上升到法律性扩权，最后过渡到制度性扩权。毫无疑问，这种扩权的过程是对的，而且后期转向制度性扩权是抓住了根本。但由于国有企业的内在机制没有根本改变，国有资产处于虚置状态，结果随着权力的不断扩大，就给那些居心不良者提供了捞一把的机会。这样一来，国有企业改革不仅没能有效地解决效率低下、活力不足的问题，还出现了国有资产大量流失的新问题。

第三，固守传统的经营方式，使国有资产处于呆滞状态。长期以来，我们只重视国有资产物质形态，无视它的货币形态，同时把国有资产的流动与国有资产的流失等同起来，阻碍了国有资产公开、合法的流动，阻碍了对国有资产货币形态的有效利用，使国有资产失去了在流动中调整和优化自身在行业领域中分布结构的机会。对国有经济所持的这种态度，使我们一味追求生产关系上的高、清、纯，结果脱离了生产力发展的要求，脱离了现阶段的基本国情。与此同时，对非公有经济则采取了简单的一味排斥的态度。新中国成立以来，我们一直把非公有制经济视为异端，对非公有制经济的态度可以说经过了四个阶段的变化。第一个阶段，改革前，非公有制经济被视为资本主义的基础，是产生资本主义的温床。因此，要铲除、要消灭。这一阶段可以叫作“消灭阶段”。第二个阶段，仍把非公有制经济视为社会主义的异物，但认为现阶段还难以消灭。因而在口头上不再强调要消灭它们，但在实际上仍采取排斥的态度。这一阶段可叫作“排斥阶段”。第三个阶段，认为非公有制经济是社会主义的有益补充，可以并存，但在产业准入、项目贷款、政策优惠等方面实际采取了歧视态度。许多领域可以向外资开放，却不敢向资本实力比较大的个体、私营经济开放。这一阶段可叫作“限制阶段”。第四个阶段，个体、私营经济用它实实在在的经济效益，证明了其在社会主义市场经济条件下存在的必然性，所以，党的十五大明确提出，非公有制经济也是社会主义市场经济的重要组成部分。非公有制经济直到今天才取得合法地位[1]。

[1] 范恒山：《所有制问题再认识》，《中国党政干部论坛》1998年第6期。

第三节

改革开放后所有制理论与实践的创新发展

改革开放以来，我国加快推进改革开放，深化所有制的理论与实践创新，从单一公有制和计划经济向多种经济成分并存和社会主义市场经济体制转变，探索出一条符合中国国情的中国特色社会主义建设道路[1]。我国对所有制理论和实践进行创新发展主要体现在所有制结构、各种所有制的地位和所有制与社会主义市场经济体制的结合三个方面。

一、所有制结构主体地位的理论与实践创新

改革开放前，我国在所有制问题上总是认为所有制的形式越公越好，出现了超越阶段的冒进，阻碍了生产力的发展。改革开放后，我国十分重视所有制结构的调整和改革，所有制理论和实践不断创新，从社会主义改造后的单一公有制格局先转变为以公有制经济为主体、非公有制经济为补充的所有制格局，然后又确定了以公有制为主体、多种所有制经济共同发展的基本经济制度，后来又提出公有制经济和非公有制经济都是社会主义市场经济的重要组成部分，都是我国经济社会发展的重要基础。我国所有制结构的这一演进轨迹，特别体现在非公有制经济在所有制结构中地位的变革。

我国在20世纪50年代中期完成对私营经济等的社会主义改造后，出于对社会主义就是“一大二公”的理解，陆续采取一些措施，缩小乃至消灭非公有制经济成分，与此同时，加紧推动公有制经济中的集体所有制经济向全民所有制经济过渡或升级，使相当一部分集体经济变成了“准全民”经济。这样，最终形成了较为单一

[1] 张平、彭森、杜鹰：《中国改革开放：1978—2008》，人民出版社，2009。

的公有制经济和事实上比较纯的全民所有制经济。这种超乎现实要求的所有制结构严重束缚了生产力的发展，无法满足人民群众日益增长的物质和文化生活的需要。党的十一届三中全会以后，我们党遵循马克思主义基本原理，总结和借鉴世界经济发展的一般经验，破除了在所有制问题上传统观念的束缚，从我国的实际出发，对所有制结构进行改革和完善。我国开始打破单一的公有制经济格局，在发展多种形式的公有制经济的同时，调动一切积极因素，形成了坚持公有制为主体、多种所有制经济共同发展的所有制格局。而这种改革进程突出体现在非公有制经济的发展上，允许和鼓励非公有制经济发展，为非公有制经济的发展打开了大门。在坚持公有制主体地位的前提下，非公有制经济经历了从无到有、从小到大的发展历程，在国民经济中的比重不断上升，具体经历了以下两个阶段。

第一个阶段是从党的十一届三中全会到党的十五大。这一阶段摒弃了公有制经济与非公有制经济的“对立论”，个体经济、私营经济、外资经济等逐步发展起来，非公有制经济逐渐确定为我国社会主义市场经济的重要组成部分。党的十二大指出，“由于我国生产力发展水平总体来说还比较低，又很不平衡，在很长时期内需要多种经济形式的同时并存”；“在农村和城市，都要鼓励劳动者个体经济在国家规定的范围内和工商行政管理下适当发展，作为公有制经济的必要的、有益的补充”[1]。此后，党的十三大进一步强调，“全民所有制以外的其他经济成分，不是发展得太多了，而是很不够。对于城乡合作经济、个体经济和私营经济，都要继续鼓励它们发展”。1992年党的十四大进一步肯定了非公有制经济存在的必要性，指出外国资金以及作为有效补充的私营经济，都应当而且能够为社会主义所利用。党的十四届三中全会进一步强调，在积极促进国有经济和集体经济发展的同时，鼓励个体经济、私营经济和外资经济发展。1997年党的十五大实现了对非公有制经济认识的新突破，明确肯定非公有制经济是我国社会主义市场经济的重要组成部分，强调对个体、私营等非公有制经济要继续鼓励和引导，使之健康发展。1999年国家出

[1] 胡耀邦：《全面开创社会主义现代化建设的新局面》，人民出版社，1982。

台了《中华人民共和国个人独资企业法》，至此，我国关于私营经济三种主要形式（独资企业、合伙企业、有限责任公司）的主体法律已经基本齐备。这一时期，实行国家、集体、个人一起上的方针，积极发展多种经济成分，特别是重点发展了个人或家庭占有生产资料、主要依靠自己或家庭成员从事生产经营活动的个体经济，实行雇工经营的私营经济，以及引进外资而产生的，主要由中外合资企业、中外合作企业和外商独资企业构成的外资经济。非公有制经济的数量和规模迅速扩展，经营范围遍及工业、商业、建筑业、运输业、金融业等各个行业。据统计，1978年，公有制经济占国内生产总值的99%，其中国有经济和集体经济分别占56%和43%，非公有制经济占1%；而到了党的十五大召开前的1996年，公有制经济占国内生产总值的76%，说明公有制经济在我国经济总量中仍占主体地位[1]。

第二个阶段是从党的十六大至今。这一阶段鼓励非公有制经济的新发展。2002年，党的十六大重申“必须毫不动摇地鼓励、支持和引导非公有制经济发展”“个体、私营等各种形式的非公有制经济是社会主义市场经济的重要组成部分，对充分调动社会各方面的积极性、加快生产力发展具有重要作用”。党的十六届三中全会又进一步指出，“要清除体制性障碍，放宽非公有制经济的市场准入，鼓励有条件的非公有制企业做大做强”[2]。2004年，十届全国人大二次会议通过的宪法修正案明确，公民的合法的私有财产不受侵犯，国家依照法律规定保护公民的私有财产权和继承权。为了推动非公有制经济的发展，还颁布了《国务院关于鼓励支持和引导个体私营等非公有制经济发展的若干意见》。2007年，党的十七大又进一步强调，要毫不动摇地鼓励、支持和引导非公有制经济发展，坚持平等保护物权，形成多种所有制经济平等竞争、相互促进的新格局。非公有制经济的蓬勃发展，在加快了经济结构调整的步伐、促进了经济发展方式转变的同时，非公有制企业自身也发生了一些变化。在行业分布上，非公有制经济由早期以轻工纺织、普通机械、建筑运

[1] 高尚全：《我国的所有制结构与经济体制改革》，《中国社会科学》1998年第1期。

[2] 《中共中央关于完善社会主义市场经济体制若干问题的决定》，人民出版社，2003。

输、商贸服务等领域为主，向基础设施、公共事业等领域拓展，逐步呈现出多元化覆盖的趋势。在组织结构上，非公有制经济由早期的以劳动密集型企业、中小企业为主，发展为形成了一批资本密集、技术密集的大企业、大集团。在企业制度上，非公有制经济由早期以个人、家族企业为主，向多元投资主体的公司制企业发展，企业组织形式和公司治理结构不断优化。在产业布局上，非公有制经济由早期小规模、分散化经营为主，逐步发展形成一批以大规模、专业化经营为特征的产业集群和“块状经济”。在区域分布上，非公有制经济由早期的主要集中于东部沿海地区，向中西部地区迅速扩展、加速发展。在产品市场上，非公有制经济由早期以国内市场为主，逐步向国际市场迅速发展[1]。

党的十八大以来，我国继续巩固和完善社会主义基本经济制度，非公有制经济实现新发展。党的十八大进一步提出“毫不动摇鼓励、支持、引导非公有制经济发展，保证各种所有制经济依法平等使用生产要素、公平参与市场竞争、同等受到法律保护”[2]。此后，国家废除对非公有制经济各种形式的不合理规定，消除各种隐性壁垒，激发非公有制经济活力和创造力，健全产权保护制度，鼓励民营经济发展。特别是2018年习近平总书记在民营企业座谈会上的讲话强调：“非公有制经济在我国经济社会发展中的地位和作用没有变！我们毫不动摇鼓励、支持、引导非公有制经济发展的方针政策没有变！我们致力于为非公有制经济发展营造良好环境和提供更多机会的方针政策没有变！”[3]随着我国支持非公有制经济政策体系的不断完善，非公有制经济将迎来新的历史发展阶段。

[1] 范恒山：《中国改革：道路与目标》，中国言实出版社，2018。

[2] 胡锦涛：《坚定不移沿着中国特色社会主义道路前进，为全面建成小康社会而奋斗》，人民出版社，2012。

[3] 习近平：《在民营企业座谈会上的讲话》，《人民日报》2018年11月1日。

二、公有制经济主体地位理论与实践创新

公有制经济是我国社会主义经济性质的根本体现，是社会主义现代化建设的支柱和国家进行宏观调控的主要物质基础[1]。新中国成立以来，党和国家始终坚持公有制经济的主体地位。随着改革开放的不断深入，我国加快了国有经济布局结构性战略调整，国有经济逐渐从不具有竞争力的行业中退出，进一步向关系国家安全和国民经济命脉的重要行业和关键领域集中，国有经济的主体地位进一步增强。

党的十二届三中全会，标志着我国经济体制改革和发展的重点由农村转向城市，而改革的重点之一在于增强企业活力，这同时也是经济体制改革的中心环节。这一改革“使企业真正成为相对独立的经济实体，成为自主经营、自负盈亏的社会主义商品生产者和经营者，具有自我改造和自我发展的能力，成为具有一定权利和义务的法人。这样做，既在全体上保证整个国民经济的统一性，又在局部上保证各个企业生产经营的多样性、灵活性和进取性，不但不会削弱而且只会有利于巩固和完善社会主义的全民所有制”[2]。党的十四届三中全会首次将现代企业制度的内涵用“产权清晰、权责明确、政企分开、管理科学”来概括，并指出“以公有制为主体的现代企业制度是社会主义市场经济体制的基础。按照现代企业制度的要求，现有全国性行业总公司要逐步改组为控股公司。发展一批以公有制为主体，以产权联结为主要纽带的跨地区、跨行业的大型企业集团，发挥其在促进结构调整，提高规模效益，加快新技术、新产品开发，增强国际竞争能力等方面的重要作用”[3]。党的十五大报告对国有经济的主体地位作出的深刻论述，成为一个阶段以来我国国有经济布局战略性调整的指导方针。党的十五大认为，“十一届三中全会以来，我们党认真总结以往在所有制问题上的经验教训，制定以公有制为主体、多种经济成

[1] 张平、彭森、杜鹰：《中国改革开放：1978-2008》（综合篇·上），人民出版社，2009。

[2] 《中共中央关于经济体制改革的决定》，人民出版社，1984。

[3] 《中共中央关于建立社会主义市场经济体制若干问题的决定》，人民出版社，1993。

分共同发展的方针，逐步消除所有制结构不合理对生产力的羁绊，出现了公有制实现形式多样化和多种经济成分共同发展的局面”。同时强调，“公有制经济不仅包括国有经济和集体经济，还包括混合所有制经济中的国有成分和集体成分。公有制的主体地位主要体现在：公有资产在社会总资产中占优势；国有经济控制国民经济命脉，对经济发展起主导作用。这是就全国而言，有的地方、有的产业可以有所差别。公有资产占优势，要有量的优势，更要注重质的提高。国有经济起主导作用，主要体现在控制力上。要从战略上调整国有经济布局。对关系国民经济命脉的重要行业和关键领域，国有经济必须占支配地位。在其他领域，可以通过资产重组和结构调整，以加强重点，提高国有资产的整体质量。只要坚持公有制为主体，国家控制国民经济命脉，国有经济的控制力和竞争力得到增强，在这个前提下，国有经济比重减少一些，不会影响我国的社会主义性质”。[1]此后，党的十五届四中全会进一步明确指出，“从战略上调整国有经济布局，对国有企业进行战略改组。坚持有进有退、有所为有所不为，国有经济控制关系国家安全和国民经济命脉的重要行业和关键领域”[2]。这是我国坚持公有制主体地位、提升国有经济活力、推进国有企业改革的又一重大突破。党的十六大进一步将“继续调整国有经济的布局和结构，改革国有资产管理体制”，上升为深化经济体制改革的重大任务。在国有资产管理体制改革上提出了“三分开”，即“关系国民经济命脉和国家安全的大型国有企业、基础设施和重要自然资源等，由中央政府代表国家履行出资人职责。其他国有资产由地方政府代表国家履行出资人职责。中央政府和省、市（地）两级地方政府设立国有资产管理机构。继续探索有效的国有资产经营体制和方式。各级政府要严格执行国有资产管理法律法规，坚持政企分开，实行所有权和经营权分离，使企业自主经营、自负盈亏，实现国有资产保值增值”。在国有企业改革上，要求“进一

[1] 江泽民：《高举邓小平理论伟大旗帜，把建设有中国特色社会主义事业全面推向二十一世纪》，人民出版社，1997。

[2] 《中共中央关于国有企业改革和发展若干重大问题的决定》，人民出版社，1999。

步探索公有制特别是国有制的多种有效实现形式，大力推进企业的体制、技术和管理创新。除极少数必须由国家独资经营的企业外，积极推行股份制，发展混合所有制经济。实行投资主体多元化，重要的企业由国家控股。深化集体企业改革，继续支持和帮助多种形式的集体经济的发展”[1]。按照有进有退、有所为有所不为的方针，面面俱到、无所不在的国有经济继续被收缩，国有资本更多地投向关系国家安全和国民经济命脉的重要行业及关键领域。结合企业制度创新和国有资产管理体制改革，国有资本的流动重组打破单一企业、行业和区域的界限全方位展开。经过重组，中央企业由2002年的196家减少为2010年的122家，地方各级国有企业绝大部分转制为股份制企业或非公有制企业，一般竞争性领域中，国有企业数量明显减少。同时，我国为推进中央企业布局和结构调整、规范国有企业改制等，相继出台了相关的政策，如《关于推进国有资本调整和国有企业重组的指导意见》《中央企业布局和结构调整的指导意见》《关于规范国有企业改制工作的意见》等。国有企业实行股份制公司制改革的力度不断加大。按照“使股份制成为公有制的主要形式”的要求，国有企业积极引进非公有资本，实行产业多元化。截至2010年，中央企业母公司层面实行股份制公司制改革的户数已达28家，中央企业及其子公司改制面已从2002年的30%扩大到70%，一些企业实现了整体上市。省属国有企业实行母公司层面股权多元化改革的已有70%以上。与此同时，积极推进公司内部法人治理结构和其他制度创新。中央企业中有32家企业进行了建立规范董事会制度试点，用工、人事、分配制度改革不断深化，主辅分离，辅业改制全面展开并取得积极进展。通过各种形式推进企业改革，国有中小企业改制已全面完成[2]。

党的十八大以来，继续深化国有企业改革，完善各类国有资产管理体制，推动国有资本更多地投向关系国家安全和国民经济命脉的重要行业和关键领域，不断增

[1] 江泽民：《全面建设小康社会，开创中国特色社会主义事业新局面》，人民出版社，2002。

[2] 范恒山：《加入世界贸易组织与中国经济体制改革》，《经济研究参考》2012年第7期。

强国有经济活力、控制力、影响力[1]。党的十八届三中全会通过的《中共中央关于全面深化改革若干重大问题的决定》，重点强调了完善产权保护制度、发展混合所有制经济和推动国有企业完善现代企业制度等内容，提升了国有经济的主体地位。《中共中央关于全面深化改革若干重大问题的决定》指出，“国有资本、集体资本、非公有资本等交叉持股、相互融合的混合所有制经济，是基本经济制度的重要实现形式。国有资本投资项目允许非国有资本参股。允许混合所有制经济实行企业员工持股，形成资本所有者和劳动者利益共同体”“国有企业属于全民所有，是推进国家现代化、保障人民共同利益的重要力量。国有企业总体上已经同市场经济相融合，必须适应市场化、国际化新形势，以规范经营决策、资产保值增值、公平参与竞争、提高企业效率、增强企业活力、承担社会责任为重点，进一步深化国有企业改革”。党的十九大指出，“要完善各类国有资产管理体制，改革国有资本授权经营体制，加快国有经济布局优化、结构调整、战略性重组，促进国有资产保值增值，推动国有资本做强做优做大，有效防止国有资产流失。深化国有企业改革，发展混合所有制经济，培育具有全球竞争力的世界一流企业”[2]。党的十九届四中全会进一步明确，要“探索公有制多种实现形式，推进国有经济布局优化和结构调整，发展混合所有制经济，增强国有经济竞争力、创新力、控制力、影响力、抗风险能力，做强做优做大国有资本。深化国有企业改革，完善中国特色现代企业制度。形成以管资本为主的国有资产监管体制，有效发挥国有资本投资、运营公司功能作用。深化农村集体产权制度改革，发展农村集体经济，完善农村基本经营制度”[3]。

---

[1] 胡锦涛：《坚定不移沿着中国特色社会主义道路前进，为全面建成小康社会而奋斗》，人民出版社，2012。

[2] 习近平：《决胜全面建成小康社会 夺取新时代中国特色社会主义伟大胜利》，人民出版社，2017。

[3] 《中共中央关于坚持和完善中国特色社会主义制度 推进国家治理体系和治理能力现代化若干重大问题的决定》，《人民日报》2019年11月6日。

三、所有制形式与社会主义市场经济体制相结合

（一）突破公有制对应计划经济、私有制对应市场经济的错误认识

关于计划与市场关系的讨论，本质性的问题在于对社会主义经济性质的认识，随着实践的深化，对这一问题的认识也呈现出明显的阶段性特征。1978年12月召开的党的十一届三中全会上，中国共产党把全党工作的重点转到社会主义现代化建设上来。会议指出，传统经济体制的最大缺陷是权力过于集中，因此要有领导地大胆下放，让地方和工农业企业在国家计划指导下有更多的经营管理自主权。同时，要按经济规律办事，重视价值规律的作用，“充分发挥中央部门、地方、企业和劳动者个人四个方面的主动性、积极性、创造性”。“对经济管理体制和经营管理方法着手认真地改革”的一系列新的重大措施开始陆续推出。通过总结新中国成立以来特别是党的十一届三中全会以来的实践经验，根据陈云的提议，党的十一届六中全会通过的《关于建国以来党的若干历史问题的决议》对计划与市场的关系作出了郑重说明，“必须在公有制基础上实行计划经济，同时发挥市场调节的辅助作用”。这是我们党第一次用“决议”的形式把“计划经济为主，市场调节为辅”的原则肯定下来。在这里，已经不是要不要市场调节的问题了，而是如何处理好计划和市场的关系、需要什么样的计划市场格局了[1]。

1984年10月，党的十二届三中全会通过了《中共中央关于经济体制改革的决定》，对我国现阶段社会主义经济性质作了深刻的说明，明确提出了我国社会主义经济是“公有制基础上的有计划的商品经济”。这一阶段经济改革总的来说是围绕建立“有计划的商品经济体制”的目标进行的，即在公有制的基础上建立自主经营、自负盈亏的富有活力和效率的企业体制，统一开放、运转有序的竞争性市场体

[1] 范恒山：《中国：计划与市场政策发展十三年——十一届三中全会以来中央关于计划与市场关系认识轨迹试描》，《经济研究参考》1992年第Z6期。

制和以经济杠杆调节为主的宏观间接管理体制[1]。商品经济的充分发展，是社会经济发展不可逾越的阶段。我国特殊的条件，决定了我们必须大力发展商品经济。这种不以人们意志为转移的客观状况，不仅决定了我们对传统体制进行改革的必然性，也决定了这种改革的基本内容与方向。但我们要发展的商品经济总体上说是社会主义商品经济，它以公有制为基础，贯彻按劳分配原则，受计划控制和指导。这就是说，我国社会主义经济是在公有制基础上的有计划的商品经济。实行计划经济同运用价值规律、发展商品经济，不是排斥的，而是统一的。商品经济是否存在，价值规律是否发挥作用，绝不是区分社会主义同资本主义经济的标准。《中共中央关于经济体制改革的决定》中的这些论断，是对马克思主义的社会主义经济理论的发展，把人们对科学社会主义的理解提高到一个新的水平，成为我国社会主义建设发展的重要出发点和制定战略策略的依据，从而也成为计划和市场关系抉择的依据。

1987年10月，党的十三大召开，在会议上通过的《沿着有中国特色的社会主义道路前进》的报告中，党中央肯定了党的十二届三中全会《中共中央关于经济体制改革的决定》以来的关于计划和市场关系的一系列重要思想，用更明晰、更规范的语言对之进行了总结与概括，这就是，社会主义有计划商品经济的体制，应该是计划与市场内在统一的体制。在这种体制下，计划和市场的作用范围都是覆盖全社会的，“新的经济运行机制，总体上来说应当是‘国家调节市场、市场引导企业’的机制”[2]。这种总结与概括把党中央关于计划和市场关系的认识推向了一个新的阶段。1992年10月党的十四大更进一步明确提出，“我国经济体制改革的目标是建立社会主义市场经济体制”。党的十五大指出，“公有制实现形式可以而且应当多样化，一切反映社会化生产规律的经营方式和组织形式都可以大胆利用。要努力寻找

[1] 范恒山：《中国经济体制改革的历史进程和基本方向》，《中国改革》2006年第8期。

[2] 《十三大以来重要文献选编》（上），人民出版社，1991。

能够极大促进生产力发展的公有制实现形式”[1]。这不仅为探索公有制的实现形式指明了方向，也对如何使公有制与市场经济相结合、建立社会主义市场经济体制的实践有重大的理论与实践意义[2]。党的十八届三中全会通过的《中共中央关于全面深化改革若干重大问题的决定》进而提出，“让市场在资源配置中起决定性作用，同时要更好发挥政府作用”。正如习近平总书记所强调的，“经过改革实践，我们认识到，决不能不克服市场的盲目性，也不能回到计划经济的老路上去。要努力将市场的作用和政府的作用结合得更好一些，这是一个止于至善的过程”[3]。

中央关于计划与市场关系的探索，从根本上解除了把计划经济和市场经济看作属于社会基本制度范畴的思想束缚，打破了社会主义——计划经济、资本主义——市场经济的传统观念对社会主义市场经济的确认。只有排除各种思想障碍，摆脱姓“资”姓“社”类的教条主义纷争，以发展生产力为根本标准，大胆放手改革，才能真正发挥社会主义制度的生机和活力[4]。这是认识进展中的一场革命，也是我们党在这一问题认识上的一次重大突破和飞跃。公有制的实现形式多样化，是公有制与市场经济相结合的重要条件，市场经济可以容纳不同的所有制关系[5]，这与我国社会主义初级阶段社会生产力发展水平相适应，是党和人民的伟大创新。

（二）实现社会主义公有制经济与社会主义市场经济的有机融合

改革开放以来，我国在深刻而广泛的变革中坚持社会主义基本制度，又创造性地在社会主义条件下发展市场经济，使经济活动遵循价值规律的要求，不断解放和

[1] 江泽民：《高举邓小平理论伟大旗帜，把建设有中国特色社会主义事业全面推向二十一世纪》，人民出版社，1997。

[2] 高尚全：《我国的所有制结构与经济体制改革》，《中国社会科学》1998年第1期。

[3] 习近平：《让市场在资源配置中起决定性作用，不能回到计划经济的老路上去》，《人民日报》2020年5月23日。

[4] 范恒山：《十六年经济改革理论探索论评》，《管理世界》1995年第6期。

[5] 范恒山：《论社会主义市场经济的基本特征》，《经济理论与经济管理》1993年第1期。

发展生产力[1]。我们党在坚持“两个毫不动摇”的所有制格局下，始终坚持社会主义市场经济的改革方向，不断完善社会主义市场经济体制。进而在党的十九届四中全会上，将公有制为主体、多种所有制经济共同发展，按劳分配为主体、多种分配方式并存，社会主义市场经济体制等上升为社会主义基本经济制度固定下来，这是对社会主义基本经济制度的创新。

中国经济体制改革，从主体和实质上说，是改革高度集中的计划经济体制，强化市场机制的作用，因而关于改革目标的探索是围绕计划和市场的关系展开的。公有制是我国社会制度的基础，它的出现是社会历史发展的必然。市场经济建设必须以客观存在的公有制为基础，因而必须实现公有制和社会主义市场经济的有机结合，这既是难点之所在，更是意义之所在。实现两者结合的关键在于公有制，它必须适应市场经济本质要求的有效的实现形式。任何违背市场经济的内在规定、破坏市场经济运行机制的实现形式，既不会造就富有活力的市场经济体制，也难以发挥公有制经济的巨大潜力[2]。

党的十四大明确提出了我国经济体制改革的目标是建立社会主义市场经济体制，党的十四届三中全会指出，“社会主义市场经济体制是同社会主义基本制度结合在一起的”[3]，提出了社会主义市场经济体制建设的基本原则和总体思路。这一论述是我国对社会主义经济制度理论与实践的重大创新。公有制与社会主义市场经济统一，是我国坚持和完善社会主义基本经济制度的关键环节，也是坚持和发展中国特色社会主义的必然要求。概括地说，我们需要建立的市场经济体制，将是市场经济与公有制内在统一，企业自主经营、平等竞争，在积极有效的国家调控下，市场机制对资源配置起基础性作用，能够实现效率与公平高水平结合的经济体制。

我国社会主义市场经济的特点主要表现在：一是它在本质上强化和壮大公有制

[1] 胡锦涛：《在纪念党的十一届三中全会召开30周年大会上的讲话》，《人民日报》2008年12月18日。

[2] 范恒山：《中国经济体制改革的历史进程和基本方向》，《中国改革》2006年第8期。

[3] 《中共中央关于建立社会主义市场经济体制若干问题的决定》，人民出版社，1993。

经济，因而它的运行有利于推动国民经济的高速优质增长和保障社会的稳定。社会主义市场经济的经济基础是公有制，在市场经济的发展中，公有制经济的主体地位不会动摇；适应市场经济的要求建立起来的公有制经济的新的实现形式，将会克服原有制度下国有资产无人负责的弊端，在市场竞争中实现国有资产的保值增值，进一步壮大公有制经济。而公有制经济为主体的经济，在促进社会经济的协调发展、优化和提升产业结构、提高国民经济素质与技术水平等方面具有特殊的优势。二是它有效地保障着劳动者民主权利的发挥。生产资料公有制不仅给予了全体社会成员就业与劳动的平等和充分权利，而且赋予了劳动者民主权利并保障着这种权利的有效发挥。在社会主义市场经济条件下，雇佣关系的基础已不存在，管理者与被管理者处于平等的地位，劳动者通过职代会等组织形式与管理途径参与社会经济活动的管理，并监督这些活动公正有效地开展。三是它直接推动着共同富裕的实现。为公有制为主体的全体社会成员共同享受收益提供了直接的产权基础，同时，公有制为主体会使私人资本的膨胀受到限制，使凭借资本参与分配保持在适当范围内。劳动力资本人人都有，没有任何其他资源能像劳动这样在分配上体现这么小的差别等特点，使按劳分配为主体不会产生两极分化。此外，在社会主义条件下，政府对于收入分配的有意识的调节更具主动性和常规性，它能够抑制收入差距过分扩大或把过分扩大的收入差距缩小在适当范围内[1]。

党的十八大以来，基于我国社会主义基本经济制度，以及我国新时代经济社会发展面临的新要求，社会主义市场经济体制改革进入新的阶段。重点从两个层面进行了创新：一是进一步完善了社会主义市场经济体制。党的十九大提出，我国经济体制改革的主要任务是加快完善社会主义市场经济体制。“经济体制改革必须以完善产权制度和要素市场化配置为重点，实现产权有效激励、要素自由流动、价格

[1] 范恒山：《中国改革：道路与目标》，中国言实出版社，2018。

反应灵活、竞争公平有序、企业优胜劣汰。”[1]党的十九届四中全会将公有制为主体、多种所有制经济共同发展，按劳分配为主体、多种分配方式并存，社会主义市场经济体制等作为社会主义基本经济制度，这是我国社会主义市场经济体制建设的重要发展和深化。2020年5月出台的《中共中央 国务院关于新时代加快完善社会主义市场经济体制的意见》更是强调，“在更高起点、更高层次、更高目标上推进经济体制改革及其他各方面体制改革，构建更加系统完备、更加成熟定型的高水平社会主义市场经济体制”。二是不断完善市场在资源配置中的决定性作用。党的十八届三中全会明确，“经济体制改革是全面深化改革的重点，核心问题是处理好政府和市场的关系，使市场在资源配置中起决定性作用和更好发挥政府作用”“建设统一开放、竞争有序的市场体系，是使市场在资源配置中起决定性作用的基础”[2]。正如党的十九届四中全会所强调的，把社会主义制度和市场经济有机结合起来，我国才能不断增强解放和发展社会生产力的显著优势。

[1] 习近平：《决胜全面建成小康社会　夺取新时代中国特色社会主义伟大胜利》，人民出版社，2017。

[2] 《中共中央关于全面深化改革若干重大问题的决定》，人民出版社，2013。

第四节

推进所有制改革的理论与实践思考

新中国成立以来，特别是改革开放以来，我们党始终把巩固和完善基本经济制度作为经济体制改革的首要任务，并在社会主义现代化建设进程中经历了建立、完善、加快完善的发展阶段，社会主义基本经济制度的内涵不断丰富，推动了社会主义基本经济理论、制度和实践的创新，呈现出鲜明的时代特征，对于更好地发挥社会主义制度优越性、不断解放和发展社会生产力发挥了重要作用，我国经济社会发展取得举世瞩目的成就。

党的十九大指出，我国已进入中国特色社会主义新时代，当前我国已开启全面建设社会主义现代化国家的新征程，在坚持"两个毫不动摇"的原则下，推进社会主义市场经济体制改革，客观上也需要在伟大的实践中不断创新。实践创新无止境，理论创新无止境。当前，我国经济发展不平衡不充分的问题依然存在，城乡收入差距较大，经济发展的质量和水平还不高，与我国解放和发展生产力的要求相比，与立足新发展阶段、贯彻新发展理念、构建新发展格局的目标任务相比，还需通过加强党的领导，继续巩固和完善基本经济制度，加快完善社会主义市场经济体制。

一、坚持"两个毫不动摇"，增强微观主体活力

坚持以习近平新时代中国特色社会主义经济思想为指导，坚持和加强党的全面领导，牢牢把握社会主义初级阶段这个基本国情，牢牢扭住经济建设这个中心，坚持和完善以公有制为主体、多种所有制经济共同发展的所有制结构，毫不动摇巩固和发展公有制经济，毫不动摇鼓励、支持、引导非公有制经济发展。一是加快推

进国有经济的高质量发展。要切实“坚持有进有退、有所为有所不为”，从提升国有经济高质量发展的要求、提高产业链供应链的安全性和现代化水平的视角，优化国有经济的战略布局。深化供给侧结构性改革，按市场化原则推进战略性重组和专业化整合，提高国有资本配置效率，推进能源、铁路、电信、公用事业等行业竞争性环节市场化改革，清理退出不具备优势的非主营业务和低效无效资产[1]。按照《中华人民共和国国民经济和社会发展第十四个五年规划和2035年远景目标纲要》的要求，推动国有经济进一步聚焦战略安全、产业引领、国计民生、公共服务等功能。发挥科技创新的引领和支撑作用，化解各类关键核心技术“卡脖子”问题，提升国有经济的核心竞争力，推进战略性新兴产业的高质量发展。二是加快推进民营企业、外商投资企业等非公有制经济的高质量发展。积极优化营商环境、完善支持非公有制经济发展的政策体系，消除非公有制经济发展面临的各种障碍，进一步激活非公有制经济的活力和创造力。

二、完善社会主义市场经济体制，建设高标准市场体系

加快完善社会主义市场经济体制，一方面要加快推进资本、劳动力、数据等要素市场化改革，发挥市场在资源配置中的决定性作用，优化生产要素的配置，注重利用规模效应发展产业集群以释放更多活力，建立多元化要素市场供给主体机制[2]，提高全要素生产率的贡献度。另一方面要构建统一开放、竞争有序的市场体系。充分发挥有为政府的作用，深入推进“放管服”改革，弥补市场失灵的缺陷。加强市场监管，健全法治体系，强化产权保护，完善公平开放透明的市场规则，营造各种所有制主体依法平等使用资源要素、公开公平公正参与竞争、同等受到法律保护的市场环境，建设高标准市场体系。

[1] 郝鹏：《激发各类市场主体活力》，《人民日报》2020年12月18日。

[2] 黄庆华：《推动有效市场和有为政府更好结合》，《光明日报》2020年11月20日。

三、完善宏观经济治理体系，提升现代化治理能力

深入推进经济体制改革，充分发挥国有经济的控制力、影响力，促进非公有制经济的发展，保障市场主体的活力和竞争力，必须完善政府经济调节、市场监管、社会管理、公共服务、生态环境保护等职能，创新和完善宏观调控方式，进一步提高宏观经济治理能力[1]。一是要完善宏观政策体系。围绕新发展阶段高质量发展的要求，加快财政、金融、税收等政策体系创新，充分发挥宏观政策的导向型指引作用，增强宏观调控的前瞻性、针对性、协同性。二是加快完善产业政策和区域政策。发展不平衡不充分是我国目前最大的实际，要围绕产业结构优化升级的迫切需要，加快完善现代产业体系，提升产业竞争力。加快落实国家重大区域战略，促进城乡区域协调发展。三是进一步完善收入分配制度，健全基本公共服务制度，实现基本公共服务均等化，完善适合我国国情的、适度合理的社会保障制度。健全劳动、资本、土地、知识、技术、管理、数据等生产要素由市场评价贡献、按贡献决定报酬的机制。健全以税收、社会保障、转移支付等为主要手段的再分配调节机制，强化税收调节，完善直接税制度并逐步提高其比重。完善相关制度和政策，合理调节城乡、区域、不同群体间分配关系[2]。构建适应高质量发展要求的社会信用体系和新型监管机制。四是提升政府的治理能力。维护公平正义的能力和水平直接体现政府的社会治理能力，通过治理能力和治理水平的现代化，切实保障“两个毫不动摇”的巩固和发展。

四、建设更高水平开放型经济新体制，以开放促改革、促发展

新发展阶段，我国正在形成以国内大循环为主体、国内国际双循环相互促进的新发展格局。巩固和完善社会主义市场经济体制，并不是封闭的自我循环，而是融

[1] 《中共中央　国务院关于新时代加快完善社会主义市场经济体制的意见》，人民出版社，2020。

[2] 《中共中央关于坚持和完善中国特色社会主义制度　推进国家治理体系和治理能力现代化若干重大问题的决定》，《人民日报》2019年11月6日。

入世界市场经济大潮中的自我提升。当前，逆全球化趋势明显、国际政治博弈加剧，特别是受新冠肺炎疫情的影响，世界经济的不稳定性、不确定性不断增强，给我国社会主义市场经济的发展带来挑战。改革开放以来，我国基本经济制度建设取得的成就，都是在不断扩大开放的进程中实现的。因此，要坚定实行更加积极主动的开放战略，全面对接国际高标准市场规则体系，实施更大范围、更宽领域、更深层次的全面开放。要统筹好发展和安全，增强自身竞争能力、开放监管能力、风险防控能力。要在坚持自力更生的前提下自主对外开放，掌握开放的主动权，在开放合作中实现高质量发展，进一步巩固和完善中国特色社会主义制度。

CHAPTER 3

第三章

国有经济的改革与发展

在我国经济发展的历程中，国有经济发挥了重要作用。国有经济不仅承担着生产供给公共产品、弥补市场失灵的功能，而且是推动我国工业化、实施赶超式发展战略的重要力量。国有经济是中国特色社会主义基本经济制度的重要组成部分，国有企业是中国特色社会主义的重要物质基础和政治基础，是我们党执政兴国的重要支柱和依靠力量。改革开放40多年来，国有经济通过深化改革不仅激发了自身活力，而且成为推动国家产业结构优化、引领经济发展、带动其他所有制经济健康发展的主力军、排头兵和突击队。中国特色社会主义进入新时代，我国经济转入高质量发展阶段，面对内部和外部发展环境复杂变化带来的诸多挑战，只有以更大勇气和更大力度深化国资国企改革，加快国有经济布局优化和结构调整，做强做优做大国有资本和国有企业，不断提高国有经济竞争力、创新力、控制力、影响力、抗风险能力，才能有效发挥国有经济在构建新发展格局和推动高质量发展方面的战略支撑作用。

第一节

国有经济与经济发展活力

如何实现一国经济的持续发展，是经济学永恒的研究主题。经济发展不仅体现为经济总量扩张，还体现为经济结构优化、经济效益提高、人民生活水平提升、生态环境质量改善等更加广泛的内容。如何实现经济的长期繁荣发展，由于各国的发展起点和国情特点各不相同，因此面临着不同的路径选择。综观世界经济发展史，无论发达国家还是发展中国家，在其经济发展的不同阶段，在国民经济的不同领域，都曾闪耀着一个独特的身影——国有经济。换言之，在一国经济成长的漫长道路上，国有经济都曾发挥过助推经济发展的重要功能，在有些国家，国有经济至今仍发挥着顶梁柱的重要作用。

一、国有经济是推动一国工业化和经济发展的重要力量

经济发展史表明，在工业化初期，西方国家通过对外殖民扩张、投资基础设施、直接投资扶持工业部门、支持科技和教育等不同方式推动工业化的发展。在这些方式中，国有经济都在不同程度上发挥了重要作用。

葡萄牙、西班牙、荷兰、英国等资本主义较早兴起的国家，都曾借助国家兴办国有军工企业、组建国家特许垄断的贸易公司等方式进行殖民扩张，开拓海外市场，并引导民间资本投入全球市场，以争夺海上霸权和贸易垄断权，为民间商业和制造业的繁荣创造条件[1]。除了以国家军事和经济力量为支撑进行资本原始积累外，西方国家还通过直接兴办国有企业助推本国工业的发展。最典型的是德国在俾

[1] 文一：《如何正确理解国企与民企的关系——纪念中国改革开放四十周年》，《政治经济学季刊》2018年第2期。

斯麦执政时期采取国有化政策，使政府对重要工业部门进行控制，并采取公私合营的方式建立资本主义企业。到第一次世界大战前夕，德国44个最大的矿山和12个钢铁企业，以及24%的发电设备和20%的制盐生产都属于国家所有，80%以上的铁路线也由国家经营。国家对工业的大量投入，既弥补了私人资本的不足，也使生产和资本更趋集中，以发挥规模经济优势。日本在明治维新之后，一方面大力扶植私人资本主义企业，另一方面政府直接兴建一批军事企业和“官营模范工厂”，引导私人资本的流向。在19世纪的最后10多年中，日本政府低价转让了许多国营企业，使私人资本得到补充[1]。

西方国家对工业化所必需的基础设施给予了大量资助和支持。美国政府在南北战争后曾采取将土地免费赠予铁路公司的办法鼓励私人资本修建横跨北美大陆的铁路干线。在19世纪末至20世纪初，美国联邦政府和地方政府拨给铁路公司的土地总计在21500万英亩（1英亩合4046.86平方米）以上，超过德国、法国两国领土面积的总和。此外，各级政府还给予铁路公司财政资助、直接贷款或出面充当铁路债券的担保者。法国政府在19世纪70年代末和80年代初也采取过促进公共工程发展的措施，将大量资金投入公共工程，特别是交通运输业。1879—1904年，法国政府用于公共工程的拨款达到50亿法郎。在此期间，法国修建了近20万千米的大小道路、200千米的运河、约3万千米的铁路，并疏浚或修建港口。国家投资建设交通运输等公共基础设施，对资本主义工业化发挥了极为重要的促进作用[2]。

西方国家国有经济兴起的高峰出现在第二次世界大战之后。一方面为了推动经济恢复和重建，另一方面为了防止出现市场自发运行导致的经济周期波动，西方国家掀起了一场国有化浪潮并一直持续到20世纪70年代。这一时期，国有资本急剧扩大，生产资料国有制成为西方国家多元化所有制结构不可忽视的组成部分，这一特征在欧洲尤为明显。到20世纪70年代初，英国国有企业固定资本投资占全国总投资

[1] 宋则行、樊亢：《世界经济史（修订版）》上卷，经济科学出版社，1998。

[2] 同上。

的40%以上，雇员人数占总就业人数的15.4%；联邦德国国有企业投资占全国总投资的32%，就业人数超过250万人；法国国有资本占全国总投资的38%，职工人数占全部雇员人数的30%；美国国有资本总额为2086亿美元（1976年），就业人数占总就业人数的16%；日本国有企业固定资本占全国固定资本的19.6%，就业人数占全国就业人数的8%。二战后，西方国家的国有经济在促进市场经济运行效率提升、保持宏观经济稳定方面发挥了重要作用，成为支撑西方国家二战后近30年的“黄金增长期”的重要力量。国有企业承担兴建和经营利润低、耗资大、风险高的基础和科技产业，为私营企业提供巨额的社会不变资本，大大降低了私营企业的运行成本，提高了其利润率和竞争力。国有企业还发挥了“企业病医院”的功能，对那些在市场竞争中濒临倒闭的大型私营企业进行救助。例如，1933年意大利建立的工业复兴公司（IRI）就是专门的“企业医院”，到1987年它救助的私营企业有500多家，还对122家公司（共约6.5万名雇员）进行过干预，自己创办的公司达226家，并将其中的155家转让给私人经营。此外，国有企业作为国家宏观经济调控的一种特殊工具，发挥着其他政策调节手段难以替代的作用，包括增强本国企业的国际竞争力、保持经济的自主性、促进地区间经济平衡发展、执行国家的宏观调控和产业政策、增加就业岗位、提供社会福利等[1]。

对后发展型国家而言，由于其经济发展的初始水平更低，面临的政治、经济和社会结构性约束更多，更需要国家采取特殊手段推动工业化和经济发展。经济学家亚历山大·格申克龙（Alexander Gerschenkron）通过对后发展型国家的工业化进行研究总结出三点重要结论：第一，随着开始发展时间向后推移，后发展型国家以具有强组织能力的机构指导发展的趋势越来越强。由于缺乏资本，又期望经济迅速起飞，因此需要国家集中有限的资本投入工业化进程。资本的集中和投入都需要有较强组织能力的机构来完成。第二，随着开始发展时间向后推移，企业的组织形式也由分散到集中、由小到大。一方面，规模大的企业有利于具有强组织能力的机构进

[1] 高峰：《现代资本主义的经济关系和运行特征》，南开大学出版社，2000。

行指导和投资；另一方面，后发展型国家为了实现迅速赶超，往往违背比较优势原则，率先进入钢铁、化工、军工等资本密集型的重工业领域，这些领域一般都需要大规模企业。第三，随着开始发展时间向后推移，国家更加需要对经济进行干预，而国家的干预不只停留在经济层面上，更重要的是深刻改变传统的社会关系和经济组织[1]。正因如此，以国家干预和兴办国有企业的方式推动工业化，是许多后发展型国家的必然选择。

二、国有经济是确保现代市场经济有效运转的重要力量

市场是促进经济发展的有力机制，但市场经济体制的建立和有效运转需要一定的制度基础，离不开国家的必要扶持，否则很可能出现严重的市场失灵，降低经济运行效率。在发展中国家，由于存在着信息不对称、较低的风险容忍度、脆弱的制度架构，以及其他一些体制和机制障碍，因此其资源配置机制不完善，市场失灵问题更加严重。而国有经济可以发挥克服市场失灵，保障市场经济有效运行的作用[2]。

国有经济的一个重要功能是为全社会提供重要的公共产品和服务。典型的公共产品是那些被全社会享用，能够为全社会带来巨大收益的产品，如国防、大型基础设施、公共卫生、基础教育等。由于这些纯公共产品具有使用的非竞争性和消费的非排他性，不可能完全由私人企业按照市场激励提供，必须由政府投资或直接通过国有企业供给，防止出现公共产品供给不足。一些重要的基础研究、前沿技术和产业对提高一国整体的科技水平和产业竞争力具有巨大的正外部性效应，因此国家应该采取行动来培育、支持和鼓励创新，以促进技术知识和能力的扩散。在这些领域，国有企业往往都会扮演重要角色。

国有经济的另一个重要功能是通过公共投资的“挤入”效应，促进私营部门发

[1] 亚历山大·格申克龙：《经济落后的历史透视》，商务印书馆，2009。

[2] 经济合作与发展组织：《国家发展进程中的国企角色》，中信出版集团，2016。

展。由于市场不完备和风险分担机制不完善，发展中国家存在资本市场失灵问题，私营部门拒绝为短期内有风险、长期内有高回报的项目提供融资，而国家可以通过建立国有企业弥补私人投资不足，进而引导和带动私人企业发展。例如，在20世纪60年代的韩国，私营部门认为钢铁项目的风险太高，韩国政府因此建立了钢铁制造公司浦项钢铁。浦项钢铁把生产获得的利益转移给产品的买方，使整个国家经济都能受益。浦项钢铁的建立给整个国家经济带来的回报远远高于对公司自身的回报[1]。此外，国家通过投资重要基础设施、基础性产业进一步带动私人投资。例如，国家通过修建电网、大桥、运河、高速公路、高铁或地铁线路，会在沿线创造出许多商机，间接拉动私营企业的投资、生产和人员就业[2]。

国有经济是国家实施宏观调控和推行产业政策的特殊工具，发挥着促进市场经济平稳运行的“压舱石”和稳定器的作用。相关研究表明，国有经济投资具有逆周期的特征，这就使其有利于缓解经济危机对宏观经济的冲击，“熨平”宏观经济波动。在经济下行时期，国有经济可以依据具体情况实施并购和接管，维持社会就业局势稳定，避免因企业“扎堆”破产而引发社会性恐慌，延缓经济快速下滑的势头；在经济萧条时期，国家可以通过引导国有经济在各个行业的布局，优化行业结构，为经济的全面复苏做好准备；在经济上行时期，国有经济可以向重点领域倾斜，促进相关行业优先发展。因此，国有经济的发展，有利于推动国民经济的稳定运行[3]。

国有经济对保障国家经济安全和实现国家发展战略目标发挥着重要作用。在现代市场经济条件下，有许多重要行业和领域关系到国计民生，如军事工业、自然资源行业、航空航天产业等。无论在发达国家还是在发展中国家，政府都要牢牢掌握对这些行业的控制权，以加强国家对经济运行态势的把握，维护本国经济安全和社

[1] 周建军：《赶超的阶梯：国企改革和产业升级的国际比较》，中信出版集团，2019。

[2] 文一：《如何正确理解国企与民企的关系——纪念中国改革开放四十周年》，《政治经济学季刊》2018年第2期。

[3] 戚聿东：《深刻理解社会主义基本经济制度的新内涵》，《人民论坛》2019年第31期。

会安全[1]。此外，国家对未来新技术、新资源的掌控和对创造财富能力的积累是决定一国发展潜力的关键因素，仅凭私人力量无法完成这些要素的积累，因而需要国家创新体系的支持。国有企业可以大力发展具有前瞻性的产业、支持技术进步、促使创新常规化，从而有效地实现国家的战略意图[2]。

三、国有经济是促进社会公平与和谐发展的重要力量

国有经济是国家代表社会公共利益实施经济治理的重要手段，因此，在大多数国家，国有企业都承担着重要的社会责任。国有企业的资产和利润最终由全体公民共享，因而在其效用函数中必然包括增加全民福利、承担社会责任等更加广泛的内容[3]。

首先，国有经济对于防止收入分配差距过大、促进社会公平具有重要作用。马克思主义认为，生产决定分配，不同的所有制关系决定不同的分配制度，只有在生产资料社会占有的基础上，才能形成按劳分配为主体的、比较公平的分配关系，对收入分配的源头即生产条件的占有进行有效调节，防止两极分化，促进共同富裕。法国经济学家托马斯·皮凯蒂对发达国家收入分配的研究表明，从第二次世界大战结束到20世纪70年代，发达国家曾一度出现收入分配差距缩小、中产阶级扩大的趋势，这一时期恰恰是发达国家广泛运用凯恩斯主义、福利国家体制和国有经济对收入分配进行调节的阶段。但是，20世纪70年代末新自由主义兴起之后，随着国家从经济中退出，以及国有经济的大规模私有化，发达国家的收入分配差距开始迅速扩大。重要原因之一就是私人资本的收益率长期高于经济增长率，导致经济增长的收益越来越向私人资本集中，而广大劳动者从增长中获得收益的份额越来越小。因此，皮凯蒂指出，“私人资本的积累以及分配过程的内在机制本身就蕴含着使财富

[1] 袁辉：《国有企业功能的历史透视与新时期定位》，《江苏行政学院学报》2014年第2期。

[2] 同上。

[3] 同上。

过度集中的强大力量”。相反，在那些公共资产或国有经济占比相对较高的国家，政府可以把国有企业或公共资产的收益作为有力杠杆，制定和实施促进社会发展的政策，调节收入分配，完善社会保障体系，促进社会和谐发展[1]。

其次，国有经济可以作为促进国民财富为社会共享的重要手段。一些国家的实践表明，如果采取有效的制度设计，可以促进国有经济的收益为全体国民共享。例如，挪威的国家石油公司每年将80%的利润上缴国家，挪威政府建立了政府石油基金（Government Petroleum Fund）用于社会保障体制建设。这一基金作为主权财富基金在境外投资，凭借该基金的丰厚回报，挪威政府不仅有效缓解了财政赤字压力，而且成功地实现了促进社会经济持续、均衡发展的目标。俄罗斯总统普京执政后采取了“再国有化”方式，将大量石油和天然气企业收归国有，政府可以运用这些国有经济产生的资源红利推进国内基础设施建设、增加投资、提高居民收入，并实现国家的战略利益目标。2004年初，俄罗斯政府建立了基于石油出口收益的俄罗斯主权财富基金，即国家稳定基金。这一主权财富基金主要发挥两种功能：一是在世界能源价格发生下滑导致国家收入下降时，用于补充财政收入和偿还外债；二是作为国家福利基金用于健全国民福利[2]。凭借国有石油企业收益的支撑，普京执政后，不仅解决了叶利钦时期久拖未决的拖欠养老金问题，而且实施“收入倍增计划”，使居民收入增长速度高于经济增速，在一定程度上缓解了社会分化[3]。即便在美国，也有个别地区运用公有资产促进社会公平的良好实践。例如，阿拉斯加州利用来自自然资源的巨大收益于1982年建立了“永久基金”，该基金及其收益归全州公民所有。在利用市场机制使基金增值的同时，永久基金连续30多年为在该州居住6个月以上的居民无条件进行社会分红，每人每年可分得几百到上千美元不等。在国际金融危机爆发的2008年，阿拉斯加州公民的人均社会分红和补贴高达3269美

[1] 李实、岳希明：《〈21世纪资本论〉到底发现了什么》，中国财政经济出版社，2015。

[2] 关雪凌、张猛：《普京新保守主义解析》，《中国人民大学学报》2015年第2期。

[3] World Bank，“The Russian Economy Inches Forward：Will That Suffice to Turn the Tide?”，*Russia Economic Report*，No.36（2016）.

元，其中人均分红2069美元。此外，永久基金还负责对该州的环境和新兴产业进行投资，使经济、环境和人的发展实现相互协调、可持续发展[1]。

最后，国有经济承担着许多“保卫社会”的急难险重任务。在一些国家，国有经济在扶贫攻坚、促进区域协调发展以及应对社会风险等方面发挥着重要作用。中国在改革开放40多年间，使近8亿人摆脱了绝对贫困，创造了扶贫开发的中国奇迹。无论是在救济式扶贫、开发式扶贫，还是在精准扶贫等各阶段，中国的国有企业都一马当先。国有企业从事扶贫事业能够弥补政府和民营企业的不足。贫困地区自然环境复杂、资金短缺，扶贫任务艰巨，政府受财政收入制约难以提供充足的资金，而民营企业受成本制约无力也不愿意承担一些公益性、资金量大、回报率低的项目。国有企业在财力、管理能力、管理网络、技术实力等方面具有优势，具有能涵盖其他扶贫主体的扶贫方式，充分发挥各方面的资源优势，以更高标准、更快速度提供优质产品和服务。此外，国有企业之间具有较强凝聚力，能够组建扶贫联合体，对贫困地区实施整体性和系统性的精准扶贫[2]。

国家和社会面临严峻危机事件冲击之时，国有经济也可以凭借其独特优势，发挥“保卫社会”的功能。在2020年突发的新冠肺炎疫情中，中国的国有经济主动投身抗疫一线和国民经济主战场，发挥了“主力军”“国家队”的作用。国有企业有力地保障米面粮油、水电煤气的供应和公共交通的畅通，为经济社会平稳运行提供了有力支撑。国有企业具有强劲有力的产业应急和危机应对能力，能迅速投入医院改建、生产线筹建等工作，以及进行熔喷布、口罩、防护服、检测试剂的生产研制，为抗疫提供了强大的物质支撑。国有企业率先复工复产，有力地维护了产业链、供应链稳定。不少国有企业积极搭建产供销合作机制，为产业链上下游中小企业提供帮助。2020年4月，国际货币基金组织强调，这次疫情彰显了公共部门在挽

[1] 周建军：《赶超的阶梯：国企改革和产业升级的国际比较》，中信出版集团，2019。

[2] 张春敏、赵萌：《国有企业在精准扶贫中的角色定位和参与方式探析》，《广西民族大学学报》（哲学社会科学版）2018年第1期。

救生命和保障生计中发挥的作用，国有企业在其中作出了贡献。经济合作与发展组织也认为，国有企业可以解决市场失灵问题，并实现特定的社会目标[1]。

四、国有经济在发展过程中存在的问题

在肯定国有经济对经济发展作出重要贡献的同时，也应看到其在发展过程中存在的一些问题和弊端。这些问题和弊端会制约经济发展活力的提升。

第一，国有经济的范围过度扩大，会给经济发展带来不利影响。国有经济在关系国家安全和国计民生的部门发挥作用，是经济社会发展的必然要求，国有企业在提供涉及全社会利益的公共产品方面也具有自身的比较优势。但国有经济如果超过其有效运行的“最优边界”过度扩张，就会出现边际收益递减的趋势。一方面，国有经济过度扩张会占用大量经济社会资源和市场空间，甚至形成一定程度的垄断，这显然会抑制非国有经济成分的发展，对市场竞争也会产生削弱作用。另一方面，国有企业数量过多、战线过长、分布领域太广，会导致许多企业的平均规模太小、竞争力不强、企业亏损面过大，企业经营将面临困境。国有经济的过度扩张，也会导致其偏离国家的战略目标，削弱其保障全社会共同利益的功能。

第二，国有企业的目标具有多元化特征，导致其经营行为和绩效考核之间存在一定的矛盾。国有企业为国家所有并代表公共利益，这就决定了其生产经营目标不会像私营企业一样单纯追求利润最大化。一般而言，国有企业的目标可以分为两类：一类是作为一般企业与其他企业共有财务与效率目标；另一类则是私营企业所不具有的宏观经济目标。因此，对国有企业经营绩效的考核就存在着双重标准，比对私营企业绩效的考核更为困难和复杂。国有企业必须完成的这两类目标经常处于矛盾和冲突之中。例如，从提高企业经营效率角度看，国有企业需要减少一部分劳动力，以降本增效，但这一目标会与国有企业承担的保障充分就业和宏观经济稳定

[1] 周建军：《国有企业彰显中国抗疫制度优势》，《经济日报》2020年6月19日。

的目标相冲突，使国有企业面临两难选择[1]。

第三，所有权被割裂，为国有企业监管带来不利影响。在传统计划经济体制下，国家所有权通过一套横向和纵向分割、权利和责任不对称的组织体系来实现。首先，经营国有企业的任务由中央和地方各级政府分担。国有企业按照“隶属关系”，由各级政府管理。其次，每一级政府经营国有企业的权力又被各行政部门分割，结果出现了一种“多头管理”的现象，导致所有权被分割，形成低效率的制度安排。各级党政部门按照自身的要求甚至自身利益来行使它们对国有企业的管理权，但并不对企业经营的综合绩效负责。

第四，存在预算软约束问题，制约国有企业活力提升。政府直接经营管理国有企业，就为企业的经营承担了无限责任，结果造成政府对企业的预算软约束。由于决定企业生存和发展的主要经济参数，如价格、投资、税收等的决定权都掌握在国家手中，企业可以通过和政府谈判来改变自己面对的约束条件。如果企业遇到财务困难，国家就会用减税、优惠贷款、财政拨款、承担亏损或允许涨价等方式帮助企业解脱。但如果这种干预过于频繁，企业的行为准则就会建立在期望干预的基础上[2]。企业亏损有政府给予补贴，企业也就永无破产之患，这会导致企业经营好坏一个样，最终会抑制国有企业的活力。

五、培育具有全球竞争力的世界一流企业

党的十九大报告明确提出：“深化国有企业改革，发展混合所有制经济，培育具有全球竞争力的世界一流企业。”党的十九届五中全会进一步强调，要加快建设世界一流企业。培育世界一流企业成为进一步深化国有企业改革的重要目标。尽管学术界对世界一流企业的标准有不同的认知，但一般认为，培育世界一流企业就是要提升国有企业的国际竞争力，形成一批在国际资源配置中能够逐步占据主导地位

[1] 华民：《西方混合经济体制研究》，复旦大学出版社，1995。

[2] 吴敬琏：《当代中国经济改革教程》，上海远东出版社，2016。

的领军企业，在全球行业发展中起到引领作用，在全球产业发展中具有话语权和影响力。世界一流企业具有较强的国际竞争力、较大的市场价值、较高的国际化水平、较为深远的社会影响力等特征。我国不少国有大企业初步具备成为世界一流企业的条件，但与世界一流企业相比仍存在较大差距。因此，要以增强企业活力为抓手，系统性深化国资国企改革，推动具备条件的国有大企业尽快成长为具有全球竞争力的世界一流企业[1]。

要全面理解和准确把握建设世界一流企业的内涵和规律，找准差距并重点推进。首先，世界一流企业必然要在国际资源配置中占据主导地位，能够实现全球化经营，在全球范围内优化资源配置。其内涵主要体现为：一是国际化程度高，在全球价值链中占据产业高端和关键环节；二是能够主导相关产业链经营，具有较大的定价权；三是资源统筹能力强，具有较多优化资源配置手段。其次，世界一流企业必然要在全球行业发展中发挥标杆作用，具有较强市场竞争力、行业领导力和社会影响力。标杆企业的引领作用主要体现为：一是企业治理体系和生产组织体系具有全球典范性；二是企业技术创新引领全球；三是企业提供产品和服务具有前瞻性和拓展性。最后，世界一流企业必然要拥有产业上的充分话语权和重要影响力。主要体现为：一是在制定全球产业规则、确立行业标准方面具有较强的话语权和影响力；二是在全球产业、行业发展中具有号召力和统筹力；三是在推动产业变革中具有较强的影响力[2]。

加快建设世界一流企业既要遵循企业建设的一般规律，又要符合中国国情，具有中国特色。“十四五”时期，要紧紧围绕高质量发展这一主题，以“创新、协调、绿色、开放、共享”的新发展理念为引领，将培育世界一流企业作为实现高质量发展、构建新发展格局的重要支撑。要坚持创新发展引领世界一流企业，深化科

[1] 袁东明、袁璐瑶：《以增活力为抓手培育世界一流企业》，《智慧中国》2019年第6期。

[2] 中国石油天然气集团有限公司党组：《奋力建设具有全球竞争力的世界一流企业》，《求是》2018年第12期。

技创新、制度创新、业态和模式创新，加快关键核心技术攻关，形成一批引领全球行业技术发展的领军企业。要以产业集成支撑世界一流企业，加快产业转型升级，积极参与国际标准制定，在产业链价值链上向高端迈进，形成一批在全球产业发展中具有重要话语权和影响力的领军企业。要以开放合作的态度锻造世界一流企业，以共建"一带一路"为重点扩大对外开放，增强国内国际经济联动效应，形成一批在国际资源配置中占据优势地位的领军企业。要以卓越管理夯实世界一流企业，进一步加强管理体系和管理能力建设，强化信息化、智能化管理，不断增强企业盈利能力和市场竞争力，形成一批以内涵型发展引领质量和效益提升的领军企业[1]。

[1] 《〈中共中央关于制定国民经济和社会发展第十四个五年规划和二〇三五年远景目标的建议〉辅导读本》，人民出版社，2020。

第二节

我国国有经济的建立及其依据

一、我国国有经济建立的依据

马克思主义经典作家运用历史唯物主义和辩证唯物主义的科学方法论，对人类社会发展的一般规律进行了深入研究，揭示了所有制的演进规律。从生产力与生产关系辩证运动的角度出发，马克思将人类社会的所有制形式划分为依次演进的五种类型，即原始的部落所有制、古代的公社所有制和国家所有制、封建的或等级的所有制、资本主义私有制、共产主义的公有制[1]。马克思和恩格斯着重研究了资本主义社会的运动规律，并发现了贯穿这一社会形态的基本矛盾，即生产的社会化同生产资料私有制之间的矛盾。在这一矛盾的作用下，虽然资本主义社会推动了生产力的巨大发展，但是却导致社会再生产比例失调和周期性经济危机、社会财富两极分化与无产阶级日益贫困，最终在经济危机和阶级斗争的猛烈爆发中走向消亡。而替代资本主义的共产主义社会将建立在生产资料为社会成员共同和直接占有的公有制基础之上，从而实现社会生产的有计划按比例发展、劳动成果为全体社会成员公平共享以及人的全面自由发展。在建立未来社会公有制的过程中，无产阶级主导的国家政权以国家所有制形式掌控生产资料是一个必经阶段。在《共产党宣言》中，马克思和恩格斯指出："无产阶级将利用自己的政治统治，一步一步地夺取资产阶级的全部资本，把一切生产工具集中在国家即组织成为统治阶级的无产阶级手里，并且尽可能快地增加生产力的总量。"[2]在《反杜林论》中，恩格斯也明确指出：

[1] 中共中央马克思恩格斯列宁斯大林著作编译局：《马克思恩格斯文集》第一卷，人民出版社，2009。

[2] 中共中央马克思恩格斯列宁斯大林著作编译局：《马克思恩格斯文集》第二卷，人民出版社，2009。

“无产阶级将取得国家政权，并且首先把生产资料变为国家财产。”[1]

中国共产党把马克思主义的普遍真理与中国具体国情相结合，在推进马克思主义中国化的基础上不断进行理论创新，创立了新民主主义经济理论，为社会主义基本经济制度的确立提供了根本性理论指导。毛泽东在《新民主主义论》中指出，中国革命必须分为两个步骤：第一步，改变这个殖民地、半殖民地、半封建的社会形态，使之变成一个独立的民主主义的社会；第二步，使革命向前发展，建立一个社会主义的社会。在新民主主义国家，大银行、大工业、大商业归国家所有。在无产阶级领导下的国营经济是社会主义的形式，是整个国民经济的领导力量，但国家并不没收其他资本主义的私有财产，并不禁止“不能操纵国计民生”的资本主义生产的发展。要采取必要方法，没收地主的土地，分配给无地和少地的农民，实现“耕者有其田”，在此基础上发展起来的各种合作经济，也具有社会主义的因素。中国经济一定要走“节制资本”和“平均地权”的路，决不能是“少数人所得而私”，决不能让少数资本家和少数地主“操纵国民生计”[2]。在《论联合政府》中，毛泽东提出，抗战胜利后应建立“无产阶级领导下而‘为一般贫民所共有’的新民主主义国家”，并重申了《新民主主义论》中提出的经济构成和“节制资本”“平均地权”的政策。毛泽东在1947年12月中共中央会议上所作的报告中，明确将没收官僚资本归新民主主义的国家所有作为新民主主义革命的三大经济纲领之一。到1949年3月，毛泽东在党的七届二中全会的报告中进一步阐明：“国营经济是社会主义性质的，合作社经济是半社会主义性质的，加上私人资本主义，加上个体经济，加上国家和私人合作的国家资本主义经济，这些就是人民共和国的几种主要的经济成分，这些就构成新民主主义的经济形态。”而在整个国民经济中，国营经济是领导成分，是起决定性作用的。由此可见，在中国建立国有经济，是中国共产党在新民

[1] 中共中央马克思恩格斯列宁斯大林著作编译局：《马克思恩格斯选集》第三卷，人民出版社，1995。

[2] 毛泽东：《毛泽东选集》第二卷，人民出版社，1991。

主主义革命时期就已经确立的战略目标，对中国最终建立社会主义制度发挥着决定性作用。

在中国，国有经济的建立也是实现工业化战略的必然要求。中国近代以来百年沉沦的历史教训告诉中国人民："落后就要挨打。"要摆脱贫穷落后的状态，实现对现代化国家的追赶，就必须走工业化道路。新中国成立后，中国走工业化道路面临的内部和外部条件极为恶劣。从国内看，中国当时的物质资本和人力资本极度稀缺，市场发育不完善，经济结构严重落后，工业化程度极低。从国际环境看，美苏两国对峙的冷战格局已经形成，中国受到西方国家的围堵和封锁，中国与西方世界的关系极度紧张。在这样的大背景下，中国既要保障国家安全，又要快速实现经济独立自主，唯有仿效苏联，选择优先发展重工业的经济发展战略。毛泽东亲自修订的《为动员一切力量把我国建设成为一个伟大的社会主义国家而斗争——关于党在过渡时期总路线的学习和宣传提纲》指出："因为我国过去重工业的基础极为薄弱，经济上不能独立，国防不能巩固，帝国主义国家都来欺侮我们，这种痛苦我们中国人民已经受够了。如果现在我们还不能建立重工业，帝国主义是一定还要来欺负我们的。"[1]中国要采取优先发展重工业的战略，面临的最关键的问题是如何在一个小农经济为主的、经济发展水平极低的社会积累足够的资本，以服务于重工业这一资本密集型产业的发展。为解决这一问题，中国不仅采取了压低农产品价格、原材料价格、工资水平等宏观经济政策，建立起高度集中的资源计划配置制度，而且通过建立庞大的国有经济以及对农业实施集体化改造，以使微观经济主体服从国家优先发展重工业的战略目标。苏联在推动工业化的过程中，就依靠大量国有企业调动全社会资源并支持工业化的快速发展。苏联模式的示范效应也在一定程度上坚定了中国以国有企业为主要力量推动工业化的战略信心和决心。

[1] 武力：《中国发展道路（下册）》，湖南人民出版社，2012。

二、我国国有经济建立的过程

在新中国成立之前，中国共产党在根据地和解放区就建立了一些公营经济。这些公营经济成为中国国有经济最初的来源。在新中国成立前的根据地和解放区，革命政府曾分别在不同的管辖区内建立了各类公营企业，主要是服从于战争的需要。这一时期的公营企业大部分还是手工工场式的，不能同现代的产业相提并论，但根据地政府兴办的这些公营企业，成为新中国成立后国营企业的一部分，其管理模式和行业布局，对后来国有企业的发展产生了一定的影响。除了这些公营企业外，银行业也是解放区公营经济的重要组成部分。到解放战争全面胜利时，全国共有30多家解放区银行。这些银行经过整合重组成为新建的中国人民银行的重要组成部分，加之通过接收和改组“官僚资本”的银行以及外资银行，国有银行迅速控制了关系国计民生的金融业。同时，大型国营商贸公司也在各解放区公营贸易公司的基础上扩张和发展起来[1]。

在新中国成立前夕，1949年9月29日通过的《中国人民政治协商会议共同纲领》对新民主主义革命后的基本经济制度作出规定：中华人民共和国经济建设的根本方针，是以公私兼顾、劳资两利、城乡互助、内外交流的政策，达到发展生产、繁荣经济之目的。国家应在经营范围、原料供给、销售市场、劳动条件、技术设备、财政政策、金融政策等方面，调剂国营经济、合作社经济、农民和手工业者的个体经济、私人资本主义经济和国家资本主义经济，使各种社会经济成分在国营经济领导之下分工合作，各得其所，以促进整个社会经济的发展。国营经济为社会主义性质的经济，为人民共和国发展生产、繁荣经济的主要物质基础和整个社会经济的领导力量。合作社经济为半社会主义性质的经济，为整个国民经济的一个重要组成部分，人民政府应扶助其发展，并给以优待。凡有利于国计民生的私营经济事业，人民政府应鼓励其经营的积极性，并扶助其发展；在必要和可能的条件下，应

[1] 剧锦文：《1949中国国有企业是怎么来的》，《企业观察报》2019年5月18日。

鼓励私人资本向国家资本主义方向发展[1]。由此可见，在新中国成立之初，国家实行的是一种“混合所有制”基本经济制度，即在国营经济的领导下，国营经济、合作社经济、个体经济、私人资本主义经济和国家资本主义经济分工合作，共同发展。

1953年，中国共产党正式提出逐步实现国家的社会主义工业化，逐步实现国家对农业、手工业和资本主义工商业的社会主义改造的过渡时期总路线。总路线的提出意味着经过新民主主义的建设后，中国开始逐步向社会主义过渡。社会主义改造是对以所有制为基础的生产关系的巨大调整，是一次重大的经济制度变革，它使得中国的所有制结构从以国营经济为领导、多种经济成分并存转变为以全民所有制和集体所有制为主要形式的单一公有制。基本经济制度的这一重大变革是由多方面原因促成的。

首先，在中国实现社会主义，是中国共产党自创立时就确定的奋斗目标。当时设想，先经过10—15年的新民主主义经济建设，随着工业发展和国营经济的壮大，再实行资本主义工商业的国有化和个人农业集体化。随着经济的恢复和发展，中国的社会生产关系发生了一些重要变化，促使中国共产党提前开启从新民主主义经济制度向社会主义经济制度过渡的历史进程。一是公私经济所占的比重发生了根本性变化，国营经济和合作社经济得到不断发展，公有制经济在国民经济中所占的比重逐步上升并占据主导地位，国家对经济的控制能力不断增强；二是私营工商业经过一系列调整，有相当一部分通过国家加工订货、经销代销、公私合营等多种方式被纳入国家资本主义轨道，受到国家的管理和监督；三是土地改革基本完成后，农业互助合作运动在农村普遍开展，互助组和初级合作社的出现初步展现了农业走合作化道路的优越性。这些变化意味着中国社会中的社会主义因素不断增多，新的社会经济制度成分正在形成。

其次，随着国民经济的恢复和社会主义工业化的启动，社会经济中也出现和积

[1] 中共中央党史研究室：《中国共产党历史　第二卷（1949—1978）》上册，中共党史出版社，2011。

累了一些新的矛盾。国家开始推动大规模工业化进程，这要求粮食和其他工业原料的生产有较大幅度的增长，而个体农民扩大再生产的能力非常有限，不能满足大规模工业化的需求。国家有计划的经济建设，要求将有限的资源、资金和技术力量集中投入到重点建设上来，而私人资本主义经济则要求扩大自由生产和自由贸易来发展自己。这就不可避免地引起国营经济同私人资本主义经济之间的矛盾。这些现实中的矛盾，促使中国共产党对现有政策作出调整，把对国民经济进行系统的社会主义改造的任务提上议事日程[1]。

最后，从外部发展环境看，社会主义和资本主义两大阵营对立的格局已经形成，中国处于西方国家的包围和封锁之中。随着朝鲜战争的爆发，以美国为首的西方阵营对中国实行了更加严厉的军事威胁和经济封锁，而苏联是唯一愿意而且能够对中国进行大规模援助的国家。因此，学习苏联的制度模式，建立以公有制为基础的社会主义制度成为中国推进经济社会制度变革的现实选择。

尽管社会主义改造对建立和巩固社会主义经济制度、促进我国工业化进程发挥了重要作用，但在短期内实现如此重大的社会制度变革，不可避免地会存在许多失误。尤其是超越生产力发展水平和经济发展阶段的制约，过度拔高生产关系，搞单一公有制和高度集中的计划经济体制，导致激励机制弱化和经济结构严重失衡，因而降低了资源配置效率，阻碍了生产力的发展。这些问题在社会主义改造完成后就已表现出来，并一直延续到1978年之前。

[1] 中共中央党史研究室：《中国共产党历史　第二卷（1949—1978）》上册，中共党史出版社，2011。

第三节

国有经济的改革发展

1978年以来，中国国有经济的改革循序渐进展开，主要包括五个方面的内容，即放权让利改革、产权改革与建立现代企业制度、国有经济战略布局调整、国有资产监管体制改革和新一轮国有企业改革。

一、放权让利改革

党的十一届三中全会后，改革从农村到城市逐步展开，使压抑已久的经济活力得到释放。城市经济体制改革，首先是从扩大企业自主权开始的。随着扩大企业自主权的实施，工商企业开始推行多种形式的经济责任制，并在所有权和经营权两权分离的框架下推行承包经营责任制。

四川省在全国率先实施扩大企业自主权的改革试验。1978年10月，四川省把重庆钢铁公司、成都无缝钢管厂、宁江机床厂、四川化工厂、新都县氮肥厂和南充钢厂6家企业作为开展放权改革的试点。改革的主要内容是从增产节约计划入手，确定在增产增收的基础上，企业可以提取一些利润留成，职工个人可以获得一定的奖金。这一做法给企业松了绑，调动了企业和职工的生产积极性，仅用了一个季度的时间就取得明显成效[1]。按照国务院的部署，到1980年6月，试点企业发展到6600个。这6600个大中型试点企业约占预算内工业企业总数的16%、产值的60%、利润的70%[2]。1980年9月2日，国务院批转国家经委《关于扩大企业自主权试点工作情况和今后意见的报告》，在进一步完善企业利润留成办法的基础上，提出积极进行

[1] 董辅礽：《中华人民共和国经济史》下卷，经济科学出版社，1999。

[2] 王洪模等：《改革开放的历程》，河南人民出版社，1989。

企业独立核算、国家征税、自负盈亏的改革试点，以赋予企业更多自主权[1]。

随着企业自主权的扩大，工商企业开始推行多种形式的经济责任制。1981年春，山东省开始实行经济责任制。政府采取行业利润包干、亏损企业包干和地区包干等形式。这种办法不仅解决了地方财政收入问题，而且进一步调动了企业和职工的积极性，因此很快在全国得到推广。1981年9月，国务院批转国家经委、国家体制改革办公室《关于实行工业生产经济责任制若干问题的意见》，要求全面试行经济责任制，主要包括两方面内容：一是国家对企业实行经济责任制，处理好国家与企业之间的关系，解决企业经营好坏一个样的问题；二是建立企业内部的经济责任制，处理好企业内部的关系，解决好职工干好干坏一个样的问题[2]。

1984年，党的十二届三中全会通过了《中共中央关于经济体制改革的决定》，提出了"两权分离"这一重要理论创新。《中共中央关于经济体制改革的决定》指出，过去国家对企业管得太多太死的一个重要原因，就是把全民所有同国家机构直接经营企业混为一谈。根据马克思主义的理论和社会主义的实践，所有权同经营权是可以适当分开的。要使企业真正成为相对独立的经济实体，成为自主经营、自负盈亏的社会主义商品生产者和经营者，具有自我改造和自我发展的能力，成为具有一定权利和义务的法人[3]。

两权分离的提出，有力地促进了承包经营责任制在全国企业范围内全面推广。1986年12月，发布了《国务院关于深化企业改革增强企业活力的若干规定》，决定在全国范围内推行企业承包经营责任制。《国务院关于深化企业改革增强企业活力的若干规定》强调，凡国家规定要放给国有企业的权力，要坚决放给企业，各政府部门不许截留。要根据两权分离的原则，给企业经营者以充分的自主权。国有小企

[1] 《当代中国的计划工作》办公室：《中华人民共和国国民经济和社会发展计划大事辑要》（1949—1985），红旗出版社，1987。

[2] 同上。

[3] 中共中央党校教务部：《十一届三中全会以来党和国家重要文献选编》，中共中央党校出版社，2008。

业可以实行租赁、承包经营，要保证承租人或承包人拥有充分的经营自主权及按合同取得合法收益。大型国有企业也要实行各种形式的经营责任制。全面推行厂长负责制，厂长的收入可以高出职工平均收入的1—3倍。改进企业的工资奖金制度，试行工资总额同企业经济效益挂钩。

实行承包经营责任制，不仅有利于理顺国家和企业的关系，扩大企业自主权，调动经营者和职工的积极性，增强企业活力，而且对保证国家财政收入有重要作用。到1987年底，全国80%以上的预算内国营企业试行了承包制，这一比例在有些省市达到85%。尽管承包制对提高国营企业生产经营的积极性发挥了作用，但在实践过程中也存在一些难以克服的弊端。一是政府与企业往往采用“一对一”的谈判方式来确定承包基数、利润分成比例、递增率等指标，既缺乏统一、科学的尺度，又面临着极高的信息成本和交易成本；二是企业本质上并不是一个独立自主的生产经营主体，政企不分的问题并未得到解决；三是由于承包基数和上缴利润不能随着企业盈利能力的提升而相应提高，导致国家在利润分配总额中所占比重不断下降，国家利益受到损失；四是在承包制实践过程中，还存在着包盈不包亏的问题；五是承包经营责任制助长了企业的短期行为，导致企业通过过度使用生产设备、过度提高生产量、对产品实施涨价等方式获取短期利益[1]。1993年，国家实施财政和税收体制改革，对企业征收33%的所得税加增值税或营业税，同时决定国有企业税收利润全部留在企业而不再上缴至财政，承包制在1993年之后全面终止[2]。

二、产权改革与建立现代企业制度

早在20世纪80年代中期，理论界就开始围绕现代企业制度展开探讨。从西方国家的经济发展史看，以公司制为核心的现代企业制度适应了社会化大生产的要求，

[1] 谢鲁江、刘解龙、曹虹剑：《国企改革30年（1978—2008）——走向市场经济的中国国有企业》，湖南人民出版社，2008。

[2] 张文魁、袁东明：《中国经济改革30年：国有企业卷》，重庆大学出版社，2008。

有利于企业分散风险、扩大规模、促进生产力发展。随着我国国有企业改革实践的不断深入和理论上的突破，建立现代企业制度终于被提上国有企业改革的议事日程。1992年，党的十四大正式提出建立社会主义市场经济体制的改革目标，为我国发展市场经济提供了合法性基础。党的十四大报告还将全民所有制企业由“国营企业”改称为“国有企业”。这一名称的修改意味着国家对全民所有制企业拥有所有权，但企业的经营活动应该交给企业和市场，政府不再直接干预企业的经营事务。1993年，党的十四届三中全会通过的《中共中央关于建立社会主义市场经济体制若干问题的决定》明确指出，建立现代企业制度，是发展社会化大生产和市场经济的必然要求，是我国国有企业改革的方向。其基本特征可以用16个字来概括：“产权清晰、权责明确、政企分开、管理科学。”一是产权关系明晰，企业中的国有资产所有权属于国家，企业拥有包括国家在内的出资者投资形成的全部法人财产权，成为享有民事权利、承担民事责任的法人实体。二是企业以其全部法人财产，依法自主经营，自负盈亏，照章纳税，对出资者承担资产保值增值的责任。三是出资者按投入企业的资本额享有所有者的权益，即资产受益、重大决策和选择管理者等权益。企业破产时，出资者只以投入企业的资本额对企业债务负有限责任。四是企业按照市场需求组织生产经营，以提高劳动生产率和经济效益为目的，政府不直接干预企业的生产经营活动。五是建立科学的企业领导体制和组织管理制度，调节所有者、经营者和职工之间的关系，形成激励和约束相结合的经营机制。所有企业都要朝这个方向努力。

1994年，国务院决定选择100家大中型国有企业实施现代企业制度试点。这一试点改革的内容主要包括：①完善企业法人制度，确保企业享有法人财产权，独立享有民事权利并承担民事责任；②确定试点国有企业的国有资产投资主体地位，企业可根据自身条件和市场情况，独立支配企业法人财产；③确定试点国有企业的公司制组织形式，在企业性质上，全民所有制企业注册为公司制企业；④按照公司法建立健全企业组织结构，建立股东会、董事会、监事会等，各自行使职权；⑤改革试点国有企业的干部制度与人事制度，取消管理人员的国家干部身份，高级管理人员与董事会签订聘用合同，一般员工与企业签订合同，改变就业终身制和职位能上不能下的干部制度[1]。

现代企业制度试点改革的实施虽然取得一定成效，但也存在不少问题。许多企业仅仅是在形式上将原来的全民所有制企业按照《中华人民共和国公司法》的要求重新登记为公司，并没有致力于推进股权结构的改变，绝大部分企业仍保持国有独资和绝对控股的地位。截至1997年底，在100家试点的大中型国有企业中，只有11家改造为股权多元化的股份有限责任公司，6家改造为有限责任公司，69家改造为国有独资公司。同时，地方国有企业也推行了试点改革。但是与国家层面相似，改革没有取得实质性进展。截至1997年，试点的2343家企业中有540家改造为股份有限责任公司或有限责任公司，909家改造为国有独资公司，307家没有完成试点改造[2]。

尽管建立现代企业制度的改革试点并不成功，但是由此催生了一波股份制改造的浪潮。1992年，国家国有资产管理局、财政部、中国人民银行联合颁布了《股份制试点企业国家股股利收缴管理办法》，国家计委、国家体改委、国务院生产办、财政部和中国人民银行颁布了《股份制试点企业宏观管理的暂行规定》；1993年，国务院颁布了《股票发行与交易管理暂行条例》；1994年，国家国有资产管理局颁发了《股份制试点企业国有股权管理的实施意见》《股份有限公司国有股权管理暂行办法》。这些政策法规促进了国有企业的股份制改造，推动了股份制的蓬勃发展[3]。到1993年底，全国股份有限公司数量已达到3261家，这些公司主要是国有企业通过股份制改造形成的。伴随上海和深圳两地证券交易所的设立，许多国有企业通过到交易所上市向社会公开发行股票，两地上市公司的数量也迅速增长。

[1] 谢鲁江、刘解龙、曹虹剑：《国企改革30年（1978—2008）——走向市场经济的中国国有企业》，湖南人民出版社，2008。

[2] 同上。

[3] 董辅礽：《中华人民共和国经济史》下卷，经济科学出版社，1999。

此外，更多的国有企业采取了向职工等特定对象定向发行股票的方式进行股份制改造[1]。

三、国有经济战略布局调整

国有企业在微观领域推进建立现代企业制度的同时，在宏观领域着手对国有经济战略布局进行调整，实施“抓大放小”政策。1995年，党的十四届五中全会通过的《中共中央关于制定国民经济和社会发展“九五”计划和2010年远景目标的建议》对国有经济布局调整作出部署：要着眼于搞好整个国有经济，通过存量资产的流动和重组，对国有企业实施战略性改组。这种改组要以市场和产业政策为导向，搞好大的，放活小的，把优化国有资产分布结构、企业组织结构同优化投资结构有机地结合起来，择优扶强，优胜劣汰，形成兼并破产、减员增效机制，防止国有资产流失。重点抓好一批大型企业和企业集团，以资本为纽带，连接和带动一批企业的改组和发展，形成规模经济，充分发挥它们在国民经济中的骨干作用。区别不同情况，采取改组、联合、兼并、股份合作制、租赁、承包经营和出售等形式，加快国有小型企业改革改组步伐。中央提出“抓大放小”的政策，加快了各地改革国有企业的步伐。

1997年，党的十五大报告正式提出对国有经济布局进行战略性调整。对关系国民经济命脉的重要行业和关键领域，国有经济必须占支配地位。在其他领域，可以通过资产重组和结构调整，以加强重点，提高国有资产的整体质量。要着眼于搞好整个国有经济，抓好大的，放活小的，对国有企业实施战略性改组。以资本为纽带，通过市场形成具有较强竞争力的跨地区、跨行业、跨所有制和跨国经营的大企业集团，采取改组、联合、兼并、租赁、承包经营、股份合作制和出售等形式，加快放开搞活国有小型企业的步伐。

1999年9月，党的十五届四中全会通过《中共中央关于国有企业改革和发展若

[1] 张文魁、袁东明：《中国经济改革30年：国有企业卷》，重庆大学出版社，2008。

干重大问题的决定》，其中专门设置一节对“从战略上调整国有经济布局”作出论述和部署，强调从战略上调整国有经济布局，要同产业结构的优化升级和所有制结构的调整完善结合起来，特别是确立了要坚持“有进有退，有所为有所不为”的原则。《中共中央关于国有企业改革和发展若干重大问题的决定》明确了国有经济需要控制的行业和领域包括：涉及国家安全的行业、自然垄断的行业、提供重要公共产品和服务的行业，以及支柱产业和高新技术产业中的重要骨干企业。在其他行业和领域，可以通过资产重组和结构调整，集中力量，加强重点，提高国有经济的整体素质。《中共中央关于国有企业改革和发展若干重大问题的决定》还进一步对推进国有企业战略性改组作出部署。一方面，要着力培育实力雄厚、竞争力强的大型企业和企业集团，发挥这些企业在资本营运、技术创新、市场开拓等方面的优势，使之成为国民经济的支柱和参与国际竞争的主要力量。另一方面，放开搞活国有中小企业。要积极扶持中小企业特别是科技型企业，使它们向“专、精、特、新”的方向发展，同大企业建立密切的协作关系，提高生产的社会化水平。

总体而言，推进国有经济布局战略性调整和国有企业战略性改组，体现了以下基本思路：第一，在战略性重组中，一批企业的消亡是正常的，一部分企业的消亡是整个国有经济活力的保证。搞活国有企业不是搞活每一个企业，而是通过战略性改组使国有资产重新配置，使整个国有经济具有活力。第二，国企重组要以效益和效率的提高为中心，提高企业竞争力，这就需要打破地理界限和行业限制，从国有经济发展的整体着眼实施战略性调整。第三，大企业要做大，小企业要做小，作出国有经济的特色。第四，国有经济今后应以资本为纽带，通过资本市场经营国有资产，实现保值增值。不能将亏损企业硬塞进盈利企业，一切重组与联合都应由企业决定，通过市场来判断。第五，小企业的关键是放活，国有小企业数量很多，但并不能成为国有经济的主体，要通过各种形式放活，最终将资产从国有小企业中释放出来，支持其他国有经济部门更好地发展。

四、国有资产监管体制改革

随着以放权让利为核心的改革的推行，国有企业的自主权增大，政府控制在一定程度上被削弱，因而在企业运行过程中出现了内部人控制甚至腐败和侵吞国有资产的问题。要解决放权让利带来的这些问题，就要在推进政企分开的同时，建立专门的国有资产管理机构，防止出现内部人控制和国有资产流失的情形，促进国有资产保值增值。

一些地方在20世纪80年代初就开始探索对国有资产进行专业化管理。国家也在1988年成立了专门的国有资产管理机构，即隶属于财政部的国家国有资产管理局。尽管国家确立了比较明晰的国有资产管理的原则，但是1998年国家国有资产管理局被撤销，其后国资管理职能受到削弱，剩余的一些资产管理职能被并入财政部。国家国有资产管理局被撤销后，国有资产所有者的职能被分割在不同的综合部门，形成“九龙治水”的局面。

2002年，党的十六大报告明确指出，要“继续调整国有经济的布局和结构，改革国有资产管理体制”“国家要制定法律法规，建立中央政府和地方政府分别代表国家履行出资人职责，享有所有者权益，权利、义务和责任相统一，管资产和管人、管事相结合的国有资产管理体制”，要在“中央政府和省、市（地）两级政府设立国有资产管理机构”。2003年，作为政府机构改革方案的内容之一，国务院决定设立国务院国有资产监督管理委员会（简称“国务院国资委”），将原由国务院各部门和各机构实施的对国有企业的监管权力和职责统一划归至国务院国资委的职责范围，授权国务院国资委代表国家履行出资人职责，监管范围确定为中央所属企业（不含金融类企业）的国有资产。

2003年4月6日，国务院国有资产监督管理委员会正式挂牌成立，2003年5月13日，该委员会颁布《企业国有资产监督管理暂行条例》，标志着国有资产监管体制进入一个新的发展时期。国务院成立国务院国资委，作为国有资产出资人代表，第一次在中央政府层面上做到了政府的公共管理职能与国有资产出资人职能的分离，为新的国有资产管理体制的运行提供了组织保障，为新成立的国有资产监管机构开展工作提供了制度保障。这些改革举措标志着我国国有资产管理体制改革取得了重大突破并进入了国有资产监管权集中行使阶段，也意味着国有资产管理步入法制化轨道。与以往的监管体制相比，新的国有资产监管体制有着明显的特征：

（1）明确监管主体，实行中央、省、市（地）三级国有资产监管体制。党的十六大后，先后组建了国务院、省、市（地）三级国有资产监管机构，有些地方还探索了县级国有资产监管的有效方式，国有资产监管的组织体系基本建立。到2004年6月，全国31个省（自治区、直辖市）和新疆生产建设兵团国资委全部组建。新的国有资产监管体制有利于克服旧体制下多头管理的弊端，实行国资委全面履行国有资产出资人职责，在一定程度上解决了长期困扰国资监管的出资人缺位的问题。

（2）统一所有，分别代表。分别代表能够更好地调动各级政府的积极性，明确各级政府的产权和事权边界。中央和地方在国有资产管理中的关系不再是原来的分级管理关系，而是分别代表的关系，这有利于解决委托代理链条过长、代理成本过高、效率低下的问题。

（3）管人、管事、管资产相结合。国资委的成立形成了一个综合性监管机构，使国资委具备了清晰的职能定位。第一，通过法定程序对监管企业负责人进行任免、管理和考核并根据其业绩以及其他标准进行奖惩，建立符合社会主义市场经济体制和现代企业制度要求的选人、用人机制，完善经营者激励和约束机制。第二，指导国有企业改革重组，推进国有企业的现代企业制度建设，推动国有经济布局和结构的战略性调整。第三，根据国务院授权，依法履行出资人职责，监管中央所属企业的国有资产，加强国有资产的管理工作。第四，承担所监管企业国有资产保值增值的责任。第五，按照出资人职责，负责督促、检查所监管企业贯彻落实国家安全生产方针政策及有关法律法规、标准等工作。第六，负责企业国有资产基础管理，起草国有资产管理的法律法规草案，制定有关规章、制度，依法对地方国有资产管理工作进行指导和监督[1]。

五、新一轮国有企业改革

党的十八大以来，以习近平同志为核心的党中央高度重视国有经济在我国经济发展中的重要作用。习近平总书记的许多重要论述，不仅旗帜鲜明地表明我们党做强做优做大国有经济的坚定信心和决心，也指明了实现这一目标的必由路径。在党的十八届三中全会对完善基本经济制度作出重要战略部署后，国有企业也率先开启了新一轮的改革征程。

2015年8月，发布了《中共中央　国务院关于深化国有企业改革的指导意见》，全面提出了国有企业改革的目标任务和重大举措，成为我们党指导和推进国有企业改革的纲领性文件。与全面深化改革的总体方案时间表相对应，《中共中央　国务院关于深化国有企业改革的指导意见》提出："到2020年，在国有企业改革重要领域和关键环节取得决定性成果，形成更加符合我国基本经济制度和社会主义市场经济发展要求的国有资产管理体制、现代企业制度、市场化经营机制，国有资本布局结构更趋合理，造就一大批德才兼备、善于经营、充满活力的优秀企业家，培育一大批具有创新能力和国际竞争力的国有骨干企业，国有经济活力、控制力、影响力、抗风险能力明显增强。"在国企改革顶层设计方案公布后，国务院又相继发布了一系列配套文件，逐步形成了以《中共中央　国务院关于深化国有企业改革的指导意见》为中心、以其他政策文件为配套的"1+N"政策体系（见表3-1），这意味着新时期全面深化国有企业改革的主体制度框架已经形成，各领域国有企业改革向纵深探索发展。

[1] 张贵平：《我国国有企业监管模式选择及其环境约束研究》，南开大学博士学位论文，2009年5月。

表3-1　党的十八届三中全会以来国有企业改革的指导文件（“1+N”体系）列举

文件类别	文件名称	时间
1	《中共中央　国务院关于深化国有企业改革的指导意见》	2015年8月
N	《关于在深化国有企业改革中坚持党的领导加强党的建设的若干意见》	2015年9月
	《国务院关于国有企业发展混合所有制经济的意见》	2015年9月
	《贯彻落实〈中共中央国务院关于深化国有企业改革的指导意见〉重点任务分工方案》	2015年10月
	《关于鼓励和规范国有企业投资项目引入非国有资本的指导意见》	2015年10月
	《国务院关于改革和完善国有资产管理体制的若干意见》	2015年10月
	《国务院办公厅关于加强和改进企业国有资产监督防止国有资产流失的意见》	2015年10月
	《关于国有企业功能界定与分类的指导意见》	2015年12月
	《关于国有企业改革试点工作事项及分工的方案》	2015年12月
	《国家发改委关于支持国有企业改革政策措施的梳理及建议》	2015年12月
	《贯彻落实〈中共中央国务院关于深化国有企业改革的指导意见〉改革举措工作计划》	2016年2月
	《国务院关于印发加快剥离国有企业办社会职能和解决历史遗留问题工作方案的通知》	2016年3月
	《中共中央、国务院印发〈关于深化中央管理企业负责人薪酬制度改革的意见〉的通知》	2014年11月
	《关于合理确定并严格规范中央企业负责人履职待遇、业务支出的意见》	2014年9月
	《国务院办公厅关于进一步完善国有企业法人治理结构的指导意见》	2017年4月
	《国务院国资委以管资本为主推进职能转变方案》	2017年4月

资料来源：余菁、黄群慧：《新时期全面深化国有企业改革的进展、问题与建议》，《中共中央党校学报》2017年第5期。

总体而言，这一轮国有企业改革可以用“4+1”模式概括。“4”是指与党的十八届三中全会《中共中央关于全面深化改革若干重大问题的决定》中关于深化国有企业改革相对应的思想内容，即分类改革、发展混合所有制经济、完善现代企业制度、国有资产管理体制改革。这四项改革侧重于国有企业改革经济层面的内容。“1”是指加强和改进党对国有企业的领导，侧重于国有企业改革的政治层面。国有企业改革的“4+1”模式是相互联系、相互促进、相互贯通的一个整体，并驾齐驱，不可偏废。

1. 分类推进国有企业改革

国有资本具有一般的经济性和特殊的社会性双重属性，这种双重属性决定了国有企业的双重特征。一方面，国有企业作为市场经济主体，要按照市场化的原则实现营利目标，确保国有资本保值增值；另一方面，国有企业作为社会公共利益主体，承担着保障公共利益的社会职能。如何有效区分并兼顾好国有企业的双重属性、双重功能，是确保深化国有经济改革取得成效的基本前提。

《中共中央关于全面深化改革若干重大问题的决定》和《中共中央　国务院关于深化国有企业改革的指导意见》阐明了国有企业分类的基本原则和主要类别。根据国有资本的战略定位和发展目标，结合不同国有企业在经济社会发展中的作用、现状和发展需要，将国有企业分为商业类和公益类，实行分类改革、分类发展、分类监管、分类定责、分类考核，推动国有企业同市场经济深度融合，促进国有企业经济效益和社会效益有机统一。商业类国有企业以增强国有经济活力、放大国有资本功能、实现国有资产保值增值为主要目标，按照市场化要求实行商业化运作，依法独立自主开展生产经营活动，实现优胜劣汰、有序进退。其中，主业处于关系国家安全、国民经济命脉的重要行业和关键领域，主要承担重大专项任务的商业类国有企业，要以保障国家安全和国民经济运行为目标，重点发展前瞻性战略性产业，实现经济效益、社会效益与安全效益的有机统一。公益类国有企业以保障民生、服务社会、提供公共产品和服务为主要目标，必要的产品或服务价格可以由政府调控；同时积极引入市场机制，不断提高公共服务效率和能力。

2. 发展混合所有制经济

混合所有制经济是社会主义基本经济制度的重要实现形式，也是促进公有制经济与非公有制经济实现深度融合的有效方式。混合所有制经济是不同所有制经济在资本联合、融合或参股的基础上，实行联合生产或联合经营的经济形式。从本质上讲，混合所有制经济是一种以股份制为基础的所有制形式。实践证明，混合所有制经济是一种适应社会化大生产要求、富有活力和效率的资本组织形式和企业组织形式，能够在资本联合和劳动联合的基础上，充分发挥公有制经济和非公有制经济各自的比较优势，形成相互促进和共同发展的“共赢”格局。因此，国家鼓励发展国有资本、集体资本、非公有制资本等交叉持股、相互融合的混合所有制经济，允许更多国有经济和其他所有制经济发展成为混合所有制经济。可以说，发展混合所有制经济是打破此前国有经济改革“胶着”状态的重要突破口，成为进一步深化国有企业改革的重要着力点。

2015年9月24日，发布《国务院关于国有企业发展混合所有制经济的意见》，要求在坚持“政府引导、市场运作，完善制度、保护产权，严格程序、规范操作，宜改则改、稳妥推进”的原则下，有效推进发展混合所有制经济改革。与以往改革的实践相比，本轮混合所有制经济改革具有如下特点：一是强调“混改”的目的是促进国有企业转换经营机制，放大国有资本功能，提高国有资本配置和运行效率，实现各种所有制取长补短、相互促进、共同发展的目标。因此，发展混合所有制经济必须立足于调整和优化国有企业、集体企业和非公有制企业的产权结构，推动企业建立现代企业制度；立足于放大国有资本功能，促进国有资本保值增值，提高国有企业的综合竞争力；立足于推动各类所有制企业产权通过流通和重组，优化资源配置，提高国有经济效益。混合所有制改革必须注重实效，不能“为‘混’而‘混’”，也不能“一‘混’了之”。二是强调稳妥推进混合所有制经济改革。坚持因地施策、因业施策、因企施策，适宜独则独、适宜控则控、适宜参则参，不搞

"拉郎配"、不搞全覆盖，不设时间表，成熟一个推进一个[1]。

3. 完善现代企业制度

党的十四届三中全会后，经过20年的改革，全国90%的国有企业完成了公司制和股份制改革，初步建立起公司法人治理结构，但尚未形成一套完善有效的现代企业制度。本轮改革在继承以往现代企业制度理论的基础上，针对国有企业改革发展的阶段性特征和问题，对建立和完善现代企业制度提出新的重点改革举措。

第一，进一步推进公司制和股份制改革。加大集团层面公司制改革力度，积极引入各类投资者实现股权多元化，推动国有企业改制上市，创造条件实现集团公司整体上市。根据不同企业的功能定位，逐步调整国有股权比例，形成股权结构多元、股东行为规范、内部约束有效、运行高效灵活的经营机制。允许将部分国有资本转化为优先股，在少数特定领域探索建立国家特殊管理股制度。

第二，健全公司法人治理结构。重点推进董事会建设，建立健全权责对等、运转协调、有效制衡的决策执行监督机制，规范董事长、总经理行权行为，充分发挥董事会的决策作用、经理层的经营管理作用、监事会的监督作用、党组织的政治核心作用，切实解决一些企业董事会形同虚设、"一把手"说了算的问题，实现规范的公司治理。有效落实和维护董事会依法行使重大决策、选人用人、薪酬分配等权利，保障经理层经营自主权，法无授权，任何政府部门和机构不得干预。加强董事会内部的制衡约束，完善董事会和董事评价办法，强化对董事的考核评价和管理，进一步加强外部董事队伍建设。

第三，建立国有企业领导人员分类分层管理制度。坚持党管干部原则与董事会依法产生、董事会依法选择经营管理者、经营管理者依法行使用人权相结合的原则。根据不同企业类别和层级，实行选任制、委任制、聘任制等不同选人用人方式。推行职业经理人制度，以内部培养和外部引进相结合的方式选用职业经理人，畅通现有经营

[1] 国务院国资委研究中心：《〈关于深化国有企业改革的指导意见〉百题问答》，中国经济出版社，2016。

管理者与职业经理人身份转换通道，董事会按市场化方式选聘和管理职业经理人，合理提高市场化选聘比例，加快建立退出机制。推行企业经理层成员任期制和契约化管理，明确责任、权利、义务，严格实施任期管理和目标考核办法。

第四，实行与社会主义市场经济相适应的企业薪酬分配制度和企业内部用人制度。建立健全与劳动力市场基本适应、与企业经济效益和劳动生产率挂钩的工资决定和正常增长机制。对国有企业领导人员实行与选任方式相匹配、与企业功能性质相适应、与经营业绩相挂钩的差异化薪酬分配办法。对党中央、国务院和地方党委、政府及其部门任命的国有企业领导人员，合理确定基本年薪、绩效年薪和任期激励收入。对市场化选聘的职业经理人实行市场化薪酬分配机制，采取多种方式探索完善中长期激励机制。建立分级分类的企业员工市场化公开招聘制度，真正形成企业各类管理人员能上能下、员工能进能出的合理流动机制[1]。

4. 以管资本为主完善国有资产管理体制

推进国有资产管理体制改革的一个重要抓手就是改革国有资本授权经营体制，改组组建国有资本投资运营公司，在国有资产监管机构依法授权下，对国有资本自主开展运营，通过投资融资、产业培育和资本整合等方式，带动产业结构转型升级，培育企业创新力和竞争力，优化国有资本布局结构；通过持有和运营国有股权，促进国有资本合理流动和效率提升，实现国有资产保值增值。其中，国有资本投资公司侧重于投资产业资本，提升产业竞争力和培育战略性新兴产业，通过投资实业拥有股权，运用资产经营和管理手段实现国有资本保值增值。国有资本运营公司侧重于股权投资，对所投资的企业主要采取财务管控模式，通过资本市场的股权产权交易来改善国有资本的分布结构，促进国有资本保值增值。此外，推进国有资产监管机构职能转变，国资监管机构专门负责国有资产监管，不承担政府公共管理职能，不干预企业自主经营权。

[1] 国务院国资委研究中心：《〈关于深化国有企业改革的指导意见〉百题问答》，中国经济出版社，2016。

5. 加强党对国有企业的领导

党的十八大以来，以习近平同志为核心的党中央高度重视国有企业党的建设工作。在2016年10月召开的全国国有企业党的建设工作会议上，习近平总书记强调指出，国有企业是中国特色社会主义的重要物质基础和政治基础，是我们党执政兴国的重要支柱和依靠力量。坚持党的领导、加强党的建设，是我国国有企业的光荣传统，是国有企业的"根"和"魂"，是我国国有企业的独特优势。这一重要论断不仅阐明了加强党对国有企业领导的重大意义，而且凸显了国有企业党建工作所具有的政治经济属性。

2015年6月，中央专门出台了《关于在深化国有企业改革中坚持党的领导加强党的建设的若干意见》，以确保在国有企业中加强党的领导工作得到全面落实。主要举措体现在三个方面：

第一，加强党对国有企业的领导的一个核心举措就是把加强党的建设与完善公司治理统一起来，将党建工作总体要求纳入国有企业章程，明确国有企业党组织在公司法人治理结构中的法定地位，创新国有企业党组织发挥政治核心作用的途径和方式。在制度设计上，坚持和完善双向进入、交叉任职的领导体制，符合条件的党组织领导班子成员可以通过法定程序进入董事会、监事会、经理层，董事会、监事会、经理层成员中符合条件的党员可以依照有关规定和程序进入党组织领导班子；经理层成员与党组织领导班子成员适度交叉任职；董事长、总经理原则上分设，党组织书记、董事长一般由一人担任。

第二，进一步加强国有企业领导班子建设和人才队伍建设。根据企业改革发展需要，明确选人用人标准和程序，创新选人用人方式。强化党组织在企业领导人员选拔任用、培养教育、管理监督中的责任，支持董事会依法选择经营管理者、经营管理者依法行使用人权，坚决防止和整治选人用人中的不正之风。加强对国有企业领导人员的日常监督管理和综合考核评价，及时调整不胜任、不称职的领导人员，切实解决企业领导人员能上不能下的问题。

第三，切实落实国有企业反腐倡廉“两个责任”。国有企业党组织要切实履行好主体责任，纪检机构要履行好监督责任。引导国有企业领导人员坚定理想信念，正确履职行权。建立切实可行的责任追究制度，与企业考核等挂钩，实行“一案双查”。推动国有企业纪律检查工作双重领导体制具体化、程序化、制度化，强化上级纪委对下级纪委的领导。加强和改进国有企业巡视工作，强化对权力运行的监督和制约。坚持运用法治思维和法治方式反腐败，完善反腐倡廉制度体系，严格落实反“四风”规定，努力构筑企业领导人员不敢腐、不能腐、不想腐的有效机制[1]。

[1] 国务院国资委研究中心：《〈关于深化国有企业改革的指导意见〉百题问答》，中国经济出版社，2016。

第四节

国有经济发展面临的新挑战

党的十八大以来，国有经济改革与发展的顶层设计和总体方案已经确立，改革的方向和路线图更加明确，这无疑为新时代推进国有企业改革和国有经济高质量发展奠定了坚实基础。尽管如此，国有经济改革与发展是一项复杂的系统工程，其中涉及众多体制机制的改革与创新、多重利益关系的协调与重构，因而会在前进的道路上面临许多新的挑战。

一、国有经济的发展定位与布局调整面临的挑战

深化国有企业改革、推动国有经济高质量发展的一个基本前提，就是明确国有经济的发展定位，并对国有经济的布局进行合理调整。从实践角度看，虽然国有经济的规模和数量不断增长，但国有经济的功能定位还不是十分明确，不少国有企业的经营范围涵盖了从市场化业务到政策性业务等广泛领域，国有企业不仅在公益性部门和自然垄断行业占据主导地位，而且在竞争性行业多有涉足，这就导致国有企业在权衡营利性目标与公共利益目标的关系时面临两难选择。由于一家国有企业的经营业务可能涵盖不同领域，不同领域的经营目标又得不到明确区分，这使得国有企业在实践中出现经营行为错位的问题。一些原本应当重点发挥保障公共利益功能的国有企业却过度追逐商业利润目标，而一些处于竞争性行业的国有企业却又承担了过多政策性业务和社会公益职能。国有经济发展定位不清与经营行为错位问题，不仅影响国有企业竞争力的提升和国有资本保值增值目标的实现，而且削弱了国有企业有效履行保障公共利益的社会职能。因此，深化国有经济改革，需要在明确功

能定位的基础上，调整国有经济整体布局，推进对国有企业的分类改革[1]。

从国有经济布局看，国有资本在重化工业中占比较高，但在战略性新兴产业中分布不足，这就导致国有经济引领国家经济发展的战略作用发挥不充分。国有资本需要进一步退出产能过剩行业，在战略性新兴产业加大布局力度，形成支撑创新驱动与高质量发展的国有资本行业布局结构。我国国有企业，特别是中央企业掌握了大量的优质创新资源，但创新方向和效率不能完全满足建设创新型国家的要求。因此，一方面，要推动国企创新资源在科技和高新技术研发方面加大投入力度，强化其在重要战略性新兴产业的技术投入。另一方面，通过深化国有企业改革，打破垄断，构建公平竞争的市场秩序，激发国有企业的创新活力，不断提高国有企业的创新效率，推动创新型国家建设和经济发展方式、发展动能的转换[2]。

二、国有资产监管体制改革面临的挑战

党的十六大以来，我国建立起中央政府和地方政府分别代表国家履行出资人职责的国有资产管理体制，主要特征是“管资产和管人、管事相结合”。尽管这一体制在解决国有企业多头管理、“九龙治水”等方面取得重要进展，但在实践中也存在一些比较突出的问题。

首先，国资委作为国有企业出资人难以充分行使出资人权利。国资委的建立结束了“九龙治水”的混乱局面，实现对“人、财、事”的全面管理。但行政主体的统一也意味着行政权力和行政职责的统一，原来由数个部门共同担负的职责全部归属于国资委一身，导致国资委职责复杂，所担责任重大，事项众多，使其监管能力捉襟见肘。由国资委直接出资的央企数量众多，涉及矿产能源、通信、旅游、交通、航天等众多领域，国资委面对数量庞大的国有企业，如果切实行使出资人权利

[1] 黄群慧、戚聿东等：《中国国有企业改革40年研究》，广东经济出版社，2019。

[2] 同上。

需要花费巨大的精力和成本，就必然心有余而力不足[1]。

其次，政企不分、政资不分的问题仍然突出。国资委作为履行出资人职责的机构，其权利应只限于出资人权。然而，国资委目前行使对国家出资企业的监管权已超出了出资人权的范围。在管资产同管人、管事相结合的管理模式下，国资委既是履行出资人职责的机构，又是国有资产监督管理机构；既履行出资人职责，又履行公权力性质的监管职责，这导致职责冲突，因而又出现政企不分、政资不分的问题[2]。

最后，国有资产监督机制不健全、国有资产流失、违纪违法问题在一些领域和企业比较突出。对国有企业的监督形成了多元监督主体并存、多种监督机制同时发挥作用、监督效果评价标准多样化的多元监督体系。多元监督体系虽然在一定程度上克服了单纯一元监督制度的缺陷，但新的国有资产管理体制在运行过程中，没有实现多元监督机制的“无缝衔接”，甚至出现“多头监督”的局面，削弱了其监督能力，导致一些领域出现了比较突出的国有资产流失问题。此外，作为国有企业的领导核心和政治核心，党组织在参与国有企业治理以及国有资产监督中的权责利没有得到明确界定和落实，结果造成党组织的监督力量弱化[3]。

有鉴于此，国有资产管理体制的改革方向从“管人、管事、管资产”转向“以管资本为主”，核心目的就是使国有资产管理体制更加尊重市场规律，进一步理顺政府与市场的关系，实现政企分开、政资分开、所有权与经营权分离，推动国有企业真正成为独立的市场主体。同时，不断改进国有资产监管方式和手段，更多运用法治化、市场化监管方式，提高监管效率，促进国有资本布局结构优化，提高国有经济整体效率。

---

[1] 冯烨、董娟：《助力国企改革：国有资产管理体制的完善——以出资权利与监管权力的分离为重点》，《发展改革理论与实践》2018年第3期。

[2] 王新红：《论企业国有资产管理体制的完善——兼论国资委的定位调整》，《政治与法律》2015年第10期。

[3] 薛有志、马程程：《国企监督制度的“困境”摆脱与创新》，《改革》2018年第3期。

三、发展混合所有制经济面临的挑战

党的十八届三中全会把混合所有制经济确定为基本经济制度的重要实现形式，既是对基本经济制度运行经验的总结，也体现了我党对公有制与市场经济结合方式认识的新高度。党的十五大以来，经过多年探索和创新，混合所有制改革取得显著成效，但在进一步推动混合所有制经济发展方面，仍然存在许多问题。

首先，大型国有企业集团层面的混合所有制改革仍然比较缓慢。虽然很多大型国有企业集团旗下的子公司已实现了“混改”，取得了较好的成效，但在集团层面股权却相对单一，没有给非公资本提供足够的加入空间。一方面，由于集团公司旗下企业资产质量不一，一些资产质量较差，因此很难引入非国有资本从而实现“混改”，必须要对质量较差的资产作适当剥离；另一方面，一些大型国有企业集团被认为关系到国家安全和国民经济命脉，不适合引入非国有资本。由于国有经济行业分布广泛，对于哪些国有企业需采取国有独资、绝对控股或相对控股并未作出明确规定，因此影响了企业集团层面混合所有制改革的推进[1]。

其次，在发展混合所有制经济的过程中，仍然存在“为‘混’而‘混’”“一‘混’了之”的问题，这就导致国有企业在“混改”过程中出现“混而未改”的现象。虽然一些实施混合所有制改革的企业从股权结构上完成了公有制经济和非公有制经济的混合，但是公司治理结构和监管方式并没有发生根本性变化，国资委仍对国有控股的混合所有制企业实施与国有企业一样的管理。混合所有制企业并不是一个单独的企业法律类型，国有控股的混合所有制企业与国有独资公司在治理结构、管理体制机制上并没有真正意义上的区别。这就要求在推动股权结构混合的基础上，进一步优化混合所有制企业内部的治理结构和治理机制，提高企业治理的规范化、科学化水平[2]。

---

[1] 黄群慧、戚聿东等：《中国国有企业改革40年研究》，广东经济出版社，2019。

[2] 中国社会科学院经济研究所课题组：《“十四五”时期我国所有制结构的变化趋势及优化政策研究》，《经济学动态》2020年第3期。

再次，在实施“混改”的国有企业中，管理模式仍然呈现出较强的行政化特征，制约了混合所有制企业经营效率的提升。国有企业资产一般由国资委监管，而且对国有企业高级管理层的任命也是由党委以及国资委直接任命，这种直接任命的形式导致企业管理呈现行政化和机关化的特征，因而并不完全适合以市场为导向的企业发展。与民营企业相比，管理模式的行政化导致企业较少关注市场动态和市场实际情况，也导致管理层对市场发展缺乏了解，从而影响企业各项决策，进而影响国有企业的管理效率和发展，这也是混合所有制改革中存在的突出问题。

最后，由于法律和制度不完善、市场体制机制不健全，在制度环境层面还存在许多制约混合所有制改革推进的问题。一是在推进混合所有制改革过程中，还存在对国有资产流失问题的担忧。例如员工持股虽然能提高员工的积极性，促进企业发展，但是，如果有人恶意做少企业净资产进而收购企业股权，就会导致企业生产总值降低，最终导致国有资产流失。二是民营企业在进入石油、电力、电信、盐业等国有垄断行业时仍然面临较多制度性壁垒，影响了公平竞争市场秩序的建立。三是产权保护制度不健全不完善，尤其是对民营企业财产权的保护还存在较多薄弱环节，一些民营企业因担心“混改”后自身财产权和对企业的控制权遭受削弱，参与“混改”的意愿不强。四是国有企业职业经理人市场不完善、外部治理机制不健全，既制约了混合所有制企业真正做到市场化选聘人才，提高企业经营效率，又导致企业监督约束机制薄弱，容易出现内部人控制问题。五是民营企业特别是家族企业的治理结构不规范，企业家管理素质和能力不足，影响了混合所有制企业的机制融合和效率提升[1]。

四、完善企业治理结构面临的挑战

完善国有企业法人治理结构是全面推进依法治企、推进国家治理体系和治理能力现代化的内在要求，是新一轮国有企业改革的重要任务。当前，多数企业已经初

[1] 黄群慧、戚聿东等：《中国国有企业改革40年研究》，广东经济出版社，2019。

步建立起现代企业制度，但从实践情况看，现代企业制度仍不完善，部分企业尚未形成有效的法人治理结构，权责不清、约束不够、缺乏制衡等问题比较突出。正是因为尚未形成一套有效的法人治理结构，所以国有企业在运行过程中出现了一些亟待解决的突出矛盾和问题：一些企业的市场主体地位尚未真正确立，现代企业制度还不健全，国有资产监管体制有待完善，国有资本运行效率需进一步提高；一些企业管理混乱，内部控制薄弱、利益输送、国有资产流失等问题突出；企业办社会职能和历史遗留问题还未完全解决；一些企业党组织管党治党责任不落实、作用被弱化。从当前国有企业治理状况来看，面临的突出问题主要体现在以下几个方面。

首先，董事会建设相对滞后，董事会未能充分发挥作用。董事会依照法定程序和公司章程授权决定公司重大事项，是现代公司治理的中心环节。但是一些国有企业董事会建设滞后，在重大决策、选人用人、薪酬分配、发展战略等方面的自主决策权没有得到真正落实，抑制了企业积极性和创造性的发挥。同时，董事评价问责机制不健全，外部治理机制不完善，难以根除企业治理中的内部人控制问题。

其次，对国有企业的监督机制不健全。一些国有企业管理混乱，对企业领导人员特别是“一把手”的制度约束和权力制衡不够，利益输送、挥霍国有资产等问题时有发生。监事会建设不完善，监督机制薄弱，未能形成对董事会和经理层的有效监督。国有企业治理的透明度不高，职工参与重大决策、实施民主监督的作用发挥不充分，尚未形成社会对国有企业的有效监督问责机制。

再次，国有企业领导人的双重身份制约公司治理效率提升。在现有行政管理体制下，国有企业的领导人享有相应的行政级别，可以在政府部门与国有企业之间交流任职。因此，国有企业领导人具有“企业家”和“党政官员”双重身份，既追求市场化的薪酬激励，也追求行政化的政治待遇，既要承担国有资产保值增值责任，又要承担政府部门交办的政治任务，因而其利益目标和行为导向存在内在冲突，影响企业对市场迅速作出反应的能力，制约了公司治理效率的提升[1]。

[1] 黄群慧、戚聿东：《中国国有企业改革40年研究》，广东经济出版社，2019。

最后，党的领导融入公司治理不到位。加强党组织对企业的全面领导，是中国特色现代企业制度的内在要求，但一些企业存在对党的领导机械、教条理解的情况，将党领导一切看作党包办一切、决定一切，把党组织前置讨论当作一个筐，大事小事都往里装，未能科学理解党组织前置研究讨论重大事项与董事会决策的关系。

五、垄断行业改革面临的挑战

我国垄断行业大多分布于国有经济领域，推进国有经济改革必然涉及垄断行业改革。经过几十年的努力，我国垄断行业改革取得一定成效，但仍面临不少挑战，改革需要持续向纵深推进。改革开放以来，我国垄断行业改革大致经历了四个阶段。一是改革启动阶段。这一阶段大致为1985—1993年，突出特点表现为原有的高度垄断的体制被打破，逐步引入有限竞争机制。1985年电力行业出台集资办电的政策，吸引社会资本进入发电行业。1987年民航业开始探索政企分开，成立了6家国家骨干行业企业，这6家企业成为相对独立的经营企业。1987年铁路业也开始探索中央与地方合资建立铁路的投资模式，中国第一条合资铁路三茂铁路开工建设。1993年邮政业开始引入民营快递公司，中国邮政独家垄断的格局被打破。二是大规模改革阶段。这一阶段大致为1994—2004年。2002年，党的十六大首次提出“推进垄断行业改革”。2003年召开的党的十六届三中全会提出：“加快推进和完善垄断行业改革。对垄断行业要放宽市场准入，引入竞争机制。有条件的企业要积极推行投资主体多元化。继续推进和完善电信、电力、民航等行业的改革重组。加快推进铁道、邮政和城市公用事业等改革，实行政企分开、政资分开、政事分开。对自然垄断行业要进行有效监管。”在国家政策变化的推动下，垄断行业改革也继续向深入推进。例如，从电力行业看，1997年成立国家电力公司，将由原电力工业部承担的电力工业的行业管理和服务职能划归国家电力公司，实现政企分开；1998年国家撤销电力工业部，2003年成立电监会，使原有的监管模式发生改变；在运营模式改革方面，2002年实现厂网分离，确定五大发电企业和两大电网企业的市场结构。从电信行业看，1994年中国联通成立；1995年中国电信公司注册成立；1999年中国电信纵向拆分，成立中国电信和中国移动，改革运营模式；2000年中国铁通成立；2001年中国卫通成立；2002年中国电信进行南北拆分，分别成立中国电信（负责南方21省）和中国网通（负责北方10省），最终形成“5+1”的电信竞争格局。三是改革低迷阶段。这一阶段大致为2005—2010年。经过之前的改革，垄断行业的活力逐步释放，经营效率明显提升，垄断行业也实现了快速发展，但垄断行业表现出的良好业绩也使得垄断行业改革的步伐逐步放缓。虽然这一时期也进行了电信行业全行业重组改革，邮政行业初步实现政企分离，但深层次的改革基本停滞，民营资本也面临过高的进入壁垒。2008年爆发的国际金融危机进一步延缓了中国垄断行业的改革进程。四是改革重启阶段。这一阶段大致为2011年至今。2011年出台的“十二五”规划对垄断行业改革提出新的要求，社会各界也要求加快垄断行业改革。为此，政府出台多个政策文件要求对电力、电信、铁路、石油、天然气、民航、公用事业等垄断行业进行改革。党的十八届三中全会以来，垄断行业改革进一步深化，改革的方向是以市场化为导向，优化资源配置，把自然垄断环节与可竞争性环节分开，打破行政垄断，实现有效竞争，提升产业竞争力和可持续发展能力[1]。

随着市场化的推进、政府对经济管制的放松，垄断行业的改革取得一定的成效，但受观念束缚、政府职能转变约束以及利益关系调整的影响，总体上垄断性行业改革进展比较缓慢，仍处于攻坚阶段。经过多年国有经济战略性调整，国有企业主要在电力、电信、民航、石油、邮政、铁路、市政公共事业等自然垄断性行业中占据主导地位。虽然这些行业总体上符合国有经济的功能定位，但并非这些行业的所有环节都属于自然垄断。例如，电力产业的输配电网、铁路行业的铁路网、石油产业的输油管线、天然气行业的输气管线以及电信行业的电信网络，属于自然垄断的环节，而电力行业的发电、售电业务，铁路行业的运输业务，石油和天然气行业

[1] 赵昌文等：《中国垄断性行业改革：评价及进一步改革思路》，中国发展出版社，2015。

的勘探、销售业务，以及电信行业的移动电话、互联网、电视网络和增值业务等属于可竞争的环节。由于国有企业经营业务覆盖整个行业的网络环节和非网络环节，在一定程度上遏制了有效竞争，制约社会服务效率提升[1]。如何进一步推动推进自然垄断行业改革，严格监管自然垄断环节，加快实现竞争性环节市场化，切实打破行政性垄断，防止市场垄断，成为下一步垄断行业改革的重点[2]。

[1] 黄群慧、戚聿东等：《中国国有企业改革40年研究》，广东经济出版社，2019。

[2] 《中共中央 国务院关于新时代加快完善社会主义市场经济体制的意见》，http：//www.gov.cn/zhengce/2020-05/18/content_5512696.htm。

第五节

对下一步国有经济改革发展的思考

中国特色社会主义进入新时代，中国经济也由高速增长阶段转向高质量发展阶段，正处于转变发展方式、优化经济结构、转换增长动力的攻关期。党的十九届五中全会通过的《中共中央关于制定国民经济和社会发展第十四个五年规划和二〇三五年远景目标的建议》明确提出，“十四五”时期，我国将以高质量发展为主题，以深化供给侧结构性改革为主线，以改革创新为根本动力，以满足人民日益增长的美好生活需要为根本目的，统筹发展和安全，加快建设现代化经济体系，加快构建以国内大循环为主体、国内国际双循环相互促进的新发展格局。实现这一目标，必然要求深化国资国企改革，做强做优做大国有资本和国有企业，加快国有经济布局优化和结构调整，发挥国有经济战略支撑作用。

一、加快国有经济布局优化和结构调整

加快国有经济布局优化和结构调整，是激发国有企业活力、推动国有经济高质量发展的重要前提。自1995年党的十四届五中全会提出对国有经济战略布局进行调整以来，国有经济通过抓大放小、结构调整、战略性重组等多种方式实施布局优化，总体方向是推动国有资本逐步向关系国家安全、国民经济命脉的重要行业和关键领域集中。但在实践中，国有资本布局优化的目标尚未完全实现，主要体现为：国有资本在重要行业、关键领域和战略性新兴产业的净资产比重呈现下降趋势，而在房地产和建筑业等高盈利的产业占比则大幅提升；国有资本总体上处于产业链上游，在资源型产业、重化工产业中占据主导地位，一定程度上使国有企业获得一定的资源要素垄断利润。因此，国有经济布局调整虽然促进了国有资本“做大”，但

还没有真正实现“做强”“做优”的目标，因而呈现出“大而不强”“大而不优”的特征[1]。这一格局远远不能适应我国经济从高速增长转向高质量发展的需要，未来国有经济布局优化与结构调整应该更好地服务于经济高质量发展的要求。

总体看，推进国有经济布局优化要紧紧围绕推动高质量发展这一主题，服务于国家整体重大战略，促进国有经济改革的整体有效推进。要按照创新驱动发展战略的要求，调整产业布局和结构，聚焦主业，着力发展实体经济，完善创新环境、增加创新投入、提高创新效率，有效地引导创新要素投入基础研究领域，不断增强国有经济的资源集聚能力和自主创新能力。要遵循经济高质量发展的规律，明确国有经济功能定位，使国有经济更好地服务于国家战略和社会民生，推动国有经济在创新型国家建设、制造强国建设等国家重大战略中发挥关键作用。推动国有资本向公共服务、重要战略性产业、生态环保、科技创新、保障国家安全等关键领域集中。要把国有企业战略性重组作为增强国有经济改革整体性和协调性的重要手段，使国有企业重组有利于营造公平竞争的市场环境、有利于建立以“管资本”为主的国有资本监管体制、有利于形成兼有规模经济和竞争效率的市场结构、有利于推动化解产能过剩问题[2]。

“十四五”时期，国有经济布局优化要围绕结构优化、畅通循环、促进创新、稳定增长，着力强化国有企业作为创新主体的作用，使国有企业成为创新要素集成、科技成果转化的生力军。着力发挥大企业的引领支撑作用，支持中央企业带动民营企业和中小企业协同发展，提高创新效率。国有企业要坚持自主可控、安全高效，补齐产业链供应链短板，锻造产业链供应链长板，推动全产业链优化升级，确保形成更具创新力、更安全可靠的产业链供应链[3]。要提升自主创新能力，加大研发投入，使两者在关键核心技术攻关、科研成果转化应用等方面发挥更大作用，解

[1] 黄群慧：《国有经济布局优化和结构调整的三个原则》，《经济研究》2020年第1期。

[2] 同上。

[3] 杨永胜：《发挥国有经济战略支撑作用》，《学习时报》2020年12月16日。

决关键核心技术和零部件“卡脖子”问题。国有企业要紧紧围绕深化供给侧结构性改革这条主线，按照市场化原则推进战略性重组和整合，提高国有资本配置效率，推进能源、铁路、电信、公用事业等行业竞争性环节市场化改革，加快剥离非主营业务和低效无效资产，剥离国有企业办社会职能。要进一步优化国有资本重点投资方向和领域，加大新型基础设施建设投入，推动互联网、大数据、人工智能等技术同各产业深度融合，推动国有资本向关系国家安全、国民经济命脉的重要行业和关键领域集中，向提供公共服务、应急能力建设和公益性等关系国计民生的重要行业和关键领域集中，向前瞻性战略性新兴产业集中，增强国有经济在国家经济、科技、国防、安全等领域的控制力和影响力[1]。

二、健全以管资本为主的国有资产监管体制

以管资本为主改革国有资产监管体制，是新一轮深化国企改革的重大创新，是激发和增强企业活力的根本要求。以管资本为主加强国有资产监管，要打破传统体制，适应当前国有资产资本化、国有股权多元化的发展实际，更加尊重企业市场主体地位和企业法人财产权，解决国资监管越位、缺位、错位问题。自2015年以来，有关部门相继出台系列政策文件，为国有资产监管体制改革织就完整的体系框架。国资委出台职能转变方案，大幅调整内设机构职能，分4类授放35项权力，各省级国资委累计取消、下放监管事项670项，在促进国资监管职能转变、完善出资人权责清单、放权授权于企业以及国有资本投资、运营公司改革等方面取得了重要进展，释放了企业活力，改革的放大效应开始显现[2]。未来，还需进一步加大国有资产监管体制改革力度，为培育世界一流企业夯实基础。

首先，要进一步理顺国有资本管理、监督和运营的关系。要按照职权法定、规

[1] 《〈中共中央关于制定国民经济和社会发展第十四个五年规划和二〇三五年远景目标的建议〉辅导读本》，人民出版社，2020。

[2] 王倩倩：《以管资本为主加快自我革命 国资监管体制持续优化》，《国资报告》2020年第9期。

范行权的要求，调整、精简、优化监管职能，将强化出资人监管与落实管党治党责任相结合、落实保值增值责任与搞活企业相结合，做好整合监管职能与优化机构设置的衔接工作。加大简政放权力度，更好地维护企业的市场主体地位，推动完善现代企业制度，健全协调运转、有效制衡的国有企业法人治理结构。坚持权力和责任相统一、相匹配，层层建立权力和责任清单，确保企业接住管好精简的监管事项，体现国资监管要求，落实保值增值责任。要根据企业的不同功能定位，进一步理清政府与企业间的权责关系。公益类企业以非商业目标为主，主要承担政策性功能，可采取管资产与管人管事相结合的方式。完全竞争领域的商业类国有企业，追求完全商业目标，政府仅履行股东权责。处于关系国家安全、国民经济命脉的重要行业和关键领域的商业类国有企业，应将其非商业事务与商业事务有效隔离[1]。

其次，要进一步深化国有资本授权经营体制改革。国有资本投资、运营公司以类似委托代理的方式，将国有资产委托给相关企业，与其他资本一起构成企业的法人财产权。企业通过对法人财产权的占有、使用、收益和处置，获取最大化利润，从而实现国有资本的保值增值，推动国有资本做强做优做大[2]。由此可见，组建国有资本投资、运营公司，上接国资体制的改革完善，下接国有企业改革的深化，具有牵一发而动全身的重要作用。近年来，国资委先后分3批在21家中央企业开展国有资本投资、运营公司试点，30个省级国资委已改组组建国有资本投资、运营公司76家，在授权放权、组织架构、运营模式、经营机制等方面进行了积极探索。“十四五”时期，要进一步加快改组组建国有资本投资、运营公司。推动国有资本投资、运营公司的组织架构、管控模式的改革，打造市场化运作的专业平台，在国有经济战略性重组和布局结构的优化中发挥更大的作用。坚持一企一策，成熟一个推动一个，运行一个成功一个，盘活存量国有资本，促进国有资产保值增值。充分发挥国有资本投资、运营公司在授权经营、结构调整、资本运营、激发出资企业活

[1] 袁东明、袁璐瑶：《以增活力为抓手培育世界一流企业》，《智慧中国》2019年第6期。

[2] 黄群慧、戚聿东等：《中国国有企业改革40年研究》，广东经济出版社，2019。

力和服务实体经济等方面的作用。此外，需加大对不同类型企业的授权放权力度，依法将战略决策、重大投资、经理层任免、薪酬与考核等重要职权下放给企业董事会。对不同企业实施分类授权，对一些治理能力强、管理水平高的企业，可以授予更多出资人权利[1]。

再次，要深化政企分开、政资分开，推进经营性国有资产集中统一监管。长期以来，政府部门和事业单位办国有企业的现象普遍存在，由此产生政企不分、国有资产流失、腐败等问题。因此，要对部门管理的经营性国有资产进行整合划并，实行统一监管，这将促进监管效率提升，推动国有资本做强做优做大。这主要体现在以下四个方面：一是有助于解决政企不分的问题。将国有企业从政府部门剥离，不仅可以防止个别部门把企业当作“小金库”，降低风险，而且可以实现政企有效分离，企业经营风险不再向部门传导，政府部门可以专注于公共管理和服务改革大局。二是使企业市场化程度得以提升。以往部分企业生产经营依赖主管单位支持，自我发展动力不足，统一监管有助于企业建立现代企业制度，激发内在活力和动力，使其真正成为自主经营、自控风险、创新发展的市场主体。三是促进国有资本实现优化配置。统一监管有助于对国有企业进行重新梳理、整合，有利于提高国有资本配置效率，发挥资源集聚效应，提高国有资本的市场竞争力。四是防止国有资产流失。过去部门对企业监管不到位，国有资本存在“跑冒滴漏”现象。实行统一监管后，企业被纳入更严格、更透明的监管体系，有利于防止国有资产流失[2]。

最后，要加快职能转变，不断优化监管方式。重审批、轻监管、弱服务的行政化管理方式，是传统国资监管体制的弊病。以管资本为主加强国资监管体制改革，要求打造事前制度规范、事中跟踪监控、事后监督问责的完整工作链条。推进信息化与监管业务深度融合，统一信息工作平台，实现实时在线动态监管，提高监管的针对性和有效性。为此，应按照“管资本”的方式加快优化出资人代表机构的履职

[1] 袁东明、袁璐瑶：《以增活力为抓手培育世界一流企业》，《智慧中国》2019年第6期。

[2] 高惺惟：《国有企业改革40年》，河北人民出版社，2019。

方式。进一步剥离与出资人无关的行政职责、公共职能，以及超越出资人权责的相关管理事项，逐步提高履行出资人职责的专业水平，重点是加强对董事、监事的管理、考核、责任追究，做好市场化选任高管的资格认定与审查等工作。要进一步梳理明确监管机构职能，修订完善出资人监管权力和责任清单，将配合承担社会公共管理的职责归于其他政府部门，将依法应由企业承担的职能归于企业。在重点管好资本布局、规范资本运作、提高资本回报、维护资本安全的同时，将上述监管要求细化成更加符合市场经济规律的具体考核评价指标，针对不同类型企业分类施策。要规范出资人机构履职行为，更加突出以产权为基础、以资本为纽带，依靠公司章程，通过法人治理结构特别是董事会，将监管要求以股东意志的形式表达出来，实现出资人履职方式由行政化向市场化的彻底转变[1]。

三、加快完善中国特色现代企业制度

党的十九届四中全会明确提出，深化国有企业改革，完善中国特色现代企业制度。党的十九届五中全会进一步强调，加快完善中国特色现代企业制度。这是激发国有企业活力、推动国有经济高质量发展的重要基础。习近平总书记在全国国有企业党的建设工作会议上强调，坚持党对国有企业的领导是重大政治原则，必须一以贯之；建立现代企业制度是国有企业改革的方向，也必须一以贯之。中国特色现代国有企业制度，“特”就特在把党的领导融入公司治理各环节，把企业党组织内嵌到公司治理结构之中，明确和落实党组织在公司法人治理结构中的法定地位，做到组织落实、干部到位、职责明确、监督严格。中国特色现代企业制度是对现代企业制度的重大创新，这一制度的突出特点就是把党组织作为企业的领导核心和政治核心，使其成为协调公司其他治理主体的最高治理主体。把党组织嵌入公司治理结构，可以为国有企业治理带来独特的制度优势。这主要体现在以下三个方面：一是

[1] 《关于印发〈国务院国资委关于以管资本为主加快国有资产监管职能转变的实施意见〉的通知》，http：//www.sasac.gov.cn/n2588030/n2588929/c12856298/content.html。

党组织能够充分发挥政治优势，汇聚广大职工的力量，协调各方利益，有效维护国家和社会利益，使企业形成强大的凝聚力。二是党组织可以充分发挥体制优势，使国有企业发展与社会发展和国家命运紧密相连，保持正确政治方向，发展符合国家发展大局。三是党组织可以充分发挥组织优势，形成贯穿决策层、管理层和员工三个层面的高效决策与执行体系[1]。

近年来，随着深化国有企业改革的不断推进，国有企业努力把党的领导融入公司治理各环节，坚持在融入上下功夫，在探索建立中国特色现代企业制度方面取得了积极进展。这主要体现在以下三个方面：一是落实“党建进章程”，将党组织的机构设置、职责分工、工作任务纳入企业的管理体制、管理制度、工作规范。二是落实党委（党组）书记和董事长“一肩挑”、党员总经理兼任副书记，符合条件的党组织领导班子成员通过法定程序进入董事会、监事会、经理层，确保党的领导与董事会决策的深度融合。三是落实“三重一大”决策制度，把党组织研究讨论作为董事会、经营管理层进行重大问题决策的前置程序，确保党组织意图在重大决策中充分体现[2]。完善中国特色现代企业制度是一项长期而又复杂的系统工程，要进一步通过深化改革和完善制度建设，把党的领导融入公司治理的各个环节，为深化国有企业改革和推动国有经济高质量发展提供强有力的制度保障。

第一，要进一步完善制度建设，清晰界定党组织与其他公司治理主体的关系与职责边界。进一步明确股东（大）会、董事会、监事会、经营管理层的关系与职责边界，制定国有企业党组织工作规则，对党组织在公司治理中的职责范围、发挥作用的方式进行明确界定。按照“国有企业党委（党组）发挥领导作用，把方向、管大局、保落实，依照规定讨论和决定企业重大事项”的要求，明确国有企业党组织对贯彻落实党中央决策部署、党的建设、干部队伍等重大事项进行决策。在决策程序上，进一步明确党组织研究讨论是董事会、经营管理层等进行重大问题决策的前

[1] 钟勇：《中国特色现代国有企业制度的本质特征》，《学习时报》2019年7月1日。

[2] 周万阜：《完善中国特色现代企业制度》，《经济日报》2019年12月12日。

置程序，重大经营管理事项必须经党组织研究讨论后，再由董事会或经理层作出决定[1]。

第二，要完善治理主体，增强制度的有效性。要合理确定党委（党组）领导班子成员和董事会、监事会、管理层双向进入、交叉任职比例，积极推行职业经理人制度。同时，要坚持党管干部原则与董事会依法产生、董事会依法选择经营管理者、经营管理者依法行使用人权相结合，创新制度实现形式[2]。结合不同层级、不同类型企业实际制定党委（党组）前置研究讨论重大经营管理事项清单，厘清各治理主体权责边界。董事会要定战略、作决策、防风险，全面依法落实董事会各项法定权利；经理层要谋经营、抓落实、强管理，全面建立董事会向经理层授权的管理制度，充分发挥经理层经营管理作用。开展对标世界一流企业管理提升行动，推进管理流程再造，优化资源配置[3]。要明确职责范围，提高公司治理的效率。在保证相互制衡、相互协调的同时，要尽量减少重复决策，修订不合理的制度规定。

第三，突出抓好健全市场化经营机制，激发国有企业活力。在探索建立中国特色现代企业制度的过程中，既要借鉴国际上成熟的一般准则和规范，又要根据自身经济、文化等特点，把现代企业制度的一般原理与我国企业的具体实际相结合，着力提高国有企业的经营效率和市场竞争力。要强化国有企业市场主体地位，切实维护企业法人财产权和经营自主权。进一步健全市场化经营机制，围绕激发活力、提高效率的目的，着力深化劳动、人事、分配三项制度市场化改革，建立健全按业绩贡献决定薪酬的分配机制，不断激发企业管理层和员工的积极性、主动性和创造性。大力推行经理层成员任期制和契约化管理，具备条件的企业特别是商业类子企业，按照市场化选聘、契约化管理、差异化薪酬、市场化退

[1] 周万阜：《完善中国特色现代企业制度》，《经济日报》2019年12月12日。

[2] 《国资委部署中央企业改革三年行动工作 坚决落实党中央国务院决策部署 切实把国企改革抓到位见实效》，http：//www.sasac.gov.cn/n2588025/n2643314/c15574813/content.html。

[3] 同上。

出原则，加快推行职业经理人制度。全面推进用工市场化，完善市场化薪酬分配机制，推动薪酬分配向作出突出贡献的人才和一线岗位倾斜。灵活开展多种方式的中长期激励，支持探索超额利润分享机制、骨干员工持股机制等更加多样、更加符合市场规律和企业实际的激励方式。不断完善公平竞争的市场环境，使国有企业在市场竞争中真正实现优胜劣汰。坚持公开透明，建立健全国有企业信息公开制度，打造阳光国企[1]。

第四，把党建工作与生产经营深度融合，推动国有企业高质量发展。加快完善中国特色现代企业制度，必须找准党建工作与企业生产经营的结合点，促进企业党建工作与生产经营深度融合，以高质量党建推动国有企业高质量发展。一是进一步完善党组织设置方式，按照有利于党的基层组织和党员作用发挥、促进中心任务完成的原则，依托生产经营管理单位设置党的基层组织，确保体制、机制、制度和工作的全方位对接。二是加强党建工作队伍建设，选拔政治素质好、熟悉经营管理、作风正派、在职工中有威信的党员骨干从事党建工作，把党务工作岗位作为培养企业复合型人才的重要平台，把生产经营骨干培养成党员、把党员培养成生产经营骨干，将党员输送到重要岗位。三是紧密结合企业生产经营开展党组织活动，引导广大党员创先争优，争当生产经营的能手、创新创业的模范、提高效益的标兵以及服务群众的先锋。四是把党建工作与企业文化建设紧密结合，发挥好党组织在坚决落实党中央决策部署中的领导作用，推动企业聚焦主责主业，服务国家发展战略，用党的建设有力引领企业文化建设[2]。

四、深化国有企业混合所有制改革

把发展混合所有制经济作为国企改革的重要突破口，有利于促进国有资本布局

[1] 《〈中共中央关于制定国民经济和社会发展第十四个五年规划和二〇三五年远景目标的建议〉辅导读本》，人民出版社，2020。

[2] 刘靖北：《以党建工作与生产经营深度融合推动国有企业高质量发展》，《中国党政干部论坛》2020年第7期。

优化，构建有效的国资监管体系，不断激发国有企业活力[1]。党的十八大以来，国家积极稳妥推进混合所有制改革，取得了一系列重要进展。一是混合所有制改革的领域和范围不断拓展。国资委不仅积极推动充分竞争行业和领域的企业混合所有制改革，也有序探索电力、电信、军工、民航等重要领域的混合所有制改革。自2013年以来，中央企业实施了4000项“混改”措施，引进了超过1.5万亿元的各类社会资本，70%以上的中央企业法人单位实施了“混改”，上市公司已成为“混改”的主要载体。二是切实推动企业经营机制转换。混合所有制企业在推动形成中国特色现代企业制度、劳动人事分配制度改革、中长期激励机制的形成等方面取得了重要进展，涌现出海康威视、万华化学、中国巨石等一批具有示范性和标杆意义的“混改”企业。三是混合所有制改革促进国有资本的影响力、带动力持续提升。在中央企业的所有者权益中，引进社会资本形成的少数股东权益占比由2012年底的近27%提升到了目前的38%。2020年1—8月，中央企业通过投资入股、并购重组、增资扩股等方式引进了1700多亿元社会资本，同比增长了28%。同时，中央企业还通过产业链、供应链合作，与广大民营企业、中小企业协调发展，投资入股超过6000家非公企业，形成了一批高精尖的“隐形冠军”和各领域的龙头企业[2]。

“十四五”时期，我国将结合国企改革三年行动方案，积极稳妥深化国有企业混合所有制改革。坚持因地施策、因业施策、因企施策，宜独则独、宜控则控、宜参则参，不搞“拉郎配”，不搞全覆盖，不设时间表，一企一策，成熟一个推进一个，确保改革规范有序进行。发展混合所有制经济，基本政策已明确，关键是细则，成败也在细则。因此，要通过制定、完善和落实好细则，明确预期，催生动力，破解“混改”中遇到的难题。

首先，要分层分类深化混合所有制改革。根据国有企业的功能定位，可以将国

[1] 袁东明、袁璐瑶：《以增活力为抓手培育世界一流企业》，《智慧中国》2019年第6期。

[2] 《继续积极稳妥推进混合所有制改革》，http：//www.gov.cn/xinwen/2020-10/12/content_5550623.htm。

有企业划分为商业一类、商业二类和公益类，对不同类型的国有企业应采取不同的混合所有制改革方式。对主业处于充分竞争行业和领域的商业一类国有企业，应积极引入非公有制经济实现股权多元化，允许非国有资本参股、相对控股甚至绝对控股，可以将其中的部分国有股权转化为优先股，以增强国有资本收益功能。对商业二类国有企业，在确保国有资本控股地位的条件下，可以引入非国有资本参股，探索建立国家特殊管理股制度，依照法律和公司章程行使特定事项否决权，确保国有资本的控制力。对实行员工持股改革的国有企业，要设置严格的条件和规范的程序，不搞全员持股、平均持股、存量转让，建立“以岗定股、人走股退”的动态调整机制，加强管理防范，确保国有资产安全[1]。未来一个时期，混合所有制改革将更多聚焦到国有资本投资公司、运营公司所出资企业和商业类子企业上，既支持民营企业参与国有企业混合所有制改革，又鼓励国有资本投资入股民营企业。

其次，合理设计和调整优化混合所有制企业股权结构。不同类型的国有企业，承担着不同的经济社会功能，因此在实施“混改”的过程中，应根据不同企业的功能定位，合理设计和优化混合所有制企业股权结构，并采取不同的治理和监管方式。要不断拓宽社会资本参与渠道，进一步发挥各类基金的支持和促进作用，积极引入高匹配度、高认同感、高协同性的战略投资者参与公司治理。支持和引导国有股东持股比例高于50%的国有控股上市公司引进持股占5%甚至5%以上的战略投资者，作为积极股东参与治理。对于非上市公司，股比还可以再大一些，以做到宜独则独、宜控则控、宜参则参[2]。对混合所有制企业，探索建立有别于国有独资、全资公司的治理机制和监管制度。对国有资本不再绝对控股的混合所有制企业，探索实施更加灵活高效的监管制度，根据法律和公司章程实行更加市场化的差异化监管

[1] 曹立、王明扬：《规范有序发展混合所有制经济》，《学习时报》2020年6月3日。

[2] 《继续积极稳妥推进混合所有制改革》，http：//www.gov.cn/xinwen/2020-10/12/content_5550623.htm。

方式[1]。

再次，推动混合所有制企业深度转换经营机制。要明确混合所有制企业公司治理原则，破除非公有制企业参与“混改”的担忧。坚持以资本为纽带、以产权为基础的公司治理原则。国有股东要按照市场化规则，以股东角色和身份参与企业决策和经营管理，通过股东（大）会表决、推荐董事和监事等方式行使股东权利，避免“行政化”“机关化”管控。进一步健全混合所有制企业的现代企业制度，明晰产权，同股同权，依法保护各类股东权益。规范企业股东（大）会、董事会、经理层、监事会和党组织的权责关系，按章程行权，对资本监管，靠市场选人，依规则运行，形成定位清晰、权责对等、运转协调、制衡有效的法人治理结构。

在股东充分协商的基础上依法制定章程，切实维护各方股东的合法权益，严格落实董事会各项法定权利，支持“混改”企业在劳动人事分配机制方面率先突破，真正形成富有活力的市场化经营机制。进一步确立和落实企业市场主体地位。政府不得干预企业自主经营，股东不得干预企业日常运营，确保企业治理规范、激励约束机制到位。落实董事会对经理层成员等高级经营管理人员选聘、业绩考核和薪酬管理等职权，维护企业真正的市场主体地位[2]。

最后，构建支持深化混合所有制改革的制度环境。进一步加强与混合所有制改革的相关法律法规的制定和修订，为规范发展混合所有制经济提供法律保障。明确“混改”流程和操作细则，明确各方权力和责任及国有资产流失标准，使操作各方能有规可依，能有效规避风险。要不断完善产权保护制度，坚持产权明晰、同股同权的原则，严格依法保护各类资本的股东权益，不断健全完善多层次的资本市场体系，有力支持混合所有制企业的股权优化配置。要进一步完善高标准市场体系，在要素获取、准入许可、经营运行、政府采购和招投标等方面对各类所有制企业平等

---

[1] 《中共中央 国务院关于新时代加快完善社会主义市场经济体制的意见》，http：//www.gov.cn/zhengce/2020-05/18/content_5512696.htm。

[2] 郝鹏：《激发各类市场主体活力》，《人民日报》2020年12月18日。

对待，破除制约市场竞争的各类障碍和隐性壁垒，营造各种所有制主体依法平等使用资源要素、公开公平公正参与竞争、同等受到法律保护的市场环境。要营造支持混合所有制经济健康发展的社会环境，既要致力于激发经济活力、增强国有资本影响力和控制力，又要避免采取“一刀切”政策，理性、稳妥、有序推进混合所有制改革[1]。

[1] 曹立、王明扬：《规范有序发展混合所有制经济》，《学习时报》2020年6月3日。

CHAPTER 4

第四章

城镇集体经济的发展

第一节

城镇集体经济与经济活力

“城镇集体经济”是“城镇集体所有制经济”的简称。集体所有制经济理论是由马克思最早提出和创立的，并伴随着科学社会主义的实践发展而发展。城镇集体所有制经济是社会主义公有制的一种实现形式，是容纳社会主义发展阶段各种不同程度生产力发展水平的有效经济形式，其在国民经济各行业尤其是关系人民生活的消费品生产领域的广泛存在，以及独立核算、自负盈亏、民主管理的经营特点，广泛吸纳社会就业等均展现了其旺盛的经济活力。

一、集体所有制经济理论的形成与发展

“集体所有制”这个概念最早由恩格斯于1843年提出。在《大陆上社会改革运动的进展》一文中，恩格斯指出，“欧洲三个文明大国——英国、法国和德国——都得出了这样的结论：在集体所有制的基础上来改变社会结构的那种急剧的革命，现在已经是急不可待和不可避免了”[1]。1869年7月6日，马克思在第一国际总委员会会议上讨论将召开的巴塞尔代表大会的议程时，就土地所有制问题作了两次发言，强调向土地集体所有制过渡是经济的必然性[2]。1874年，马克思在研究从资本主义向共产主义过渡的理论中，努力探索社会主义从空想到科学的途径。在总结巴黎公社失败的经验教训后，马克思明确指出，在农民作为私有者大批存在的地方，无产阶级夺取政权后，将以政府的身份采取措施，“一开始就应当促进土地私有

[1] 恩格斯：《大陆上社会改革运动的进展》，载马克思、恩格斯《马克思恩格斯全集》第一卷，人民出版社，2001。

[2] 《卡·马克思和弗·恩格斯生平事业年表》，载马克思、恩格斯《马克思恩格斯全集》第十六卷，人民出版社，2001。

制向集体所有制的过渡，让农民自己通过经济的道路来实现这种过渡；但不能采取得罪农民的措施，例如宣布废除继承权或废除农民所有权”[1]。1881年，马克思在《给维·伊·查苏利奇的复信草稿》中再次明确指出：“俄国农民习惯于劳动组合关系，这便于它从小土地经济过渡到集体经济。”[2]

随着实践的发展，马克思与恩格斯在其中后期革命活动中，研究了资本主义不发达国家和落后的、农民占多数的国家的实际情况，逐步认识到，要实现生产资料单一的全民所有制，在通往社会主义社会的道路上需要一个过渡时期，这是无产阶级取得政权后，建立社会主义经济制度的时期。在这个过渡时期，存在“合作社占有制”这种经济形式，马克思与恩格斯把它视为进入全社会占有生产资料的社会所有制的“中间环节”，随着生产的发展，它将逐步过渡到社员的权利和义务同全社会劳动者的权利和义务处于平等地位的单一的公有制形式。这就是马克思与恩格斯的集体所有制理论。1894年11月，恩格斯指出：“当我们掌握了国家权力的时候，我们绝不会用暴力去剥夺小农（不论有无报偿，都是一样），像我们将不得不如此对待大土地占有者那样。我们对于小农的任务，首先是把他们的私人生产和私人占有变为合作社的生产和占有，但不是采用暴力，而是通过示范和为此提供社会帮助。”[3]1895年，国际合作社联盟成立，当时提出的社员所有并控制企业、不可分割的公共积累、劳动惠顾等合作社原则成为合作社的基本特征。一般合作社的财产中有社员出资入股部分，还有社员共同共有的积累部分。这些都为集体所有制理论的发展提供了根据。

列宁根据俄国的实际情况，号召大力扶持集体企业、合作社企业的发展。列宁

[1] 马克思：《巴枯宁〈国家制度和无政府状态〉一书摘要》，载马克思、恩格斯《马克思恩格斯选集》第二卷，人民出版社，1972。

[2] 马克思：《给维·伊·查苏利奇的复信草稿》，载马克思、恩格斯《马克思恩格斯全集》第十九卷，人民出版社，2006。

[3] 恩格斯：《法德农民问题》，载马克思、恩格斯《马克思恩格斯选集》第四卷，人民出版社，1997。

对集体经济、合作经济作了大量重要的论述，最具代表性的是他的晚年著作《论合作制》。列宁指出："在我国现存制度下，合作企业与私人资本主义企业不同，因为合作企业是集体企业。"[1]他还说，"我们深知集体企业是新的创举，如果执政的工人阶级不支持这些创举，那它们就不会成长起来"，又说，"如果国家不帮助各种集体农业，那我们就不是共产主义者，就是不拥护建立社会主义经济"[2]。列宁要求"用严格的民主精神来办合作社"，他严肃地指出，"决不能用任何命令的办法来使小生产转为大生产"，"决不允许采取任何强迫手段"，"只有农民自己在实践中感到联合的好处而亲自组织起来的联合才是可贵的"[3]。列宁逝世后，斯大林及后来的苏共领导人在发展集体农庄中，推行"全盘集体化"，用行政办法把农民的主要生产资料统统收归集体所有，这违背了列宁的自愿原则和必须估计到各个不同地区不同条件的原则，以及集体农庄建设时不容许跳过运动尚未完结的形式的原则，挫伤了农民的生产积极性，导致苏联农业生产长期处于落后状态，造成严重后果。斯大林的集体所有制理论与实践对我国集体经济的发展曾产生很大的影响。

二、城镇集体经济的内涵与特征

我国宪法规定："中华人民共和国的社会主义经济制度的基础是生产资料的社会主义公有制，即全民所有制和劳动群众集体所有制。""城镇中的手工业、工业、建筑业、运输业、商业、服务业等行业的各种形式的合作经济，都是社会主义劳动群众集体所有制经济。"城镇集体经济理论在中国的发展体现了中国共产党对马克思主义理论的传承和创新。

毛泽东在党的七届二中全会报告中指出："占国民经济总产值百分之九十的分

[1] 中共中央马克思恩格斯列宁斯大林著作编译局：《列宁选集》第四卷，人民出版社，1976。

[2] 同上。

[3] 《联共（布）决议案汇集》上卷，1941。

散的个体的农业经济和手工业经济，是可能和必须谨慎地、逐步地而又积极地引导它们向着现代化和集体化的方向发展的，任其自流的观点是错误的。必须组织中央、省、县、区、乡的生产的、消费的和信用的合作社和合作社的领导机关。这种合作社是以私有制为基础的在无产阶级领导的国家政权管理之下的劳动群众的集体经济组织。”[1]1951年，刘少奇提出：“合作社的根本性质是劳动群众的集体经济组织。”[2]1953年8月，毛泽东提出党在过渡时期的总路线和总任务“是要在一个相当长的时期内，基本实现国家工业化和对农业、手工业、资本主义工商业的社会主义改造”。在“一化三改”中要“变农业和手工业的个体所有制为社会主义劳动群众集体所有制”。同年12月，朱德就组织手工业合作社问题指出：“为了建设社会主义，我们应该大力组织手工业生产合作社，开始组织的时候，一般地应由低级到高级，由简单的生产小组逐渐提高到生产合作社。条件具备时，可以一开始就组织生产合作社。但要防止盲目地强调集中生产，盲目地将小社并为大社，盲目地要求机械化，以及订立许多繁杂的制度等，以致影响合作社的发展。”[3]

1954年，我国第一部《宪法》明确规定，“合作社所有制，即劳动群众集体所有制”，“合作社经济是劳动群众集体所有制的社会主义经济，或者是劳动群众部分集体所有制的半社会主义经济。劳动群众部分集体所有制是组织个体农民、个体手工业者和其他个体劳动者走向劳动群众集体所有制的过渡形式”。同年9月，在毛泽东所作的我国第一部宪法修改草案的说明中，明确地把合作社所有制界定为集体所有制，指出合作社所有制与全民所有制一样，是“社会主义经济成分”。他指出，“就目前来说，我国的生产资料，主要有：国家所有制，即全民所有制；合作社所有制，即劳动群众集体所有制；个体劳动者所有制；资本家所有制”，并强调“国家的任务是尽力巩固和发展前两种所有制的经济成分，即社会主义的经济成

[1] 毛泽东：《毛泽东选集》第三卷，人民出版社，1991。

[2] 中共中央文献研究室、中华全国供销合作总社编《刘少奇论合作社经济》，中国财政经济出版社，1987。

[3] 朱德：《朱德选集》，人民出版社，1983。

分”。

随着“一化三改”的完成和我国城镇集体经济的发展，党的几代领导集体对城镇集体经济理论的认识不断发展和深化。1956年2月，周恩来指出：“合作化工作现在有点急躁苗头，这需要注意。社会主义积极性不可损害，但超越现实可能和没有根据的事，不要乱提，不要乱加快，否则就很危险。”[1]1979年11月，邓小平指出：“社会主义为什么不可以搞市场经济，这个不能说是资本主义。……虽然方法上基本上和资本主义社会的相似，但也有不同，是全民所有制之间的关系，当然也有同集体所有制之间的关系，也有同外国资本主义之间的关系，但是归根到底是社会主义的。”[2]以江泽民同志为核心的党中央第三代领导集体在实践中进一步创新和发展了集体经济理论，提出了公有制经济不仅包括国有经济和集体经济，还包括混合所有制经济中的国有成分和集体成分；把集体企业真正办成职工和社员自己的企业，对以劳动者的劳动联合和劳动者的资本联合为主的集体经济，尤其要提倡和鼓励；以明晰产权为重点，深化集体企业改革，发展多种形式的集体经济；要大力发展国有资本、集体资本和非公有资本等参股的混合所有制经济，使股份制成为公有制的主要实现形式；搞好国有企业和集体企业必须坚持全心全意依靠工人阶级，企业党组织要积极参与企业重大问题的决策，充分发挥政治核心作用；集体经济组织的财产及其合法权益，受国家法律保护，不受侵犯等论述。

城镇集体经济是生产资料和劳动成果归部分劳动群众集体占有的一种公有制经济形式，它的基本特征包括：第一，劳动者依据自愿互利的原则联合组成或成员自筹资金组建而成，即在集体所有制内部劳动者共同占有生产资料，在所有权面前完全平等；第二，劳动者在集体组织的统一管理和指挥下从事集体的生产劳动，实行按劳分配；第三，民主管理，即所有者与劳动者的内部统一，实行经营管理者的民主选举、经营方略的民主决策和民主监督；第四，能够容纳不同程度的生产力发展

[1] 中共中央文献编辑委员会：《周恩来选集》下卷，人民出版社，1984。

[2] 邓小平：《邓小平文选》第二卷，人民出版社，1994。

水平，不仅适合手工劳动，而且能容纳从手工劳动、半机械化生产一直到机械化生产等不同状况的生产力；第五，在经济上不隶属于政府或其他机构，是一个独立的经济组织或经济实体，在不同的集体经济组织之间，其权利和分配是不同等的。

三、城镇集体经济与经济活力

由上可知，城镇集体经济是马克思在研究从资本主义向共产主义过渡的理论的过程中，根据资本主义不发达国家的实际，提出的一种向生产资料全民所有制过渡的集体所有制经济形式，并在俄国、东欧以及我国社会主义建设的实践中变成了现实。城镇集体经济在一定范围内的生产资料公有制、互助合作、自主经营、民主管理、按劳分配等特征既不同于生产资料私有制条件下生产资料所有权和劳动者分离，并在一定条件下导致劳动力变成商品，导致劳资对立的情况，也不同于在生产力高度发达条件下实现的生产资料全民所有的公有制，它是适应生产社会化程度较低，还存在着多种不同生产力水平的劳动形式的所有制形式，它能够在相当广大的范围内促进劳动者和生产资料相结合，促进生产力的发展，从而吸引更多劳动者和资本进入，表现出旺盛的经济活力。

首先，从我国城镇集体经济在整个经济中的比重来看，虽然城镇集体所有制经济发展受“升级”“过渡”的“左”倾错误影响经历了一些曲折，但是在改革开放前，城镇集体经济的发展仍然起到了优化公有制内部结构、巩固社会主义经济基础的重要作用。改革开放后，城镇集体经济迅速发展，在我国所有制结构中占有越来越重要的地位。据统计，1978—1988年，集体经济在我国工业总产值中的比重从19.2%上升到32.6%。20世纪90年代之后，城镇集体经济比重有所下降，但是仍然广泛存在于广大中小企业中。

其次，从城镇集体经济所处的行业来看，1956年合作化完成时，手工业、运输业、建筑业、修理业、服务业等方面的合作组织是我国城镇集体经济的主要成分，在搞好物资转运和商品流通、活跃城乡经济、满足社会需要等方面都起了重要作用，有力地促进了生产的发展。同时，城镇集体工业还是全民所有制大工业的有力助手和重要配角，一些零配件的生产由城镇集体经济承担，并与全民所有制大工业建立加工、配套的协作关系，这有利于大工业集中力量搞好主要产品的主要部件的生产，向高、精、尖发展。改革开放后，城镇集体经济成为满足人民需要、方便群众生活的一支重要力量。城镇集体经济企业生产的产品有2万多种，包括日用工业品、中小农具、小五金、各种小商品以及外贸出口的工艺美术品等，都是人们衣、食、住、行、用不可缺少的生活日用品。城镇集体饮食业、服务业、修理业更是从各方面给人民生活的多种需要提供了方便。从这个意义上说，城镇集体经济活跃了城乡经济，满足了消费者多种生活需要，是大工业的重要配角，是国营商业的有力助手。

再次，从城镇集体经济的生产经营特点来看，城镇集体所有制企业有独立自主权，实行独立核算、自负盈亏，企业经营的好坏同职工的经济利益紧密联系。因此，城镇集体企业具有发展生产、扩大经营的内在动力。同时，它还有实行民主管理、勤俭办厂、小型多样、经营灵活、与市场联系紧密、适应性强、能根据市场变化及时调整生产、满足社会需要等优点。城镇集体经济的这些优越性和潜力，在一定时期极大地促进了劳动生产率的提高，促进了生产的发展。

最后，从城镇集体经济吸纳的就业来看，在一定的历史时期，城镇集体所有制企业容纳了大量城镇劳动力，扩大了就业，缓解了社会矛盾，维护了社会的和谐与稳定。据统计，1979—1990年，全国城镇就业人数为9300万人，其中在城镇集体企业就业的约占30%；1990年与1979年相比，城镇集体企业职工增长了56%，增加了1275万人。在就业问题成为社会、政治问题的知青返城时期，全国各行各业大力发展城镇集体经济，1978—1982年，城镇集体企业达到11.6万个，增加了15%，安置了就业人员1237.9万人。

马克思主义告诉我们，一种所有制形式和一种经济成分是否有存在的客观必然性，不是由人们的主观意志决定的，而是由其存在的生产力基础决定的。在向共产主义过渡的过程中，不同生产力水平和社会化程度的经济形式并存，决定了城镇集体经济存在的必然性。城镇集体所有制经济是整个国民经济中不可缺少的组成部分，它的产生符合生产关系一定要适合生产力性质的客观规律。

第二节

我国城镇集体经济的形成与特点

一、我国城镇集体经济的形成

我国城镇集体经济，从形成的历史看，可以分为五种类型。

一是在20世纪50年代社会主义改造中由个体手工业和个体商业通过合作化运动形成的城镇集体经济。由手工业独立劳动者出资组织起来创办的手工业合作社以及运输、建筑、商业合作社和联合经济组织出资创办的合作工厂，即轻工集体企业等构成了这类城镇集体企业。由于受“左”倾思想的影响，这类城镇集体企业套用国营模式管理，也被称为“二国营”，大多存在于原来的手工业（二轻）系统。1958年至“文化大革命”前，原有的手工业生产合作社（组）经历了一个先是被合并、改组、升级，后又得到恢复、发展的过程。到1978年时，这类城镇集体企业已分别变成由县区和市局（如二轻局、纺织局、机械局、冶金局、化工局以及商业局等）直接管理的集体企业，街道企业中一部分较好的企业也被“上收”划归至“县区属”或“市属”，这类企业被称为“大集体”。还有一部分大集体是靠集体企业的积累新建或从老集体企业中分建的。另有不少合作工厂上升为地方国营。

二是“大跃进”时期为解放城镇家庭妇女和解决社会闲散劳动力就业而兴办的各类街道工厂和里弄生产组，后来成为区属集体企业。这类城镇集体企业在1961年以后有一部分从区集体经济管理部门划归市二轻（轻工）部门统一管理，成为轻工集体企业的组成部分。与此同时，郊区社队企业和校办工厂也应运而生。

三是“文革”中及改革开放之后为安置回城知青、职工家属以及机关企事业单位富余人员劳动就业，工矿企业、街道、机关、民政、学校、部队、科研部门等企事业单位运用全民所有制的生产资料出资、筹办、组织兴建了大量的集体企业、劳动服务公司和劳动就业服务企业。在“文化大革命”中，不少老的合作工厂再次被合并、升级，同时，新的街道企业、社队企业和校办工厂等得到发展。

由全民所有制单位（如厂矿企业、机关团体、事业单位、部队、学校等）扶持兴办的集体企业最初主要是为了解决本单位职工子女的就业问题。它们多数依靠扶持单位提供场地用房、资金设备、材料和技术指导，为扶持单位提供生产和生活方面的服务，对扶持单位依附性很强。在管理体制上比较分散，基本上是“谁办谁管”，各地劳动部门和集体经济办公室只给予或多或少的指导。经过10年的发展，这类集体企业多数从“就业安置型”转向“生产经营型”，逐步转向面对社会和市场从事生产经营。原来扶持单位垫支的资产，有的已作价分期归还，有的以租赁形式交纳租金或资产占用费，有的则采取入股的形式折成股份参加分红。

四是改革开放以来，通过国有企业、集体企业改制或新办方式出现的合作社、股份合作企业、职工持股的有限责任公司和上市股份有限公司等，是按集体所有制企业登记经营的，其资金来源于全民企业或集体企业，也有个人投资部分。这类城镇集体企业产权明晰、出资人到位，是具有集体经济特征的新型公司制企业，已遍及工业、商业、建筑业等行业以及科教文卫等各个系统。

五是改革开放之后城镇居民自筹资金创办的集体企业，主要是城镇居民（以待业青年为主）自愿组合、自筹资金组建起来的合作制集体企业。参加企业的人员带资入股，共同劳动，提留公共积累，个人收入以按劳分配为主、股金分红为辅。这类企业主要靠职工集资入股，虽然创办初始曾向街道借款或由区街政府担保向银行贷款，但经过几年的努力，大多已偿还本息。这些合作企业行政上归街道政府管理，但有较多自主权。

另外，安徽省安庆市在改革开放初期涌现出一批“没有婆婆”（无行政管理）的新型集体企业，这些企业实行“八自”原则，即自愿组合、自筹资金、自立章程、自主经营、自负盈亏、自定工资、自招用工、自聘或自选干部。这些企业从一开办就面向市场，打破城乡、地区和行业界限，积极开拓经营领域，并为争取市场竞争优势而多方招贤纳士。这些企业具有更清晰的商品生产者特征和更强的活力。此外，还有一些消费合作社、住宅合作社，以及若干高科技开发企业等新兴集体企业，但数量不多，有待进一步发展。

总体来看，我国城镇集体经济是在合作化和社会主义改造时期，由个体手工业者和小商贩组织的手工业生产合作社和合作商店发展起来的。伴随着对社会主义初级阶段和公有制理论认识的变化，以及频繁的政治运动，我国城镇集体经济形成了一条起伏曲折的发展轨迹。合作化后期，全国手工业合作社系统实行自上而下垂直领导的管理体制，此后不久，合作社企业又遭遇转厂过渡的波折，把80%以上的合作社集体企业或直接过渡为地方国营工厂，或转为农村人民公社领导的企业，或转为合作联社经营的大集体合作工厂，改企业自负盈亏为统负盈亏，退还社员股金，取消分红制，改用固定工资制，集体财产上交地方财政，企业财务收支、生产资料和产品分配等环节实际上归政府主管部门掌握和支配，原来相对独立开展社务活动的各级联合社绝大多数也实行与同级政府主管部门合署办公，合作社集体企业演变成了“二国营”企业。实践证明，这种追求“一大二公”“转厂过渡”的做法违背了经济发展的客观规律和马克思的集体经济理论。

为了按照集体经济性质和特点恢复办好集体企业，从20世纪80年代开始，城镇集体企业改统收统支、统负盈亏为独立核算、自负盈亏，改生产型为生产经营型，改单一的固定工资为按劳分配的多种工资分配形式，并率先推行和完善多种形式的承包经营责任制与企业内部配套改革，落实企业自主权，实行厂长负责制等为主要内容的一系列改革，收到了较好的效果。如成都工程机械厂为了承担国家交给的填补工业战线上空缺的新任务，生产载重20吨、30吨的装载机，把原来生产的推土机交给成都市西城区的上游机械厂生产，这个厂很快掌握了技术操作规程，生产的推土机完全合乎质量标准。这样，国家在不增加投资或少增加投资的情况下，使原来的国营工厂增加了生产新产品的能力，城镇集体工业也得到了发展。随着传统计划经济向社会主义市场经济转变，解决集体企业产权制度问题成为改革的重要内容，

20世纪90年代以来，围绕集体企业产权制度改革这个重点进行了深化改革，创造了多种形式的集体经济。

二、我国城镇集体经济的特点

我国城镇集体经济的特点主要有：

（一）小而分散，经营灵活

小而专，一专多能，经营灵活，是由城镇集体经济在国民经济中的地位和作用决定的。城镇集体企业，一部分是为大工业生产配套、服务的产品，而绝大部分是生产人们的日常生活用品。随着人们生活水平的提高，人们对这些产品的要求越来越高，变化越来越快。企业只有适应这样的形势，做到“小而专，一专多能”，充分发挥“船小好调头”的特点，才有发展前途。随着科学技术的发展，现代工业制品的结构越来越复杂，精密度越来越高，产品更新越来越快。为大工业生产配套产品的城镇集体企业，虽然规模小，但是由于专门生产几种产品，熟能生巧，有利于企业自身的技术突破。同时，由于生产批量大、成本低、产品单一，技术设备比较单一，管理也比较简单，有利于其在全社会范围内实行专业化分工协作。

（二）区域集中，产品集群

如“十一五”期间，各地因企制宜、因地制宜，下功夫抓好区域特色经济发展。福建漳州集体企业联社与轻工行业协会联动，积极组织集体企业与外商合作，漳州因此成为世界著名品牌鞋生产基地。广西壮族自治区城镇集体企业联社大力抓好民族工业发展，引导组织众多中小集体企业不断探索“专、特、新、精”的路子，逐步形成了博白县编织工艺品、陆川县铁锅、荔浦县衣架、宾阳县小五金等4个特色地区经济，特色地区经济成为当地经济的支柱产业。

（三）劳动密集型企业多

由于历史的原因，城镇集体企业的生产和经营大都属于传统行业范畴，大都从事劳动密集型的加工制造业，容纳劳动力较多。城镇集体经济在不同历史时期为政府解决就业问题作出了较大贡献，如新中国成立初期开展手工业合作化，解决了大批失业工人的就业问题；20世纪60年代组建街道工业，解决了社会闲散人员的就业问题；20世纪70年代到20世纪末，安置了大批回城知青和职工子女就业以及从农村涌进城市的农民；进入21世纪后依然是城镇人员就业的重要渠道，为维护社会稳定作出了积极贡献。

（四）投资少、创业易、盈利大

如上海市徐汇区一家集体所有制街道工厂——永嘉仪表厂，是1958年由18名妇女组织起来的里弄生产组，当时每人拿出5元人民币凑起来作资金，一同搞加工生产和修理简单的热工仪表。该厂坚持走自力更生的道路，从生产的大发展中积累起扩大再生产的资金，并自行培养技术人才，大搞技术革新，自己动手造设备，生产日益迅速地发展。目前，该厂主要经营继电器及装置，双位温度调节器，温度、湿度调节器，pH值数字显示控制仪及敏感元件。

（五）点多面广，形式多样

我国城镇集体企业点多面广，生产的产品也多，与人们的生活密切相关，涉及城乡居民的衣、食、用、行、住、教、娱等各个方面，具有广阔的发展前景。随着经济的发展和社会的进步，城镇集体企业不断应用新技术、开拓新行业，如家用电器、塑料制品、羽绒制品、室内装饰、家具、玩具、灯具、五金、皮革、文体用品等诸多行业，有的从无到有，有的发展壮大，产品品种增多，技术含量提高，从更高层次上满足了人们生活的需要。与此同时，新兴行业的出现和传统行业的发展，进一步发展了城镇集体企业与其他行业和大企业的关联度，形成了与汽车行业、机械行业、房地产行业等配套，互相促进、共同发展的局面，同时也促进了商贸、餐饮、旅游、教育、咨询等第三产业的发展。

（六）与传统产业联系紧密

手工业和工艺美术产业是城镇集体经济的传统产业。如柳编产业是山东省临沂市临沭县出口创汇的特色产业之一，当地杞柳种植加工历史可上溯到1000多年前的唐朝时期。该县工艺美术公司强化“龙头”带动，推动了柳条编织行业的发展。2009年该县被命名为“中国柳编之都”，产品远销亚洲、欧洲、美洲、非洲的120多个国家和地区。扬州工艺美术集团有限公司紧紧围绕“做强企业、做响品牌、做优特色、做大规模”和保持全国领先的目标，2008年完成了扬州玉石料市场一期工程，启动了“工艺坊”项目建设，筹建了工艺美术一条街，引进了300家企业和商户入驻，形成了产销协作、功能互补的发展格局。据有关统计，目前全国工艺美术行业从业人员有1000多万人，其中包括443位中国工艺美术大师、3200位省级工艺美术大师和5000多位高级工艺美术师，这些人员大多来自轻工、文化行业和城乡集体企业，为我国手工业和工艺美术的发展作出了突出贡献。

总体而言，我国城镇集体经济具有企业多、队伍大、类型全、行业杂、分布广、战线长等特点，在运行机制、内部经济结构、利益关系以及同外界的经济关系等方面与国有企业均有所不同，具体表现在：

（1）群众性。集体经济组织是劳动者为了保护集体的共同利益，实现共同富裕，按照自愿互利的原则，共同出资组织起来的“手拉手，一起干”的群众性经济组织。它具有合作性和互助性。

（2）民主性。集体经济组织的职工（成员）既是劳动者，又是出资者，职工（成员）共同制定章程，规定治理结构，参加民主管理，职工（成员）的权利和义务是平等的，职工（代表）大会或股东大会是企业的最高权力机构，劳动者一般通过出资或按照章程取得对企业的控制权，采用“一股一票”或“一人一票”的形式进行决策。

（3）共有性。集体经济组织的集体资产是劳动者在共同劳动的基础上形成的共有资产。共有资产在共同共有关系存续期间不可擅自分割。共有资产用于集体事业的发展和职工（成员）的共同富裕。

（4）兼容性。集体经济组织可以兼容合作制与公司制的特点，融合劳动与资本要素，采用合作制、股份合作制、公司制等作为企业的基本组织形式，形成一种以员工持股为特征的集体资本、国有资本、私人资本合作共赢的混合所有制经济。

（5）灵活性。集体经济组织一般集聚在竞争领域，在市场经济的“夹缝”中生长，需要因时因地创造新形式，以适应市场经济和社会发展的需要，凸显集体经济强大的生命力。

第三节

城镇集体经济的改革与发展

一、城镇集体经济的改革

城镇集体所有制经济是我国特定历史时期的产物，在其几十年的发展过程中，为我国社会主义建设作出过巨大贡献。随着改革开放的深入发展以及社会主义市场经济体制的逐步建立，城镇集体经济作为公有制经济的重要组成部分虽然仍保持了相当的比重，仍是一支不可忽视的重要力量，但与迅猛发展的非公有制经济相比，它的发展后劲严重不足，制度性、结构性方面的矛盾日益突出。特别是随着我国经济由卖方市场全面进入买方市场，城镇集体企业的生存空间发生了重大变化，市场容量日趋狭小，与集体企业传统的依靠数量扩张发生了尖锐矛盾，竞争对手更多、更强，对集体企业相对减弱的机制优势构成极大的威胁。在实力、技术、设备、管理方面，城镇集体企业不如国有企业、三资企业；在经营机制方面，城镇集体企业又不如民营企业。集体所有，而劳动者实为“空有”是传统集体所有制僵化模式的缺陷，违背了我国现阶段生产力发展的水平，挫伤了劳动者的生产积极性，限制了企业生产经营活力。

改革开放以来，我国对城镇集体企业进行了一系列改革，收到了较好的效果。但是，这些改革仍然没有从根本上解决企业产权这个关键问题。随着宏观经济体制改革的逐步深入，一部分城镇集体所有制企业开始以产权制度改革为重点的企业制度创新，尤其在20世纪90年代，以职工持股为特征的股份合作制企业与职工持股公司（包括有限责任公司和股份有限公司）大量出现，形成国有、集体、个人产权相结合的混合所有制经济。改革创新促使城镇集体经济发生了深刻变化：传统单一的企业产权结构逐步向产权主体多元化转变，传统单一的企业组织形式向多种实现形式转变，传统封闭的经营方式向社会化经营方式转变，传统生产经营体制向资本运营体制转变，传统企业制度逐步向现代企业制度转变。改革促进了城镇集体经济的发展，取得了明显效果。

党的十四届三中全会通过的《中共中央关于建立社会主义市场经济体制若干问题的决定》指出："现有城镇集体企业，也要理顺产权关系，区别不同情况可改组为股份合作制企业或合伙企业。有条件的也可以组建为有限责任公司。少数规模大、效益好的，也可以组建为股份有限公司或企业集团。"《中共中央关于建立社会主义市场经济体制若干问题的决定》提出了城镇集体经济改革的五种形式。根据《中共中央关于建立社会主义市场经济体制若干问题的决定》的精神，城镇集体经济改革与发展的目标模式应该是：产权明晰，经济形式多元化；行为规范，企业行为市场化；机制灵活，经营机制自主化；管理有序，宏观管理间接化，最终实现经济运行高效化。

所谓经济形式多元化，是指城镇集体经济的改革要从实际出发，选择适合自己条件和特点的组织形式。根据我国城镇集体经济发展的现状，一部分集体企业可重新办成合作制企业。大多数集体企业可改造成既坚持合作制的原则又吸收股份制的某些形式、集劳动合作与资金合作于一体的股份合作制企业。少数规模大、效益好的企业，可以组建为股份有限公司或有限责任公司。开展经济联合，组建企业集团，是加快城镇集体经济发展的重要途径。一种方式是以大中型骨干企业为依托，组建企业集团；另一种方式是以名优产品为纽带，开展专业化协作，这是发展名优产品的有效途径。组建合伙企业也可为严重亏损的集体企业开辟一条生路。

所谓企业行为市场化，是指城镇集体企业是独立的商品生产者和经营者，应成为市场经济的主体。在生产经营中，以市场为导向，调查市场、研究市场。通过优化产品结构，生产适销对路的产品。还要强化各种营销手段，优化服务，创新竞争，不断提高产品的竞争力。争取开拓国际市场，促使产品营销国际化。

所谓经营机制自主化，是指城镇集体企业作为独立的商品生产经营者，应具有自主经营、自负盈亏、自我发展、自我约束的经营机制。这种经营机制的特点如下：一是在国家宏观调控下实行市场调节；二是企业自主安排生产经营活动；三是企业自负盈亏、自担风险；四是企业自我积累、自我发展。城镇集体企业这种灵活的经营机制，使企业具有内在的优势和旺盛的生命力。

所谓宏观管理间接化，是指根据社会主义市场经济的要求和城镇集体经济的特点，国家对城镇集体经济的管理只能采取间接管理的方式。在间接管理方式下，国家不再向城镇集体企业下达指令性计划指标，不再直接管理企业的人、财、物、供、产、销，而是运用经济杠杆调节市场机制各构成要素的关系，再通过市场机制各构成要素的预期变动引导企业的经营决策，使企业在追求自身利益的过程中实现国家的社会经济目标。城镇集体经济经过改革，真正达到产权明晰、行为规范、机制灵活、管理有序，其运行必将实现高效化。

城镇集体经济改革是建立和完善社会主义市场经济体制的需要。建立和完善社会主义市场经济体制的首要任务是完善以公有制为主体、多种所有制经济共同发展的基本经济制度。要实现这个目标，必须坚持公有制的主体地位，毫不动摇地巩固和发展公有制经济；必须积极推行公有制的多种有效实现形式，进一步增强公有制经济的活力；必须大力发展国有资本、集体资本和非公有资本等参股的混合所有制经济，实现投资主体多元化。集体经济是公有制经济的重要组成部分，要实现这个目标，需要进一步巩固和发展集体经济；需要集体经济进行制度创新，建立起归属清晰、权责明确、保护严格、流转顺畅的现代产权制度，进而建立现代企业制度，推动多种形式集体经济的发展，以适应多层次社会需求、多层次生产力发展需要。

城镇集体经济改革是适应我国全面建成小康社会新形势的需要。集体经济在我国经济社会发展过程中发挥了重要作用。在实现全面建成小康社会的目标中，集体经济仍是一支不可忽视的重要力量，要继续发挥这个作用，传统的集体经济必须加快推进改革，通过改革集体企业的体制、机制，使其在市场竞争中更具活力和效率。

城镇集体经济改革是集体经济自身发展的需要。长期以来，传统集体企业沿用国有企业模式管理，政企不分，企业成为政府部门的附属物，失去应有的经营管理自主权和资产的独立地位；企业产权关系不清，归属不明，出资人空缺；产权主体单一，即财产归劳动群众集体所有，排斥了职工个人财产所有权，封闭凝固，排斥了社会法人、自然人的投资参股；企业资产不能按市场机制合理流动和配置；企业组织形式单一；机制呆滞，缺乏激励和约束机制，后劲乏力。这些弊端与市场经济的要求已严重不适应，制约着集体经济的发展，是企业生产经营陷入困境的重要原因。因此，集体经济要发展，传统的集体企业必须以明晰产权为重点进行深化改革，从根本上建立起适应市场经济的运行机制，恢复企业内部的活力和动力。

二、城镇集体经济的发展

20世纪90年代以来，随着经济体制改革的逐步深入，城镇集体经济加快了以明晰产权为重点的改革步伐，并朝着投资主体多元化等多种实现形式的方向迈进，促进了集体经济的新发展，改革与发展取得明显的效果，主要体现在以下六个方面。

（一）城镇集体经济制度、体制发生了深刻的变化

大量的传统集体企业通过产权制度改革，产权主体逐步得到明晰。传统企业单一的产权结构逐步向产权主体多元化转变，传统单一的企业组织形式逐步向多种实现形式转变，传统的生产经营方式向社会化经营方式转变，传统的生产经营体制向资本经营体制转变，传统的企业积累方式向资本集聚方式转变，传统的企业产权制度逐步向现代产权制度转变，传统的企业制度逐步向现代企业制度转变，传统的分配方式向以按劳分配为主、多种分配方式并存的分配方式转变，传统的管理体制向政企分开的管理体制转变。经过改革，城镇集体企业成为资产由职工个人所有、企业集体占有的产权明晰的市场主体。从企业资本结构看，有职工个人股、集体股、社会法人股；从资产形态看，有以现金、实物表现的有形资产，也有以技术、信息、管理等生产要素折股的无形资产；从分配制度看，实行了按劳分配为主、各种

生产要素参与分配的分配形式，极大地激发了生产者和经营者的积极性。如长春市灯泡电线有限公司，是由1956年的鞋带合作社发展起来的。改革中，该公司一直坚持职工全员持股，总经理仅占1.2%的股份。公司坚持民主管理，坚持走共同富裕道路，职工心齐气旺，公司后劲很足，现已成为有名的汽车线束配套厂，为国内外很多高档汽车配套，是国家级汽车零部件出口基地，年销售额超过10亿元。

（二）投资主体多元化的企业迅速发展

改制以来，传统集体企业（主要是轻工集体企业）大量减少，多元投资主体企业却迅速发展，1998年与1996年相比，年均增长70%。据2000年统计，100多个县以上集体企业中改制为股份合作制、有限责任公司的占企业总数的78%，还有的组建企业集团，以实施联合、兼并、租赁、承包、中外合资、出售、合伙、私营、公有民营等。

（三）经济效益明显提高，企业发展速度加快

2002年，全国规模以上集体（含股份合作制）工业企业实现总产值13644亿元，占全国工业总产值的比重为12.4%，与2000年相比，虽然比重有所下降，但其发展速度加快了2.2个百分点，达到12.7%。企业集体资产逐渐增加，经济实力增强。国家统计局资料显示，2000年与1998年相比，虽然规模以上集体企业数量大幅减少，但平均每户企业的资产由1867万元增加到2682万元，增长了43.7%。企业的经济效益大幅提高。四川省轻工行业办公室对全省轻工集体企业改制前后主要经济指标变化对比情况所作的分析显示，改制前的1998年底与改制后的2003年6月相比，集体企业数量减少86%（603个），但亏损企业的比重大幅下降，由改制前的47%下降到改制后的22.4%，企业亏损额由原来的1.9亿元减少到581万元，产品产销率由95%提高到98.55%，利税总额由1021万元增加到8774万元，利润由-14293万元增加到3804万元。

（四）集体经济仍是城镇就业的一个主渠道

在20世纪80年代和90年代初，集体企业就业人数占城镇就业总人数的20%以

上，占城镇安置总劳动力的30%以上。尽管近年来城镇集体企业的就业人员大幅减少，但到2003年第三季度末，其就业人员仍有1078万人，与国有单位的就业人员合计达到8139万人，占城镇就业总人数的74.6%。轻工行业在2003年1—7月，其集体和股份合作制企业就业人员为186.7万人，国有企业为114.87万人，私营企业和合伙企业为98.9万人，集体企业就业人数是最多的。这表明集体经济仍然是城镇就业的主要渠道之一。

（五）多种形式的新型集体经济组织不断涌现

目前城镇集体经济主要有以下五种实现形式：第一，集体资本共同共有的企业，包括联合经济组织全额投资兴办的集体企业。第二，职工持股的股份合作制企业。在这类企业中，职工既是劳动者，又是所有者，职工与企业形成了命运共同体，有利于发挥企业内在潜力，促进企业较快发展。第三，以集体资产、职工资产参、控股与国有、私人资产共同组建的混合所有制企业。这类企业有利于发挥市场对资源优化配置的作用，充分利用企业和社会力量发展生产、服务社会，因此出现了许多效益显著的企业。如新疆特变电工股份有限公司，其经过17年的创业发展，从一个街道集体企业发展为中国变压器行业首家上市公司，成为“中国变压器行业第一股”。该公司的产销量、净利润、人均利润率、人均劳动生产率等指标均居全国同行业首位。第四，集体资本参、控股的中外合资企业。这类企业利用自身的有利条件，吸纳国外的资金和先进技术与管理，面向国内外两个市场，使企业得到了新的发展。如天津美术颜料厂，其是1956年成立的集体企业，先改制为股份合作制企业，后又与英国企业合资成立了柯雅美术材料有限公司，年销售额在2亿元以上。第五，劳动群众新办的合作社企业。这类企业把弱势群体组织起来，发展生产，创造了工作岗位。如上海市退休干部王翠玉创办的女子实验函授进修学院，其对1.5万名上海城乡下岗女工、失地农民、外来媳妇进行手工编织技能培训，组织新办了17个姐妹手工编织合作社，使上千名弱势妇女有了工作和收入。如湖北黄冈地区上万名妇女搞“挑花”工艺品生产，年销售收入1亿多元。这些形式适应了我国不同层次生产力水平和市场的需要。随着改革的不断深入和企业形式多样化的发展，集体企业吸纳了社会资本并加快发展，同时，集体资本也扩展到各类所有制经济中，对增强公有制经济的控制力、促进多种所有制经济发展起到了积极作用。

（六）在结构调整和发展方式转变中实现产业创新，推动了现代工业化和城镇化的发展

城镇集体经济具有较强的兼容性，能在各行业中发展。城镇集体经济在改革与发展中注意正确处理高新技术产业和传统产业、资金技术密集型产业与劳动密集型产业的关系，在加快结构调整和发展方式转变中，涌现出一批大型骨干企业和国内外知名品牌，如海尔、彩虹、春兰、穗宝床垫、东宝药业、宝硕集团、运城制版等。很多企业主动连接现代产业链，增强了协作配套能力。如武汉市工程塑料有限公司，其实行员工控股制，集体股占38%，职工股占40%，经营者股占22%，激发了企业职工内在发展动力。该公司主动与高等院所合作，建立产品技术创新体系，融合企业内外各种资源，发展神舟五号、神舟六号载人飞船和其他国防工业的配套产品，其与大专院校合作开发的新型聚四氟产品，已用于“神五”“神六”“嫦娥一号”等，为航空航天工业配套作出重要贡献，公司多次得到中央军委和航天部门表彰。

第四节

当前城镇集体经济发展面临的主要问题

虽然改革开放以来城镇集体经济得到了较快的发展，但与乡村集体企业、国有中小企业相比，城镇集体企业发展并不快，存在着以下问题。

一、集体经济改革和发展的探索，仍处于相对滞后的状态

从20世纪90年代末期开始，城镇集体经济人员、规模、效益持续下滑，地位下降、职工工资水平偏低，社会保障不足，管理体制不顺，优惠政策取消，统计渠道不畅，集体经济“消亡论”、集体资产“退出论”应运而生，“一卖了之”风起云涌，数百万集体职工或“买断身份”后下岗，或发生活费“离岗”，或在企业解体后失业，成为弱势群体。在媒体看来，集体经济成为“被遗忘的角落”。党和国家的方针一直是鼓励集体经济发展的，但现实中集体经济特别是城镇集体经济却处于被“边缘化”的尴尬境地[1]。

20世纪90年代，集体经济产权制度改革拉开序幕，先以股份合作制为主，后以公司制为主，改制后企业不再叫集体企业了。“消亡论”“退出论”衍生后，一些地区以“下指标、赶进度”的方式推行改、转、租、卖运动，对活力不足的集体企业，实行“甩包袱”“收产业”“一卖了之”，把出售集体企业、转让集体资产作为加快私营经济发展的重要措施；一些有活力、有潜力的企业又被通过“资产整合”收编到国有经济中，形成“改一个少一个、卖一个少一个、转一个少一个”的局面。这是城镇集体经济被“边缘化”的最直接原因。

---

[1] 中国合作经济学会城镇集体经济研究专业委员会：《关于城镇集体经济未来发展问题的意见与建议》，《中国集体经济》2013年第11期。

政策变化是城镇集体经济被“边缘化”的社会原因。20世纪90年代中期，当城乡集体经济总量超过国有经济的时候，许多政策发生了变化：取消优惠政策，不让国有企业投资或借款开办集体企业，把借款开办集体企业和免税形成的集体资产界定为国有资产，统计部门不再单独统计集体经济，统计部门和工商部门坚持职工入股的集体企业只有放弃所有权，才是集体企业。职工入股组建的股份合作制企业按私营企业登记，把职工出资创办的集体企业界定为“假集体”。加快个体私营经济和三资企业发展的许多政策比支持集体经济发展的政策还优惠。

法制建设滞后是城镇集体经济被“边缘化”的重要原因。1991年国务院颁布的《城镇集体所有制企业条例》在执行过程中遇到许多法律问题，群众呼吁尽快制定《城镇集体所有制企业条例实施细则》；在基层，集体资产处置争议很多，集体资产管理既不规范又不到位，群众呼吁尽快制定《城镇集体资产管理办法》；员工持股是一种趋势，责权利及相关行使问题很多，影响改制正常进行，群众呼吁尽快制定《员工持股条例》或《员工持股办法》。但上述条例始终未被列入立法议程。集体资产条例制定了对侵犯企业和职工合法权益行为追究法律责任的条款，一些地方和单位公开散布“条例滞后”舆论，使侵吞和平调集体资产的行为以及侵犯企业和职工合法权益的行为屡禁不止，且没有人追究。

私有化倾向是城镇集体经济被“边缘化”的诱因。从摆脱“二国营”模式、恢复集体经济本质特征入手，建立产权清晰、权责明确、政企分开、管理科学的现代企业制度的方向是正确的。从实际出发、激发内生增长活力的改革，解放和发展了生产力。而以私有化为目的，造成集体资产流失、员工大部分下岗的改革，肥了个别人，亏了多数人，加剧了贫富两极分化，并没有解放和发展生产力。股份合作制使股份制与合作制有机结合，专家学者却说它是“戴红帽子”“非驴非马”“搞股权平均主义”，不如大大方方搞私营经济。“诸城二次改制”模式，把多数人持股的股份合作制转变为少数人持股的股份制，在全国产生了负面影响。私有化的改革倾向，使股份合作制改革“刹车”、员工持股受阻、“一卖了之”过头、注册登记没有集体企业的份了。

二、有关集体企业的一些基本认识和政策始终未予明确

党的十五大、党的十六大都充分肯定了集体经济的地位、作用，提出了深化集体企业改革的要求，但往往落实不到位。一些受西方经济学影响的人认为，集体所有制经济已经不适应市场经济发展的需要，应该趋于消亡。还有一种观点认为，集体企业的产权不明确，产权不明确就无法进行交换，无法进入最佳配置的交易过程，所以集体经济制度必然在市场经济的发展过程中被淘汰。也有学者认为，从集体经济制度中劳动与资本的关系来说，集体经济制度的内在缺陷在于劳动与资本的矛盾，即根据什么来分配劳动成果的矛盾。综上，大多数人认为传统意义的集体经济将由于内在缺陷而必然趋于消亡。目前，社会各界对发展集体经济也普遍“唱衰”，有人认为，集体经济已失去了传统优势，享受不了国有企业的优惠政策，又不具备民营企业的活力，所以政府不需要引导与扶持，应任其自生自灭；还有人认为，在“国退民进”的呼声中，在国有经济战略性调整的背景下，公有制是手段，只有发展生产力才是最终目的，因而，生产力水平较低的集体经济可有可无。社会舆论导向的偏差，导致人们对集体经济的基本认识始终未予明确，阻碍了城镇集体经济的推进和发展。有些部门甚至认为，国有经济要从一般竞争性领域退出，集体经济更应该退出；有的认为集体企业产权制度改革要以集体资产退出为主线，把集体共有资产“分光”“卖光”；有的认为集体经济不代表先进生产力，在市场经济中必然“消亡”；等等。由于认识上的偏差，在实际工作中对集体经济改革发展不重视、不支持甚至对其加以歧视。对集体企业的基本认识和政策方面存在的问题主要表现在以下三个方面。

（一）社会舆论导向的偏差

集体经济是公有制经济的重要组成部分，但是在舆论界很少听到关于集体经济的声音，往往只在宣传国有经济时，把集体经济与个体经济、私营经济相提并论；或者在宣传非国有经济时，又突出个体经济、私营经济，不讲各种新型集体经济的

蓬勃发展，使人们错误地认为集体经济过时了。现实中，只要一提集体经济，马上就会有人说："哪儿还有集体经济？""集体经济不就是'一大二公'吗？"时代和人员变化了，理论工作者和公务人员中的多数人对集体经济并不了解，甚至起草有关集体经济改革指导意见的一位同志说，"什么大集体、小集体、新集体、老集体，我全不知道"。"以其昏昏，使人昭昭"是不行的。让不了解集体经济起源、概念、实践和创新发展走向的同志起草鼓励支持集体经济发展的政策法律，确实是勉为其难。

（二）对集体企业的改制方向不明确

有的地方政府可随意规定本行政区域内的集体企业的资产归全民所有，或者以"公有资产"为名将集体资产划归国有。有的在改制过程中非法挪用集体资产，或者使其流入私人手中，低价出售、强行并吞等造成集体资产严重流失，致使集体企业经济实力严重削弱。

（三）不合理地干预企业改制

城镇集体经济改制，制订改革方案是职工的权利，应由职工代表大会讨论决定。但一些地区采用向本企业职工出售企业资产的改制方法，若有的职工出不起钱，就丧失购买的机会；有些地区采取出资买断职工工龄的做法。这样做，违背了《城镇集体所有制企业条例》，经营者如果以低价获得较大比例的集体资产，还会造成集体资产流失，引起职工心理不平衡，极易导致社会不稳定。

三、缺乏法律规范和政策支持，企业改革政策环境不平等

截至2014年6月底，全国已成立农民专业合作社97207个，参与农业产业化经营龙头企业2340个，综合服务社超32万个。农村集体经济近年来迅速发展，得益于2006年颁布与实施的《中华人民共和国农民专业合作社法》。而非公有制经济中的外资企业、私营企业，也随着我国外资企业法和个人独资企业法的相继出台，有了坚实的法律保障。在国民经济中占有重要地位的城镇集体经济至今没有一部专属的

法律，也使得企业改革与前进的方向不明。

同是公有制经济，城镇集体企业的改革、改制政策不如国有企业，主要体现在集体企业改革成本无国家政策支持。企业改革成本包括改制程序费用、各种职工安置费用、职工身份置换经济补偿金和因处置企业不良债务产生的费用。为了解决国有企业的困难和国有企业职工基本生活保障等问题，国家出台了一系列政策法规，而集体企业没有相应的政策法规依据，也不能享受国有企业能享受的政策。如国有企业职工下岗分流，国家给予基本生活费，财政、社保、企业三家给予补助或补偿，下岗人员可领取优惠证，而集体企业职工下岗分流则没有这些待遇，也领取不了下岗就业优惠证；国有企业职工解除或改变劳动关系，国家允许给予其经济补偿，允许用现金或国有净资产置换身份，集体企业则无此政策。由于集体企业改制成本无人帮助承担，因此职工基本生活缺乏保障，这制约了集体企业深化改革，也成为影响社会稳定的因素之一。

国有企业破产依据的是《中华人民共和国企业破产法（试行）》、《国务院关于在若干城市试行国有企业破产有关问题的通知》（国发〔1994〕59号）、《国务院关于在若干城市试行国有企业兼并破产和职工再就业有关问题的补充通知》（国发〔1997〕10号），以及最高人民法院的相关司法解释。而集体企业破产只能依据《中华人民共和国民事诉讼法》第十九章中有关企业法人破产还债程序的条例。

国有企业破产兼并与集体企业主要的政策差异主要表现在以下三个方面：一是国有企业破产时资产变现首先用于安置职工，集体企业破产时资产变现则首先用于归还债务；二是国有企业破产时职工安置费由财政兜底，集体企业破产时则财政概不负责；三是国有企业依据《中国人民银行、中国工商银行、中国农业银行、中国银行、中国人民建设银行关于停产整顿、被兼并、解散和破产企业贷款停减缓利息处理问题的通知》等规定，银行债务可相应享受停息挂账、还本免息等优惠，集体企业则不能享受。《中华人民共和国中小企业促进法》及相关配套政策所规定的各类所有制中小企业平等对待的政策，在实际执行中对集体企业难以落实，形成事实上的不平等。

过去集体企业的许多政策一直是参照国有企业的政策执行，现在国有中小企业改制政策较明朗，改制进展快，而集体企业由于基本法律关系不同，无法参照有关政策，使得其在改革与发展中遇到的许多政策问题无法及时解决。

四、企业产权关系复杂，难以界定集体资产的利益主体

城镇集体企业由于创建时间不同，经济成分千差万别，资产形成的情况相当复杂：有些企业由于历史原因，会计资料不健全；有些企业虽然初始投资较为清晰，但对经营过程中追加的投资无法进行具体划分；还有些企业的资产归属已变更，无法界定法人财产权，再进行处置时，已然成为“无源之水”。诸多因素造成了集体企业产权关系不清的现状，主要体现在以下四个方面：

（一）产权关系模糊

不同类型的城镇集体企业产权关系演变及利益主体有不同的情况。在合作社基础上发展起来的集体企业，在社会主义改造初期，产权关系和利益主体是清晰的。“转厂过渡”以后，采取退还股金、停发股息、取消分红等方式，实行财产“归大堆”，采取国有企业的管理办法，集体企业的产权关系就模糊了。

（二）企业资产来源复杂

从企业资产的构成看，有联社资产、有企业几代劳动者劳动积累形成的共有资产、有职工出资的股金及增值、有国家政策扶持形成的共有资产等。

（三）企业职工构成复杂，人员变动大

从城镇集体企业职工的构成看，有出资入股的、有计划经济时期国家招收和调配的（以学生、复退军人等为主）、有从国有企业调入安排的干部和富余职工等。

（四）政策法规不够明确，产权界定困难

目前，集体企业产权界定所依据的政策法规主要是1994年国家国有资产管理局

发布的2号令《集体企业国有资产产权界定暂行办法》，1996年由国家经贸委、财政部、国家税务总局发布的《城镇集体所有制企业、单位清产核资产权界定暂行办法》（国经贸企〔1996〕895号）、《城镇集体所有制企业、单位清产核资产权界定工作的具体规定》（财清字〔1996〕13号），以及中国轻工总会、中华全国手工业合作总社、国家税务总局颁发的《轻工业企业集体资产管理暂行规定》（轻总调〔1997〕22号）。这些政策规定对属于国家、集体、个人、各类经济组织的财产权进行了界定，但是它仅解决了投资人明确情况下的产权界定，而对于劳动群众集体所有的资产的产权主体，以及企业成员边界则未作具体规定。

五、管理体制不顺，缺乏有效的监督约束机制

多年来，由于国家对城镇集体企业多头管理、条块分割，对有关集体企业的改革没有统一部署，更没有操作性强的具体指导意见，缺乏统一有效的监管机构和手段，加之集体企业多数是从小手工业、小作坊、小商品经营开始的，设备能力、技术水平、职工素质等方面与国有、三资企业都有明显差距。城镇集体企业粗放经营、盲目投资、技术更新改造慢与低水平重复建设等问题十分突出。通过清产核资发现，90%以上的城镇集体企业存在着账实不符的问题，约15%的企业没有任何日常生产经营活动台账，企业基础管理无章可循，缺乏规范的日常资产、财务监督机制。

《中华人民共和国宪法》曾对公有制企业类型作出过划分，但是，历次修宪均未在明确集体所有制含义方面有任何突破。目前，城镇集体企业在运行中，无论是对劳动用工、分配制度、员工利益保障等方面，还是对企业领导人员的考核管理、任免等方面，都没有专门的监督办法。政府近年来对国有企业强调出资人地位并强化产权管理，而根据集体所有制的性质，对集体企业只要求企业进行自主管理，这就导致外部监督相对乏力。就企业本身来说，根据《城镇集体所有制企业条例》的规定，企业的职工（代表）大会是最高权力机构，企业实行自主经营、民主管理。

但在实际运作中，上述规定有时无法落到实处，形成企业内部职工或职工（代表）大会的监督虚化、不到位，时常造成谁经营、谁支配的现象。加上集体企业所有权的分散化，企业财产的实际控制权就掌握在少数人手中，较易产生弊端。此外，我国城镇集体企业大多为中小企业，实行“低工资、高积累”，集体共有资产是企业几代人的劳动积累。以劳动积累回报职工又是集体经济重要的分配形式。因此，集体共有资产的权益理应归全体劳动者共同分享（包括退休职工）。但是，集体共有资产出资人没有明确的合法地位，因而集体资产常被误认为“模糊资产”“无主资产”。在集体企业改制中，往往出现把全部共有资产分到个人手中作为明晰产权的目标，或是把集体资产全部量化给在职职工等问题，致使部分劳动者的权益受到侵害。

第五节

推动城镇经济发展的理论思考

新时代深化城镇集体经济改革与发展总的思路是：以习近平新时代中国特色社会主义思想为指导，贯彻落实党的十九大和党的十九届三中、四中、五中全会精神，坚持科学发展观，解放思想、实事求是、与时俱进，从集体经济的实际出发，进行制度改革、体制创新。深化集体企业改革，以明晰产权归属为重点，建立现代产权制度，做到产权归属清晰、员工权责明确、资产保护严格、股份流动顺畅，进而建立起与市场经济体制相适应的现代企业制度；大力发展以职工持股为主要特征的集体经济多种有效实现形式；企业改制要与调整结构、改造技术、改进管理、改善环境相结合。加快集体经济发展，为实现共同富裕、保持经济与社会统筹协调发展、全面建设社会主义现代化国家作出新的贡献。

一、加快制定城镇集体所有制经济深化改革与发展的相关政策

（一）尽快研究制定全国性的进一步深化城镇集体企业改革的指导意见

为了指导和帮助各类城镇集体企业（包括厂办集体企业、由国有中小企业转制而来的集体企业）进一步深化改革，鼓励和支持集体经济的多种有效实现形式的发展，建议国家发展改革委和有关部门尽快制定全国性的进一步深化城镇集体企业改革的指导意见。其内容可包括：明确集体企业改革的方向、目标和途径，推动集体企业逐步建立现代企业制度；大力发展以劳动者“两个联合”为主的多种形式的集体经济；改革的政策措施要从稳定大局出发，切实解决职工就业、生活保障问题，保护企业的自主权和集体资产所有者的合法权益。

（二）抓紧制定促进股份合作制企业发展的指导意见

股份合作制企业是我国改革中群众创造的新事物，是中小企业制度创新的有效形式，也是集体企业、国有企业改制的重要途径，目前在城乡大量存在。建议有关部门制定全国性的促进股份合作制企业发展的指导意见，以进一步指导和规范股份合作制企业的新发展。

二、加快集体经济立法，以法律保障多种形式集体经济的健康发展

（一）加快合作经济组织的立法进程

改革开放以来，合作经济组织迅速发展，但城乡合作社至今没有明确法律地位，无法在工商部门注册。建议有关部门依据《中华人民共和国宪法》的有关规定，进行深入调查和专题研究，借鉴国外已制定合作经济法的国家和地区的经验，起草我国的合作经济组织法，通过法律来规范合作经济组织的行为，保护合作经济组织的合法权益，以促进各类合作经济快速健康发展。

（二）尽快制定集体资产监督管理条例或集体资产监督管理办法

多年来，集体企业在改革发展中存在着集体资产被平调、侵占的现象，加之在企业改制中对集体资产的处置缺乏法律规定和法律保障，使集体资产严重流失。建议国务院有关部门尽快制定集体资产监督管理条例或集体资产监督管理办法，确立集体资产的出资人；规范集体资产的产权转让与变更，建立集体资产的运营与监督管理机制，健全规章制度，实行民主监督，维护所有者权益，使集体资产的所有者、经营者、管理者和监督者各司其职、各负其责，推动集体企业建立现代产权制度。

（三）制定职工持股会管理办法或职工持股公司管理规定

职工持股是改革的必然趋势，国外企业普遍存在职工持股现象。我国有关部门规定，公司职工持股会不具有法人资格，不能进行本公司以外的其他投资活动，只能成为本公司内部职工股的管理组织。这种规定有悖于党的十六届三中全会关于建立现代产权制度和“有利于各类资本的流动和重组，推动混合所有制经济发展”的

要求。应当制定职工持股会管理办法或职工持股公司管理规定，确立职工持股会的合法地位，使职工持股会（公司）规范运行。

三、改善集体企业改革改制的政策环境

（一）采取切实措施解决集体企业改制成本的支付

（1）集体企业改制应按规定支付拖欠职工的工资、生活费、医疗费、集资款，企业欠缴的养老、医疗、失业等社会保障费用以及欠缴的职工住房公积金。这些费用应在企业产权界定前由企业出资各方共同承担。

（2）集体企业改制在依法解除职工劳动关系时，应比照国有企业的政策给予经济补偿金。经济补偿金按照不低于同一地区国有企业职工的补偿标准发放。经济补偿金可以采用现金方式支付，职工被新企业重新录用时，经济补偿金也可以作为个人在新企业的股权或债权。经济补偿金在原改制企业的资产处置时优先支付。

（3）集体企业改制成本由企业、联社、各地政府共同承担。职工安置费用，原则上由改制企业自身的资产解决，若企业存在缺口，不足部分应允许从土地转让收益中按一定程序纳入改制成本。若仍有不足，则由财政予以支持，负责兜底解决集体企业职工安置费用。这是因为，长期以来集体企业创造的纯收入，大多通过各种税费形式上缴国家财政，构成国家财政预算收入的组成部分；集体企业还安排了大量人员就业。集体企业同国有企业一样对国家经济建设和社会稳定作出积极贡献，现在集体企业改制，职工应当与国有企业职工享受同等政策待遇。

（4）允许长期亏损、资不抵债的集体企业，按照《中华人民共和国企业破产法》的规定依法实施破产，享受与国有企业同等政策待遇。银行债务较多但尚有发展潜力的集体企业应本着既有利于困难企业减轻债务负担，又有利于银行减少呆账、坏账的原则，允许改制集体企业的银行债务享受免息或打折还本等政策。

（二）允许各类集体企业在新时期的各项政策与国有企业、三资企业、私营企业享受同等待遇，公平竞争

对职工持股企业给予信贷、税收扶持；消除集体企业在产业准入、融资信贷、股票上市等方面的体制和政策障碍。

（三）对深化改革的股份合作制企业应给予政策支持

股份合作制企业职工未改变原来身份、未得到经济补偿的，在深化改革时，应改变身份，同时给予经济补偿，经济补偿标准应不低于同一地区国有企业职工的补偿标准；对股份合作制企业深化改革后仍然保持"职工持股"的企业，允许其享受政府有关部门制定的私人企业享有的优惠政策以及街道合办企业的税收政策。

（四）适当提高集体企业退休人员的低保补助标准

对因企业长期关停无经济活动、未参加基本养老保险社会统筹且无力缴纳基本养老保险统筹费的集体企业退休人员，建议在目前低保标准的基础上，适当提高救助标准，妥善解决这部分职工的基本生活保障问题。

（五）放宽再就业优惠政策对象及范围

允许集体企业离岗职工享受国有企业离岗职工再就业优惠政策，在就业培训、经营场所、税费减免和小额贷款等方面，享受与国有企业下岗失业人员同样的就业扶持政策。

（六）鼓励和支持设立城镇集体经济改革发展基金

建议各地政府结合《中华人民共和国中小企业促进法》的实施，在扶持中小企业创业发展基金中划出一部分专项资金用于对职工持股企业的支持。国家也要鼓励有条件的联社和企业利用共有资产设立发展基金。发展基金主要用于发展生产、提高职工福利（包括退休职工的养老保险补充）、激励人才、开展培训、合作互助等。这样做有利于维护全体劳动者的利益，也能使发展基金成为新老职工股权转让的蓄水池。

四、加强对集体经济的宏观管理和政策指导，形成政府、联社、学会、企业互动的指导管理体系

我国城镇集体经济大都是中小企业，点多面广，形式多样，产权归属各不相同。当前，集体企业深化改革和新型集体经济的发展急需社会和政府的指导与帮助。建议国家发展改革委作为集体经济管理指导的主管部门，适时为集体经济的改革与发展制定经济政策和发展规划，实行宏观管理和政策指导；改善政府部门对集体企业的服务体系，创造集体经济在市场运行中良好的政策、法律环境。

要积极指导和支持联社的改革创新，充分发挥联社的作用。例如：中华全国手工业合作总社和所属各级联社组织，自20世纪50年代建立以来，对促进全国手工业社会主义改造和城镇集体经济改革与发展，以及保持社会稳定等作出了重要贡献。在新的历史时期，总社、联社通过改革创新，必将具有更广阔的发展空间，更好地发挥作用。充分发挥总社、联社等联合经济组织的作用，赋予其职能，给予其支持，使其成为我国城镇集体经济组织的指导者和服务者。联合经济组织是企业之间进行联合、合作、谋求共同发展的客观要求，也是市场经济体制下中小企业维护共同利益的重要形式。鉴于各地情况不一，联社改革的模式要从当前实际出发，政府应支持联社通过行政支持类事业单位、协会、企业联合体等多种途径来实施改革，帮助联社成为新型集体经济的宣传者、中小企业合作互助的组织者，成为政府联系企业的桥梁和纽带，为集体经济组织和中小企业发展提供指导与服务。

要充分发挥集体（合作）经济学会及各类集体（合作）经济研究机构的作用，积极开展理论和政策研究，为企业提供咨询服务，逐步形成一个适应市场经济需要的集体经济互动指导管理体系。

五、建立集体资产监管组织，加强集体资产的监督管理

建立现代产权制度是完善社会主义基本经济制度的内在要求，是构成现代企业制度的重要基础。在建立现代产权制度的过程中，凡是有共同共有集体资产的企业

或组织都应建立集体资产运营与监督管理机制，明确集体资产的所有者、经营者、管理者和监督者，并以法律法规明确各自的职责与权益。按照法律的规定，所有者必须是法人或自然人才可以作为出资人，成为投资主体。所有者是一个群体，但不具备法人资格的，不能作为投资主体。因此，有集体资产的企业、组织需要由成员（代表）大会作出决议，确立或建立一个负责管理集体资产的组织，负责集体资产管理，行使出资人职能，但它必须是登记注册的法人。集体资产具有多层次的特性，有按份共有的集体资产，有共同共有的集体资产。共同共有的集体资产，包括本企业范围内劳动群众共同共有的集体资产、社区范围内劳动群众共同共有的集体资产、联合经济组织或集团公司范围内劳动群众共同共有的集体资产等。从集体资产的分布来看，一个经济运行载体中的集体资产可能由多个集体经济组织的资产共同构成；一个集体经济组织的集体资产可能分布在若干个不同的经济运行载体中。所以对不同范围、不同层次的集体资产应实行分层管理和分别管理。按份共有的集体资产由于所有者分散，可以采取托管的方式由专业机构管理；共同共有的集体资产，可以由共同共有人成员大会确定或建立一个集体资产管理组织进行管理。企业内劳动群众的共同共有集体资产可以采取设立基金会的方式进行管理，也可以由工会作为出资人代表进行管理，或设立职工持股会作为出资人代表进行管理；联合经济组织范围内的集体资产可以采取设立集体资产管理中心、集体资产协会，或由联合经济组织自身，或由集体资产管理公司代表出资人进行管理；成员单位的共同共有集体资产，也可以委托给联合经济组织管理。

六、尊重集体企业改制自主权，切实保护企业和职工的合法权益

《城镇集体企业条例》明确规定，职工（代表）大会是集体企业的权力机构，由其决定企业经营管理的重大问题。集体企业的改革改制理应由职工（代表）大会讨论决定，但目前“二国营”管理模式仍制约着集体企业改革改制。因此，要推进政企分开，理顺集体企业与政府主管部门的关系，真正把改革改制的决策权交给企

业和职工。集体企业改革改制的方案经职工（代表）大会审议通过后，只要符合国家法律和政策、民主程序健全，按照《中华人民共和国行政许可法》，主管单位和政府部门就不应再进行干预和审批。企业已经清产核资界定产权的，要确保产权界定的有效性。没有界定产权归属的，任何部门、单位和个人不得随意上收、平调、侵占集体企业资产。

七、端正舆论导向，大力宣传集体所有制经济

正确的舆论导向是集体企业改革创新和集体经济发展的重要保障。因此，必须坚持与时俱进，不断加强对集体经济的理论创新和媒体宣传，用正确的舆论引导集体经济的深化改革和健康发展。要大力宣传党和国家对集体经济的重大方针、政策、法律、法规和理论；宣传集体经济在新时期的重要地位和作用；宣传以明晰产权为重点深化集体企业改革；宣传股份合作制、职工持股公司等集体经济多种实现形式；宣传勇于探索新型集体经济的成功企业的经验和经营者的开拓创新精神，弘扬他们为实现劳动者共同富裕无私奉献的精神。

CHAPTER 5

第五章
农村集体经济的发展

第一节

集体经济与我国农村集体经济的形成

集体经济是指生产资料归集体成员共同所有，成员实行共同劳动、共同享有劳动果实的经济组织形式。简单来说，农村集体经济就是在农村中以家庭承包经营为基础，统分结合的双层经营体制进行生产、供销等多种形式的合作经济。农村集体经济是社会主义公有制经济在农村的重要体现，是我国农村的基本经济形态。

发展农村集体经济是实现农民共同富裕的重要途径。农民共同富裕是中国特色社会主义的题中之义。党的十九大报告提出的2035年目标和2050年目标，也鲜明地体现了改善民生、缩小贫富差距、实现共同富裕的要求。共同富裕，“富裕”是根本目标，“共同”是基本原则。乡村振兴是一项庞大的工程，实现共同富裕的目标，离不开农村集体经济的发展。随着时代的变迁，单个农户在面对激烈的市场竞争时，暴露出当前农村经济结构的严重缺陷，因此，单纯依靠农户的单打独斗难以适应社会主义市场经济的发展[1]。要让乡村振兴战略落地落实，必须坚持统分结合的双层经营体制，充分发挥集体的力量，将单个的村民组织起来抱团发展，壮大集体经济，这样才能最终实现共同富裕。改革开放40多年来，全国各地都在探索实践，农村集体经济有效实现形式不断丰富，运行机制进一步完善，实力逐步壮大，在促进农村基层社会治理、保障村级组织正常运转、促进农民增收等方面发挥了积极作用，总体态势良好。但是，同土地联产承包等改革成效有着明显差距的，就是村级集体经济发展一直滞后且不平衡，我国农村集体经济的薄弱与发展不平衡现已成为制约新时代乡村振兴战略实施的瓶颈因素。

新中国成立后，中国共产党在全国进行了土地改革，将土地平均分配给农民耕

[1] 邓文飞：《乡村振兴背景下壮大农村集体经济组织的思考》，《学理论》2019年第4期。

种，但是农民在获得土地后依旧维持过去自给自足的生产模式。部分农民通过辛勤劳动，获得了不少收入，开始购买土地，雇佣劳动力，扩大生产规模，获得更多的利润，成了富农（农业资本家）。党和国家领导人敏锐地发现，农民有向资本主义方向发展的倾向。同时，农民在获得收入后，也不愿意将钱存入金融机构从而为工业化提供资金。20世纪50年代初，中国依旧面临粮食生产不足、建设资金短缺的问题。

为了改变土地改革后小农经营的落后状态，提高粮食产量，支援社会主义工业化，国家对农业进行了社会主义改造，农村集体经济由此形成。1953年12月，中共中央通过了《关于发展农业生产合作社的决议》，农业生产合作化开始，从临时互助组、常年互助组、初级农业生产合作社一直发展到高级农业生产合作社[1]。党的七届六中全会以后，农业合作化运动被推入高潮，直至1957年底基本实现了高级农业生产合作社的全覆盖。

互助组只是集体劳动，土地、耕畜和农具等生产资料依旧是私人所有。初级农业生产合作社以土地入股、统一经营为特点，实行集体劳动，产品分配采取按劳分配和土地入股分红相结合的方式。由此可见，初级生产合作社在生产资料的占有和使用方面已具备了集体经济的性质。高级生产合作社将社员私有的土地、耕畜和农具等主要生产资料转化为无差别的集体所有，取消了土地分红，实行各尽所能、按劳取酬。高级生产合作社逐步实现了生产资料由农民私人占有向合作社集体所有转变，这表明集体经济在当时已成为中国农业经济的主导经济成分，农村集体经济正式登上新中国的历史舞台。

1958年，在国民经济“大跃进”思想的指引下，全国农村开始进行大规模的农田基本建设，一些地方的农业生产合作社在修水库、造林、抗旱中搞起了大协作，需要土地连片和人员集中以便于管理。对此，部分地区开始合并农业生产合作社，

[1] 高鸣、芦千文：《新中国70年农村集体经济的发展经验与启示》，《农村经营管理》2019年第10期。

试办人民公社，随后得到中央的认可并在全国范围内推广。1958年8月，中共中央政治局扩大会议通过了《关于在农村建立人民公社的决议》，全国迅速形成了人民公社化运动的热潮。全国每一个合作社的生产资料，每一个农户的自留地、宅基地、林木、牲畜等财产几乎在一夜之间都变为公社的财产，构成了公社一级的集体所有制。其规模之大、范围之广、数量之多，都可称为农村生产、生活资料的一次大“共产”[1]。在“左”倾思想的影响下，农村人民公社也出现了急于向共产主义过渡的情况，刮起了一股“共产风”。许多地方混淆了全民所有制和集体所有制的界限，混淆了社会主义和共产主义的界限，为了响应国家的号召，不顾实际情况，强行要求农业生产合作社合并为人民公社。人民公社化运动初期实行的政社合一的管理体制，把各种权力集中在人民公社一级，基层的生产单位没有自主权，严重侵犯了农民的经济利益。

在人民公社创建之初，公社下辖的生产队存在贫富不均的经济差别。由于“共产风”的盛行，人民公社把公社范围内的成员贫富拉平，搞平均分配。为了实现这一目标，公社对生产队的生产资料、劳动力、产品以及其他财产无代价地平调。同时把农民的房屋、大型农具、家禽、牲畜等全部收归集体所有，然后在各生产队之间分配。这种人为的抽肥补瘦，本质上是无偿地剥夺一部分富队的劳动产品给穷队。由于农民害怕自己的财产被共产，富的生产队害怕财产被外调，因此，生产队和农民拼命瞒报财产、私分集体财产甚至毁坏集体财产，这一方面破坏了农村的生产力，另一方面也引发了一些地方的缺粮、缺油风潮。

由于农村饥荒的出现以及严重的经济衰退，中央不断调整人民公社的生产经营管理体制，把基本核算单位下放到了生产队，健全按劳分配制度，发展农村公共服务事业，促进社队工商业发展，壮大农村集体经济实力。农村集体经济“三级所

[1] 辛逸：《试论大公社所有制的变迁与特征》，《史学月刊》2002年第3期。

有，队为基础”的基本制度框架在这一时期形成[1]。

“三级所有，队为基础”的集体经济体制，内在的产权关系是全村的生产资料归生产队、生产大队和人民公社三级所有，而以生产队为基本所有者和基本核算单位。生产队一级占有土地等基本生产资料，直接组织生产，直接向社员进行收益分配，其规模大体划定在20户，共100人左右。它是农业生产的基本核算单位。生产大队和公社一级则拥有大中型农业机器，举办基本建设工程等比较大型的项目。由这种所有制形式决定的生产方式，是以生产队为单位直接组织社员进行集体联合劳动。其分配方式，是以生产队为单位进行评工记分，实行按劳分配。人民公社体制下的分配机制是以生产队为单位进行的，首先从总收入中减去管理费用，得出净收入，然后将净收入用于国家、集体和社员个人之间的分配。其中，分给社员的是按照“各尽所能，按劳分配”的原则进行的，形成社员的个人消费基金，以此来调动农民的生产积极性。

但是后来的实践证明，“三级所有，队为基础”所调动起来的农民积极性仍然是有限的。它只承认生产队与生产队之间存在差别、生产大队与生产大队之间存在差别，只纠正了穷的生产队与富的生产队之间实行平均分配的错误，没能解决生产队内部、个人和集体之间经济利益上的矛盾。“三级所有，队为基础，集体劳动，统一核算”把家庭变成一个纯粹的消费单位，抹杀了家庭之间的差异，无法调动家庭在农业生产上的积极性。没有分工的单一集体劳动，抹杀了劳动者在脑力和体力方面的差异，无法调动劳动者的生产积极性。它没能克服劳动力不足但消费量大的家庭与劳动力充足但消费量相对小的家庭之间实行平均分配的缺陷。“三级所有，队为基础”只不过把农民吃人民公社这口“大锅饭”换成吃生产队这口“小锅饭”。从本质上来看，“三级所有，队为基础”与之前的人民公社体制没有什么差别。

[1] 高鸣、芦千文：《新中国70年农村集体经济的发展经验与启示》，《农村经营管理》2019年第10期。

根据以上分析，我们可以发现，农村集体经济体制在形成之初的组织形式有着不少缺陷，从长远来看也缺乏生命力。第一，人民公社、生产大队、生产队三级组织的确立没有从落后的农业生产力水平的实际出发，也违背了农民希望多劳多得、满足消费的意愿。第二，用行政手段代替经济手段对生产队进行管理无法被农民接受。总体而言，农村集体经济需要彻底改革以解放生产力。

第二节

农村集体经济的改革与发展

20世纪70年代末，农村集体经济的发展面临的困难日益突出，平均主义盛行，生产效率较低，农村生产力水平无法满足农民的需要，因此党的十一届三中全会后，各地农民为了解决温饱问题开始进行自发的改革，实行了以家庭承包为主要形式的包产到户、包干到户等生产责任制，后被称为家庭联产承包责任制。

在得到中央的认可后，家庭联产承包责任制迅速向全国推广。家庭联产承包责任制改变了过去“集体所有、统一经营”的单一体制，实现了基本农业生产资料（土地）的集体所有制和以家庭承包经营为基础的统分结合的双层经营体制，这种经济体制克服了分配上的平均主义，调动了农民的生产积极性，促进了我国农业的发展[1]。

家庭联产承包责任制的确立虽然极大地促进了粮食增产，改善了农民的生活水平，但是从长远来看，并不符合生产力发展的要求。在家庭联产承包责任制下，个体农业依托家庭承包土地进行生产。20世纪80年代中期，平均每户承包的土地只有8.35亩（1亩≈666.67平方米）。到了20世纪90年代中期，平均每户承包的耕地下降到6亩，户均承包土地9～10块，有1/3的省、市人均耕地不足1亩[2]。由于农民承包的土地较少，农业经营的规模过小，出现了生产成本居高不下、投入产出率不断降低的问题。此外，每户农民承包的农田分散，给日常的经营管理造成很多麻烦。农民无法也不愿进行大规模的生产投入，农业技术进步的成果无法用于农业生产。总

[1] 林光彬：《农村集体经济：发展历程与未来思路》，《国家治理》2019年第31期。

[2] 张晗、王兆良：《现代农业视角下的农民身份转换问题研究》，《重庆交通大学学报》（社会科学版）2016年第3期。

而言之，家庭联产承包责任制下的农业生产无法实现规模经济的目标。

针对家庭联产承包责任制下出现的种种问题，1990年3月3日，邓小平提出农村发展要有“两个飞跃”的观点。“第一个飞跃，是废除人民公社，实行家庭联产承包为主的责任制。”[1]“这是一个很大的前进，要长期坚持不变。第二个飞跃，是适应科学种田和生产社会化的需要，发展适度规模经营，发展集体经济。这是又一个很大的前进，当然这是很长的过程。”[2]

家庭联产承包制的局限使得发展农村集体经济成为必然。改革开放后，农村生产力的发展和城镇化水平的提高，使农村集体经济的发展具备了现实可能性。首先，在土地集体所有制基础上，一些农村在行政村（原生产大队）或自然村（原生产队）的社区范围内，成立了村级集体经济组织。村级集体经济组织一直发挥着功能，比如对集体土地进行发包，为家庭分散经营提供产前、产中、产后服务，以及进行集体积累等经济活动。这些村级集体经济组织为发展村级集体经济、壮大集体经济实力提供了组织基础。其次，工业化将大量农村人口转移到城镇就业，农业劳动力的减少为农业的适度规模经营创造了条件，土地可以适度流转，由种粮大户、农业企业实现规模经营。工业化也提高了农业的机械化水平，同时为农业改革和发展提供了必要的资金。总体而言，工业化发展为发展农村集体经济提供了物质基础。最后，改革开放培养和造就了一批现代农民。一方面，随着农村商品经济的发展，广大农民逐步改变了原有的以自给自足为主的小农经济意识，具有发展集体经济的强烈愿望。另一方面，随着农村教育和农民培训的发展，广大农民的科学文化素质也有了很大提高，他们有能力办好集体经济。

由于具备了以上发展集体经济的有利条件，部分地区开始探索集体经济组织的有效形式。在当时，地区性合作经济组织（或社区合作经济组织）、农村新经济联合体、股份制或股份合作制企业是农村集体经济发展最主要的三类形式。地区

[1] 林光彬：《农村集体经济：发展历程与未来思路》，《国家治理》2019年第31期。

[2] 邓小平：《邓小平文选》第三卷，人民出版社，1993。

性合作经济组织是一种在区域内以技术、资本和劳动力为联合，并共同形成的经济模式。在我国，地区性合作经济组织分为农业行业协会、农村地区专业协会、农民合作社和股份合作社等。农村新经济联合体是农民在自愿互利原则基础上联合而成的经济实体，其形式多种多样。股份合作制企业是以合作制为基础，以劳动者的劳动联合和资本联合相结合形成的新型企业组织形式。劳动联合是指劳动者共同劳动、共同占有和使用生产资料，利益共享，风险共担；资本联合则采取股份的形式。

进入21世纪以后，农村集体经济发展的外部环境发生了变化。在“工业反哺农业、城市支持农村”的中央决策部署下，农村集体经济组织的作用逐渐得到发挥。一是强化了农业生产和农村公共服务职能。财政等项目资金向部分农村集体经济组织倾斜，强化了集体经济组织的功能地位。如部分村集体建立产业园、整片流转土地等，探索盘活集体建设用地的方式，给集体经济注入了新的活力[1]。二是城郊农村或城中村集体经济迅速发展。城郊农村或城中村借助区位优势，发展物业经济，探索集体资产保值增值的途径，迅速壮大了集体经济。

但是，农村集体经济发展水平低是21世纪前10年的普遍状况。在全国范围内，农村集体经济的区域分布也不平衡，东部地区尤其是大城市周边的村集体收入较高。农村集体经济的持续性盈利能力也不强。从集体经济的收入结构看，土地租赁、厂房租赁、征地补偿是主要的收入来源，投资收益等相对稳定的经营性收入占总收入的比重较低[2]。总体而言，党的十八大之前，农村集体经济的发展并未受到重视，不过，这也为接下来的改革发展提供了广阔前景。

2012年党的十八大提出，“推动城乡发展一体化”“坚持和完善农村基本经营制度，依法维护农民土地承包经营权、宅基地使用权、集体收益分配权，壮大集体

[1] 高鸣、芦千文：《新中国70年农村集体经济的发展经验与启示》，《农村经营管理》2019年第10期。

[2] 陆雷、崔红志：《农村集体经济发展的现状、问题与政策建议》，《中国发展观察》2018年第11期。

经济实力，发展农民专业合作和股份合作，培育新型经营主体，发展多种形式规模经营，构建集约化、专业化、组织化、社会化相结合的新型农业经营体系”。2013年党的十八届三中全会提出，“在坚持和完善最严格的耕地保护制度前提下，赋予农民对承包地占有、使用、收益、流转及承包经营权抵押、担保权能”“鼓励承包经营权在公开市场上向专业大户、家庭农场、农民合作社、农业企业流转，发展多种形式规模经营”，为我国农村改革再出发定了调。2014年9月召开的中央全面深化改革领导小组第五次会议指出，“要在坚持农村土地集体所有的前提下，促使承包权和经营权分离，形成所有权承包权经营权三权分置、经营权流转的格局”。从这时开始，农村集体经济发展具备了产权制度方面的基础，消除了部分地区和群众发展农村集体经济的担忧。

2015年11月，中共中央办公厅、国务院办公厅印发《深化农村改革综合性实施方案》，实行农村土地“三权分置”，开展农村土地征收、集体经营性建设用地入市和农村宅基地制度改革试点，全面推进农村土地承包经营权确权登记颁证，稳步推进农村集体产权制度改革，强化对农民土地承包经营权、宅基地使用权、集体收益分配权的制度保障。这是我国农村集体经济发展正在进行的第三次重大创新飞跃，对激活要素、激活主体、激活市场，缩小城乡发展差距，实现农村经济现代化、城乡一体化等方面产生了正向的推动作用[1]。

这次改革，明确了农村集体经济改革要坚持四条底线，即“不管怎么改，都不能把农村土地集体所有制改垮了，不能把耕地改少了，不能把粮食生产能力改弱了，不能把农民利益损害了”[2]。“三权分置”办法回应了农民保留土地承包权、流转土地经营权的愿望，理顺了变与不变的关系，即地是集体的，所有权不能变，同时又是家庭承包的，承包权也不能变，变的是经营权。

---

[1] 林光彬：《农村集体经济：发展历程与未来思路》，《国家治理》2019年第31期。

[2] 《习近平主持农村改革座谈会：加大推进新形势下农村改革力度》，《人民日报》2016年4月29日。

农村集体产权制度改革是完善农村生产关系的重大举措，明晰了产权归属，有利于盘活集体资产，增加农民财产性收入，赋予农民更多财产权利。特别是，通过把处于沉睡状态的很多资产确权量化到户、到人，盘活农村资产，实现资源变资产、资金变股金、农民变股东；通过市场化的手段建立起新的合作经济组织，实现规模经营，激发农村发展活力，让农村跟上社会主义市场经济的发展步伐，让更多农民享受到改革的红利[1]。

2017年10月，党的十九大提出“实施乡村振兴战略”，并对农业农村发展作出部署：“要坚持农业农村优先发展”“建立健全城乡融合发展体制机制和政策体系”；“巩固和完善农村基本经营制度，深化农村土地制度改革，完善承包地‘三权’分置制度”；“深化农村集体产权制度改革，保障农民财产权益，壮大集体经济”；“构建现代农业产业体系、生产体系、经营体系，完善农业支持保护制度，发展多种形式适度规模经营，培育新型农业经营主体，健全农业社会化服务体系，实现小农户和现代农业发展有机衔接”[2]。

乡村振兴的主体是组织起来的农民。将农民组织起来最重要的基础是农村集体土地制度及建立在该制度基础之上的农村集体经济。农村集体经济将农民组织起来，自身就可以成为对接国家资源、激发农民积极性、建设美丽乡村中最重要的具有主体性的平台，否则，由国家直接面对亿万小农户，无论国家如何支持乡村，国家也绝无可能满足地域极其广大、情况千差万别的乡村发展需求[3]。因此，乡村振兴离不开农村集体经济的发展。

2014年9月，中央全面深化改革领导小组第五次会议审议了《关于引导农村土地承包经营权有序流转发展农业适度规模经营的意见》《积极发展农民股份合作赋予农民对集体资产股份权能改革试点方案》。要在坚持农村土地集体所有的前提

[1] 林光彬：《农村集体经济：发展历程与未来思路》，《国家治理》2019年第31期。

[2] 高扬：《对发展现代农业产业化联合体的思考》，《农场经济管理》2018年第10期。

[3] 贺雪峰：《乡村振兴与农村集体经济》，《农村农业农民（理论版）》2019年第8期。

下，促使承包权和经营权分离，形成所有权承包权经营权“三权分置”、经营权流转的格局。积极发展农民股份合作、赋予农民对集体资产股份权能改革试点，一项重要的基础工作是保障农民集体经济组织成员的权利。要探索集体所有制有效实现形式，发展壮大集体经济。

综上所述，中央政策对集体经济的支持逐渐加大，发展集体经济的理论障碍基本得以排除。农村集体经济的强弱关系到“三农”问题解决的质量，关系到党在农村的凝聚力、号召力和战斗力，关系到乡村振兴战略实施的成与败。随着脱贫攻坚的胜利完成和乡村振兴战略的实施，农村集体经济的发展在未来将会有更加光明的前景。

第三节

农村集体经济发展面临的突出问题

中央自2015年开展农村产权制度改革试点工作以来，每年都下发文件强调要重视发展农村集体经济。在农村产权制度改革和实施乡村振兴战略的大背景下，我国农村集体经济发展取得了历史性成就，但整体仍处在打基础、破解发展难题的关键时期。农村集体经济发展的现状并不理想。

1996年，在全国72.6万个行政村中，集体经济经营收益5万元以下的村占42.9%，其中集体经济经营收益为0以及负债的行政村，占行政村总数的30.8%。至2015年底，集体经济经营收益在5万元以下的村占比增加至77.1%，比1996年增加了34.2个百分点；其中，没有任何经营收益以及负债的行政村占行政村总数的55.3%，比1996年增加了24.5个百分点[1]。在最近的20多年中，农村集体经济发展的状况并未得到明显改观，局部地区甚至出现进一步恶化的趋向。

我国农村集体经济发展不平衡的现象也十分突出。就全国而言，东部地区尤其是大城市周边的农村集体经济收入较高。中西部地区的农村集体经济发展水平较低，多数农村至今已成为青壮年外出打工、老弱妇孺留村务农的“空壳村”。在同一地区，农村集体经济之间的差异也很大。例如，根据2015年对青岛市194个农村社区的调查，每个社区的村集体平均收入为487.3万元，但是收入最多的村集体收入高达6151.8 万元，最少的仅有2.56万元[2]。

农村集体经济发展并未达到预期，是因为存在一些问题，如农村集体经济管理

[1] 陆雷、崔红志：《农村集体经济发展的现状、问题与政策建议》，《中国发展观察》2018年第11期。

[2] 同上。

者能力不高、农村集体经济组织经营土地面临法律困境、集体资产产权不明晰且管理体制不顺畅等。

绝大多数农村集体经济管理者的能力不高，换句话说，大部分农村集体经济组织缺少专业的经济管理队伍。由于农村集体经济所处的地理位置和受传统观念及社会现实的影响，农村集体经济组织很难吸引人才。绝大多数有管理才能和科技知识的人才不愿离开城市到亟须人才的农村施展抱负是农村集体经济组织面临的一大现实问题。就连家在农村的科技和管理人才在城市学成后也不愿回到农村，为农村服务。人才引进成为农村集体经济组织面临的一大难题。愿意到农村一展才华的人才不多，而来到农村的人才也没有得到农村集体经济组织的重视。部分村干部长期不合理、不公正地把控为数不多的资源分配权，不愿给人才相应的支持，仅仅通过“爱农民、爱集体”等空洞的口号无法留住人才。另外，农村集体经济也没有培养留在农村的年轻人。在农村，也有少数给父母、亲戚帮忙的年轻人，农村集体经济组织可以对这部分年轻人进行包括“互联网+”农村电商产业、农产品深度加工及包装、现代农业经营体系、乡村旅游与休闲康养等新业态的培训。从理论上来说，土生土长的当地人才更熟悉乡村环境，也容易获得乡亲们的支持，更可能形成示范效应。但事实上，本土青年宁愿赋闲啃老，也不愿加入集体经济组织。

农村集体经济组织经营土地还面临一些法律的困境。《中华人民共和国宪法》规定，农村和城市郊区的土地，除由法律规定属于国家所有的以外，属于集体所有。但作为下位法的《中华人民共和国土地管理法》规定，只有兴办乡镇企业和村民建设住宅或者乡（镇）、村公共设施和公益事业建设，经依法批准才可以使用集体经济组织农民集体所有的土地；集体土地使用权不得出让、转让或出租用于非农业建设。这些规定对民间私人资本推动的农村工业化引起的对集体非农建设用地需求扩张估计不足，没有为私人创办企业留下合理的用地空间。自发、私下的农村非农建设用地流转，给土地利用总体规划和城市规划的实施带来较大冲击，并且由于村民集体出租非农建设用地不受法律保护，如发生争议，集体就要遭受损失。

农村集体资产形成时间长、构成复杂，目前多数没有进行确权登记，产权不明，容易造成资产流失。加之目前集体资产的经营和管理主要还是依靠村“两委”成员，多数没有建立现代企业管理制度，经营管理缺乏有效监督，制约了集体经济的发展。个别得益于地缘经济优势、靠土地征用积累较大集体资产的村，没有及时进行量化固化，集体资产名义上“人人有份”，实际上掌握在个别人或少数人手里，有的出现决策失误，有的出现资产流失，审计中发现多起违规问题。

农村集体经济的发展除了自身的缺陷以外，还面临着外部环境的不利因素，包括缺乏相应的政策扶持以及社会舆论对其的偏见等。

农村集体经济作为国家与农民之间的中介，其地位和作用极为特殊。一方面，它需要承担本应由国家承担的促进农村发展的诸多责任；另一方面，它肩负着带领农民安居乐业、实现共同富裕的重担。农村集体经济所经营的产品及涉足的产业，绝大多数与农业有着密切关联。由于农业本身具有的天然弱质性，农业生产经营的风险很高，从而导致农村集体经济在进入市场参与竞争时所承担的风险更大。综合农村集体经济的地位、作用及其本身的竞争能力等诸多因素，在当前竞争激烈的市场环境中，政府对农村集体经济强有力的扶持就显得尤为重要了。

当前，农村集体经济迫切希望政府给予土地使用、启动资金等方面的优惠政策。经济发展落后的村级集体因资金短缺，普遍感到起步艰难；发展到一定规模的村级集体企业，因建在集体所有土地上的房屋没有产权，面临随时被拆迁的窘境，对今后的发展前景感到很迷茫。一些已经推出的改革政策措施也很难落到实处，政府的方针政策也流于形式。

社会舆论对农村集体经济的偏见自从改革开放以来就一直存在，虽然近年来，由于党和国家对农村集体经济的重视，偏见和批评有所减少，但是社会上一直存在着批判甚至否定集体经济的声音。一些学者认为刘庄村、南街村、华西村这些集体经济典型村具有特殊性，这些村的发展模式不具备在全国实现的可能性；有的学者对我国农业合作化过程的合理性持怀疑态度，认为改革开放后的中国农村根本不存在农民集体化，只有农民的“被集体化”。在农村集体经济的反对者看来，农村集体经济不仅是低效的、落后的，而且是不合理的，已成为腐败和村霸的“温床”[1]。

这些认识的根源在于，首先，由于各地生产力发展不均衡，在我国农村改革和发展过程中确实存在不少问题，尤其在一些青壮年劳动力流失的“空壳村”，问题更加严重。在反思这些问题时，一些人片面地将问题简单地归咎于集体经济，而缺乏看待集体经济的辩证视角。其次，在认识上绝对、片面地看待公有制经济与非公有制经济的关系、统分结合的双层经营体制中家庭分散经营与集体统一经营的关系，看不到二者既对立又统一的关系。因此，他们看不到或者无视农村集体经济的先进典型，一提到农村集体经济就立刻将其与产权不清晰、低效率、管理不善画等号。他们看不到改革开放为逐步发展农村集体经济所准备的物质基础，也无视广大农民群众要求发展集体经济的根本意愿。

[1] 龚云：《集体经济：社会主义新农村的发展方向》，《武陵学刊》2011年第3期。

第四节

去组织化下的中国农村治理困境

经过自近代以来百年的演变，我国农村治理的组织化程度经历了由强到弱的演变过程。在后农业税费时代的农村治理是去组织化的，这使得国家向农村的资源转移受阻，农村公共品的供给能力弱化，农村治理在诸多方面开始陷入困境。

一、“精英俘获”问题依然存在

在传统社会，由于农村精英“赢利型经纪人”的特征，国家从农民手中提取的税费被以农村精英为主的基层政权所获得，这被美国著名历史学家杜赞奇称为国家政权的“内卷化”。自党的十六届四中全会中央明确提出了“两个趋向”的重要论断之后，中国农村与国家的纵向社会联系由过去国家从农村汲取资源变为国家向农村注入资源。而这种自上而下的国家对农村的支持，到了农村之后却难以公平传递，甚至被新兴农村精英所吞噬，进而出现了一种类似于基层政权过度截留农业税费资源的“内卷化”的情况，只不过资源流动方向正好相反。

农村社会向来是精英政治，新中国成立以后，作为传统精英代表的宗族士绅被以农村党员为主的新兴精英所代替，而随着时代的变迁，新兴精英也在发生蜕变。

第一，对于新兴的精英来说，其干部地位的身份和治理农村社会的权力是由国家赋予的，相比传统精英更具正当性，而在农民意识的驱使下，以权谋私、损公肥私等现象也日益突出。

第二，新兴精英的地位与身份是依靠自上而下的组织体制赋予的，其行为内生地具有只对上负责的特征，这与传统精英需要通过多做善事义举以获得道德支撑的权威不同，因此新兴精英有着脱离草根性从而与国家和农民隔离的倾向。

第三，新兴精英权力化以后，更希望维持权力在本家族的继承，这种精英的家族化阻碍更多的农民进入农村精英群体，影响基层社会对党和国家的认同。

当新兴精英的蜕变完成之后，农村治理也趋于劣化，农村在对接外部资源时普遍出现“精英俘获”现象，这是导致政府反哺的资源在农村内部难以公平传递的一个最重要原因。当国家资源和下乡资本进入农村时，出于节省交易费用的需要会选择规模主体进行交易。在农村去组织化的条件下，只能由大户和精英作为其对接农村的代理。由于治理的劣化，农村内部普遍呈现大部分收益都被大户和精英占有的“大农吃小农”型的合作经营模式。当国家取消农村税费并实施新农村建设的国家战略时，随着大量资源反哺农村，农村精英率先求偿、优先受益的利益要求，导致体制内外精英的利益矛盾通过村民选举、信访甚至群体性事件等方式爆发，甚至演变成对抗性冲突。于是，在面对外来资源时，一方面，客观上必须以这些精英作为代理来承接；另一方面，农村经营收益的大部分都被大农户和精英占有，使得在当前的农村基本经营制度下，出现了普遍的公共利益被“精英俘获”的问题。

二、农村公共品供给能力不足

农村组织化的一个重要内容是村社内部的秩序维护，最核心的就是克服农村公共品供给中的免费“搭车”问题。在税费改革之前，一方面，国家向农民征收农业税，村集体向农民收取共同生产费；另一方面，村集体为农民解决最基本的生产和生活公共品，而国家并不直接进行农村公共品的供给。在这种机制下，虽然可能伴随着农民税费负担重、村干部损公肥私等现象，甚至也会出现暴力强制等非法行为，但基本可以杜绝“搭便车”现象。通过集体的力量克服“搭便车”行为，农村生产生活的公共品的供给则能够较为顺利地进行。

在税费改革之后，强制性的税费收取不复存在。村集体经营性收入微薄，农村基层组织的力量大为弱化。组织化缺失使农村社会不再有能力对付“搭便车”者，导致众多的人跟风效仿，农村社会内生的公共品供给能力开始弱化，公共品供给严重不足。对此，国家试图通过大量转移支付来为农民提供基本的公共品服务。诚然，大量外部资金的进入，使农村在电网改造、通村公路、农村水利设施建设等方面取得很大成效，极大地改善了农民生产、生活的基本条件。但是，大规模的国家资源下乡，不仅会遇到前文所述的新型政权“内卷化”问题，还存在着公共品供给的“最后一公里”问题，即国家投资建设的基础公共品与农民可以完全享受的最后公共品之间的衔接问题。以水利为例，国家虽可以为农村提供良好的大中型水利设施，却无力为每一家农户的每个田块提供最终水利服务。在大中型水利设施与农户小块田地之间，如何形成良好的衔接，农户之间如何分摊水费，就不是国家制定一个制度所能解决的，而必须由农户之间、由村社集体来达成协议。再如通村道路，路通到村不难，但难以通到户。集体协商一致绝非分散的农户可以轻易达到，而是需要强有力的基层组织将分散的农户整合成为一个具有集体理性的村社共同体。税费改革后所导致的村社共同体的弱化，使得无论是支农资源的发放还是财政资金的拨付，均以“反哺”的形式转化为农民福利，却缺乏有效的发展激励，而使得民生状况好转但村庄发展处于停滞状态[1]。

解决“最后一公里”的问题只有通过“一事一议”的方式，通过村民代表大会，依据村民的受益情况和村民意愿来筹集村庄公共事业建设经费。但如前所述，这种模式对“搭便车”行为的克服，不借助国家强制力，也不借助强人力量和个人力量，而是凭借农村教化的力量。传统的农村教化可以将“搭便车”的人边缘化和妖魔化，为其贴上不道德的标签，从而给其他试图“搭便车”的农户以巨大的压力，从而将“一户搭便车、户户搭便车”的传递链打断。但这种模式在当代农村实现的难度较大。一方面，由于农村与外界的联系日趋紧密，村社人员高度流动，村民可能已经不在乎村庄内部的评价机制，人员的高度流动性使村庄的道德、教化等评价体系难以发挥作用；另一方面，随着现代社会中国家已经垄断了合法使用暴力

[1] 陈靖：《村社理性：资本下乡与村庄发展——基于皖北T镇两个村庄的对比》，《中国农业大学学报》（社会科学版）2013年第3期。

的权力，对维护村庄秩序很有效果的中国传统的农村教化的手段，存在着很多有违现代法律规范之处，在法治观念日益普及的背景下，村集体组织不敢明目张胆地违反法律规定用这些教化手段去惩处村民。

在组织化力量不足时，一些村庄强人充当了公共品的供给者，他们凭借个人力量而非国家的合法强制力来降低组织农户灌溉时出现的高昂交易成本。虽然在村庄强人的带领下，农村可以实现公共品的供给，但这种模式要么导致村庄强人在承包公共服务时捞取比税费时代村干部获得更多的个人利益，要么使得村庄强人在持续不断的投入后将能量耗尽，甚至由富转贫。而当既没有强制力也没有村庄强人来抑制“搭便车”行为时，公共品供给将因为高昂的协商一致交易成本的存在而无法产生，农户只能依靠个人的力量来弥补公共品供给的不足。例如，集体建造并维护泵站获取稳定而廉价灌溉用水的渠道被阻塞，农户则不得不打井灌溉，建设只服务于自己的微型水利设施，造成效率降低和资源浪费。农户依靠自己的力量，以私人物品代替公共品。

三、村民自治的虚置

农村社会治理的主要形式是依靠村民委员会实行自治。改革开放之后，尤其是农业税费改革之后，面对农村社会格局的深刻变化，包括村党支部和村委会在内的农村基层组织没有及时实施组织再造，管理方式落后于时代要求，在农村社会的影响力日益衰弱，村“两委”对做好乡村治理工作有心无力，导致村务废弛。基层组织在群众中威信不高，缺乏凝聚力、号召力，村民参与基层民主积极性不高，村民自治普遍虚置化。

在组织化条件下，农村基层组织可以通过农业税费、“三提五统”等手段获得经济来源，而在完成了去组织化后，农村集体经济组织空壳化。在当前过度强调“分”的农村基本经营制度下，由于村集体不再能够直接支配集体收入，集体收入明显下降，除少数地方村集体通过办企业、留有较多土地或者较多其他集体资产，能有稳定的收入来源外，绝大多数村集体的收入来源并不稳定。税费改革后，村集体依靠农业税费提成的微薄收入来源不复存在，村民和集体的天然联系基本丧失，“空壳村”十分普遍。在新一轮“两权确权”过程中，土地集体所有权直接确权给村委会或村小组，农村基层党组织管理经济的权力被剥离，农村基层党组织与集体土地和集体资产的联系也被割断。加之乡镇布置下来的道路修建、兴修水利、建校办厂等支出任务越来越重，不少村已陷入严重的负债状态。众多农村公益性设施的维护缺乏长效机制，出现先建后废、难以运转等问题。

经历了去组织化后，村“两委”等名义上的基层组织实际上已经蜕化为一级行政机构。县乡政府可以干预村“两委”的人员任命和具体事务，从而习惯于把行政村当作下属机构分派工作任务。村干部也习惯于对上级负责，呈现出附属化倾向，成了乡镇党委和政府的“腿”。作为上级的县乡政府往往给行政村层层指派任务，而几乎与农民直接相关的工作都要通过行政村“两委”来落实，形成“上面千条线、下面一根针”的局面。行政村完成乡镇交办的工作已经疲于奔命，对于做好村务管理工作有心无力，使得土地分配、村民纠纷等本应由自治组织解决的管理事宜，往往也上交乡镇政府，甚至诱发上访事件。

为了便于国家的行政管理，农村改革之后，基本治理单元大都设置在行政村，而行政村的规模普遍为2000～3000人，后来因为管理成本增加，很多地方又进行了合并，使规模进一步增大，一些地方的行政村规模达到上万人，增加了治理实施的难度。由于一个行政村往往管辖多个自然村，每个自然村都是相对独立的利益群体，当某一自然村村民以村干部的身份代理其他自然村管理财产、处理纠纷、提供服务时，容易产生利益矛盾。在村“两委”的民主选举中，为争夺集体财产支配权的贿选行为时有发生。由于行政村管辖范围过大，造成部分村民距离村“两委”所在地过远，很难享受到公共服务设施，而行政村“两委”面对庞大的服务对象，也往往鞭长莫及，因此，自然村缺乏有效的组织形式，村内的公共服务、村务管理和社会治安实际上处于无人过问的状态。

四、农村弱势群体边缘化

在中国传统的乡土社会中，精英群体作为社区利益的代理者，其权威来自社区舆论赋予的威望，即“教化性的权力”的“长老统治”。对弱势者的保护和照顾往往成为精英个人威望增长的一种有效手段。因而在传统的农村治理状况中，弱势者通常是受到良好的保护的。

然而，如前所述，作为新型农村社会精英群体的村干部已经发生了蜕变，普遍特权化、去草根化、家族化，由过去的“保护性经纪”变为“牟利性经纪”。在税费改革前，农村组织具备从农户手中提取税费的权力，因而也还保留着一定的为村庄集体着想的责任，尤其是不能忽视对弱势群体的关照。税费改革后，农民和政府之间的天然联系已然断裂，农村组织全面从农村退出，使得农户重回分散化状态，凭借自身的人力资本与外部市场和资本进行交易。由于弱势群体的物质及人力资源存量普遍较低，而在农村组织退出的状况下也难以有效动员这些弱势人群以形成多功能、多元化的社会资本，使得其难以符合外部资本投资获益的需求，从而被排斥在发展之外；这种排斥使得弱势群体承受更大的相对剥夺感，从而被迫选择离开农村，而城市接纳能力不足导致这种离开只能是部分人力资本存量较高的家庭成员的离开，妇女老人只得留守农村，使得农村弱势群体的人力资本存量更低，贫困化程度加深。

同时，各种国家转移资源到达农村之后，无论是依靠精英操控还是依靠大多数人表决，最缺少话语表达的弱势群体都不能真正得到照顾，从而加深农村内部资源传递的不公平。在缺乏组织化的公共品供给，又没有村社能人主动提供的情况下，农业排灌设施的建设维护、病虫害的防治等农业生产经营中的基本问题都须由各家各户自行解决，这对农村弱势群体而言无疑是难以承担的。缺少了村社组织的“理性力量”，农业生产经营中的各种自然和市场风险都将会迅速放大，对弱势群体来说更是雪上加霜。

第五节

以组织化重建农村治理秩序

一、探索集体土地所有权的有效实现形式

中国的农村土地制度是以家庭承包为基础的统分结合的双层经营制度，土地的所有权是村庄集体的，承包经营权归农户。从理论上讲，既然所有权归村社集体，村社集体就有理由从集体承包给农户的土地中获取地租，且集体应对土地享有收益权和处分权，从而村社集体就应该能够通过对集体土地行使所有权来再分配村社利益，这样一来，农村组织就重新回到了农村，也就有可能恢复农村良性治理秩序。

当前农村集体土地所有权仍然缺乏有效的实现形式，“增人不增地，减人不减地”“承包关系长久不变”等一些农村土地政策仍然只强调双层经营机制“分”的一面，淡化“统”的一面。制定这一政策的考虑是通过保证土地承包关系的稳定，避免由土地调整引发矛盾；鼓励农民珍惜土地，形成稳定的预期，从而不断增加投入以提高土地的产出率；同时有助于农民以土地承包经营权作为抵押，获得发展的资金支持。但这样一来，所谓农村治理基础的村社组织将面临被边缘化的境地，农村社会去组织化所引发的治理矛盾仍将无解。很多地方将在土地整理、土地征用过程中所获得的实物或货币收益直接分给农户，村集体不留钱，村干部不摸钱，从而堵死了村集体获得土地所有权赋予的经济收益的渠道，也就必然弱化了村集体的统筹能力，造成集体经济空壳化，从而使得农村的社会秩序维护、公共品的供给面临很大问题。而村社集体组织若可以拿到土地使用费或新整理土地的租金等资源，是可以通过再分配的办法提高村社治理能力的。

也有一些地方政府进行了积极的探索。广东省清远市从2014年下半年开始，在农村地区依托自然村的基层组织，开展土地资源整合。在中央文件精神的基础上，

总结农村自发整合土地的经验，鼓励农民在自愿的情况下，采取互换并地方式解决承包地细碎化的问题，先后探索出“整合置换后确权”“确地界到社”“确面积到户”等土地整合模式。经过一年的时间，全市1037个村委会、12095个村民小组同意开展土地整合，共整合土地426.7万亩，其中耕地125.8万亩，约占全市承包土地面积的31%。

整合土地之所以受到群众欢迎，是因为有实实在在的好处。从清远市的实践来看，将原来多地块分散种养转变为集中规模化生产，既方便机械作业，提高生产率，又减少农民来回奔波的时间，节约生产成本，避免土地撂荒；一户的几块甚至二三十块土地整合在一起，可以减少田埂、水渠等占用的面积，有利于扩大土地可耕作面积；大块连片的土地也便于抵押、担保，流转时价值更高，有利于农民解决融资难问题。同时，当地将经土地整理后多出来的土地留作集体公用土地，并对承包户收取一定的租金，从而使村集体经济的经济实力大为增强，为民服务能力得到提高。集体收入的增加，使村集体组织为村民提供农村公共品的能力大为增强，农田水利设施、村容村貌整理等公共环境得到显著改善，农村社会欣欣向荣、充满活力。

二、在行政村下划分合理的治理单元

为了实现有效的乡村治理，应着力解决基层治理单元范围过大的问题，在行政村下划分合理的治理单元。我国幅员辽阔，各地的自然地理、人文风貌迥异，经济社会发展水平不同，治理单元的划分不能“一刀切”，应坚持适度的原则。首先，合理的治理单元须在人口和地域的规模上适度，避免规模过大造成持续的利益冲突使组织成本上升，也要避免规模过小造成资源有限而影响发展空间。其次，合理的治理单元须是一个利益相关的共同体，有共同的集体产权和产业基础，要改变当前农村治理单元按照行政化管理、人为地进行区隔的模式。再次，合理的治理单元须在地域特征上相近，相近的地形地貌条件形成了人们生产、生活的共同空间和外部环境，人们与地势、地形相互依存、相互依赖，容易在对共同生活地域的环境维护上形成共同参与，共同参与就为组织治理提供了条件。最后，合理的治理单元须具有共同的历史文化背景，共同的历史文化背景为村民自治凝聚基本共识，农民对本村、本族有着共同的认知、认同，这为村民参与组织的治理提供了基本的共识条件，情感相通、习俗相同、信仰相继和思维相同，使人们愿意接受传统遗存的乡规民约，也愿意按照乡规民约参与组织治理，同时也容易找到以最低交易成本组织村民的途径。

当前，我国南方一些农村宗族传统保留得比较好的省份，已经开始积极地探索村民自治的有效实现形式。例如，广西壮族自治区河池市以清洁农村为载体，在建制村以下的屯建立理事会，组织农民参与清洁农村活动，并下派大量干部组织清洁活动，整治环境将党的基层组织与村民自治结合起来。湖北省宜昌市早在21世纪初就注意划小治理单位，提出农村社区建设，近年在建设“幸福村落”活动中，以利益相关和地域相近为标准，将建制村以下的村落作为基本治理单位，发挥村民内在的主动力量，实现自我发展。广东省清远市推行“三个下移”，即将原来的“乡镇—行政村村委会—村民小组”调整为“乡镇—片区—村委会”，将“乡镇党委—行政村党支部”调整为“乡镇党委—行政村党总支—自然村党支部”，健全县、镇、村三级社会综合服务平台，实现村民自治、党组织建设、农村公共服务从行政村下移到自然村，夯实了农村基层组织，激发了农村活力，调动了农民参与的积极性。

通过重划基层治理单元，可以使党在基层的领导作用更好地发挥。以“三个下移”为例，通过将党组织建设由行政村下移到自然村，原有的行政村党支部升格为党总支，同时在村民小组（自然村）新建党支部，使党的领导力量延伸到农村基层的最末梢。在党组织领导下，传统的宗族、乡绅等乡村治理的有利因素得到了有效利用，与党的基层组织联系更为紧密，新的村委会和党支部的对接更为顺畅。

三、理顺农村组织之间的关系

由于改革不到位、体制不完善，当前农村不同的基层组织之间的关系不顺，甚至存在较大矛盾，这在很大程度上弱化了农村基层的组织化程度，造成基层组织的战斗堡垒作用无法发挥甚至“内卷化”，使得村民自治虚置化。农村公共品的有效供给、农村与国家之间的联系都要依靠有力的基层组织。因此，改革中应着力把重要的农村基层组织之间的关系理顺，重建组织对基层社会的影响力，使农村社会治理重新组织化。

第一，村“两委”和县、乡政府之间的关系。根据《中华人民共和国村民委员会组织法》，在党组织领导下的村委会的职责只是协助乡镇政府开展工作，而非直接承担上级工作，但当前县、乡政府给村“两委”指派的任务显然过于繁重。对此，一方面，要落实基层自治权力，赋予村级组织更多的自由。另一方面，要完善法律规范，明确县、乡政府与村级组织的权责边界，对超越村级组织责任范围的任务，如确实需要其执行，应当配备相应的财力和物力。

第二，村级组织和集体经济组织之间的关系。组织作用的发挥来源于对经济资源的掌握，强化基层党组织对农村经济的控制力是农村社会治理的重中之重。一是基层党组织要扎根在经济组织中，将按地域设置党支部转变为把支部建在合作社、协会、社区等组织上，建在产业链上，始终把党的“毛细血管”延伸到实体经济中去。二是鼓励集成党组织领办合作社，党组织负责人要同时兼任集体经济组织负责人，掌握村集体的各项资源，实现党组织“实力化”。三是要建立以党的基层组织为载体的农村建设项目库，以项目为抓手，组织和动员农民参与新农村建设和扶贫开发项目，从而确立党组织对经济发展的主导权。

第三，村党支部和村委会的关系。当前，有些地方的基层党支部对村级具体事务全面管理，使村委会成为党支部的附属组织，这很可能使党组织卷入到各种利益矛盾之中，一旦处理不好，可能使村党支部与群众产生冲突，甚至影响到党群干群关系。还有些地方的基层党支部内，党员队伍年龄老化、能力不足、文化素质水平低下，基层党组织在群众中威信不高，影响到了党在基层的执政基础。对此，一方面，要使党组织摆脱各种直接的利益矛盾，避免出现村党支部书记和村委会主任“一肩挑”现象；另一方面，要加强党员干部队伍建设，注重吸纳一些政治过硬、能力较强的人加入党组织，优化基层党组织的年龄、素质结构，强化基层党组织的战斗堡垒作用。

四、提高村级组织使用外部资金的有效性

如前所述，中国农村的纵向政治即国家和农民之间的关系，已经由国家从农村提取资源转变为向农村反哺。国家对农村的反哺包括两类资源：一是各类直接针对农民的补贴；二是各行业主管部门进行的农村公共物品和公共服务等项目建设投资。大量的涉农资金投入对改变农村面貌、提高农民生产生活水平，尤其是帮助农村贫困群体脱贫致富都有着重要作用，但仍然存在着资金使用低效的问题。未来的改革，要重点从两个方面克服涉农资金使用低效的问题：一是避免自上而下的资源被“精英俘获”；二是要加大涉农资金的统筹力度，避免出现资金“撒胡椒面”现象。

首先，要避免资源被农村新兴精英过度俘获，关键还是要提高组织化程度，提高农村治理的参与性，使村社内部形成对资源使用状况的自发监督，形成压制不良地方势力的集体行动力量。对此，一方面，要大力发展以能够吸纳农村弱势群体参与的文化建设，通过农村文化的重建增强社区合作意识、合作能力，从文化组织入手提高参与性的同时，也带来社区文化价值和良性治理生态的改变；另一方面，进一步推动弱势群体在生产、购销及资金方面展开互助与合作，在合作的基础上实现风险分散和收益稳定，获得持续发展的基础，从而推动以弱势群体为本位再组织化，体现新农村建设战略内含的普惠制原则。

其次，要提高涉农资金的使用效率，避免基层组织在“不出事”逻辑下放任涉

农资金“撒胡椒面”。最有效的举措是对各类涉农资金进行整合，在下放权力、加强监管的原则下，鼓励基层组织对涉农资金统筹使用。对于普惠性涉农资金，允许基层党组织在征得全体村民同意的前提下，集中起来用于村内基础设施建设和发展公益事业；对于非普惠性涉农资金，以县为资金整合的主体，以乡镇为项目实施平台，通过统筹项目规划申报与预算编制调整，整合各级财政资金，用于农田水利等基础设施建设。县、乡政府，村“两委”应做好信息公开工作，让群众享有财政资金使用的知情权。审计部门要制定专门针对试点地区的审计制度，完善配套政策，鼓励基层组织大胆开展资金整合的探索。

第六节

农村集体经济发展的基本方向

尽管农村集体经济存在着许多一时难以解决的问题，但是它在未来的发展依旧是非常有潜力的。借助国家实施的乡村振兴战略，以实现共同富裕为目标，以建设社会主义现代化国家“两个十五年”为时间节点，推动集体经济与农业现代化同步发展，向更有活力、更有创新力、更高层次的方向迈进，不断壮大集体经济实力，保证农民在共建共享发展中有更多的获得感，成为走向共同富裕的重要基础和根本力量。

一、深化改革，建立和完善集体产权制度，提升农村集体经济发展活力

农村集体经济的发展需要深化农村土地制度改革，落实“三权分置”，稳定农村土地经营权。“保持土地承包关系稳定并长久不变，第二轮土地承包到期后再延长三十年”，不是为了继续保持包干到户的分散经营模式，而是为了农民手中的集体土地承包权证得到长期保障，在保障农民财产权益的同时，通过土地流转获取农业现代化所需要的规模土地[1]。提倡农户的土地流转首先向村股份合作经济集中整体流转，以“政府 + 企业”的建设模式，确保农民财产权益，壮大集体经济，避免21 世纪初部分农村在探索合作经济道路时，由于农民自发地、零散地向企业流转承包地而出现的“资本话语权”垄断问题[2]。

一方面，集体产权制度的建立要遵循生产关系一定要适应生产力发展水平这一

[1] 舒展、罗小燕：《新中国70年农村集体经济回顾与展望》，《当代经济研究》2019年第11期。

[2] 同上。

客观规律，切忌贪大求快，坚持量力而行，切忌搞形式主义与“形象工程”；另一方面，集体产权制度的具体实施必须尊重广大人民群众的意愿，发挥农民在农村集体经济中的主体作用，让广大农民有更多切实的获得感。

二、创新驱动，引入新的方式改造农村集体经济

创新是引领发展的第一动力。农村集体经济的发展关键是借助现代互联网、物联网等先进技术，通过体制机制创新、组织管理创新、产业整合创新，建立新型农业经营主体、服务主体，使得多种形式农业适度规模经营稳步有序推进，做大做强农村集体经济的蛋糕，实现发展的飞跃。

首先是体制机制创新。要充分利用农村集体所有制的经济权利平等优势，面向市场，因地制宜，加快实现农村资源资产化和产权明晰化，创新统分结合的双层经营体制，鼓励家庭承包地经营权向新型农村集体经济组织、新型合作社和合作组织流转。鼓励成立集体性质的公司，发展合作经济，发展集体经济联合体。大力提倡集体经济组织之间的联合，组建集体经济联合体，实现集体资本集中和人才集聚等多重效应，做大做强集体经济实体。其次是发展方式创新。面向市场推进农村经济的股份化、资产化、证券化，通过农民自主选择，发展农村新型集体股份合作经济。通过“资源变股权、资金变股金、农民变股东”等现代经济发展方式，把农村现有的资源，特别是闲置和低效利用的农村资源、资产、资金有效组织和利用起来，通过规模化、专业化、市场化的组织协同方式、生产经营方式，壮大农村集体经济，夯实社会主义在农村的经济基础。

三、产业融合，探索农村集体经济发展的新业态

农村村级集体经济的发展壮大必须突破单一农业发展限制，通过一、二、三产业融合发展，拓展经营性收入来源。村级组织应整合自身资源优势，因地制宜，探索生产服务、电商、旅游、健康、物业等产业与集体经济融合发展的新型业态。

在土地、林地、滩涂、水面等资源优势村，以集体经济组织为主导把农民有序、合理地组织起来，大力发展设施农业和特色农业，形成规模优势，并通过“集体+生产服务”模式，大力发展生产服务型经济。村集体以提供统一管理、有偿服务等形式，领办创办各类服务实体，为农民提供技术、信息、物资、流通、仓储等服务，对农民专业合作社或企业提供产前、产中、产后等有偿服务，增加集体经营收入。在特色农业发展基础比较好的地区，针对农产品销售难题，探索“集体+电商”模式，利用电商平台，发展特色农产品电子商务，将周边专业合作社、基地和农民个人的水果、蔬菜、草药、花卉等特色农产品汇集到电商平台，由集体组织专人经营管理，收取一定比例的费用支持村级集体经济。在自然风光优美、旅游资源丰富的村落，探索“集体+旅游”模式，以村集体为主导，大力开发特色旅游资源，发展休闲农业、观光旅游、体验旅游等。

四、改善治理，提高农村基层组织的集体经济管理能力

农村集体经济的发展壮大，离不开一套力量过硬的领导班子与精英式的“领头人”，需要培养造就一支懂农业、爱农村、爱农民的“三农”工作队伍。

第一，发挥村党支部书记、村主任等干部的先锋模范作用，加强对干部的技能培训与教育，提升对农村集体经济的领导能力；第二，把农村集体经济纳入干部业绩考核中，对农村集体经济发展效果显著、村级领导有力的给予奖励；第三，采取优惠政策，吸引优秀大学毕业生及其他人才回乡创业，引导资本下乡，获取资金、技术等方面的支持；第四，在盘活农村集体资产、土地确权并对土地进行统一规划等方面，发挥基层党组织的战斗堡垒作用，维护农村土地集体所有制性质，特别是在与龙头企业合作的过程中，维护广大农民的根本利益，带领广大人民群众走向共同富裕。

五、引入外力，探索农村集体资产增值的新路径

与城市相比，农村虽然落后，但是有着更为丰富的空间生态资源，即“山水林

田湖草”。新形势下，发展农村村级集体经济要坚持开放共享的理念，凭借农村自身资源与地缘优势，引入工业资本、外来资本，实现共同发展、合作共赢。

农村集体经济应争取共享城镇化发展红利。建立兼顾国家、集体和个人的土地增值收益分配机制，形成城乡统一的建设用地市场，让农民公平分享土地等资源资产增值收益。在符合规划和用途管制的前提下，允许农村集体经营性建设用地出让、租赁、入股，实行与国有土地同等入市、同权同价。充分保障农户宅基地用益物权，探索农村集体经济组织以出租、合作等方式盘活利用空闲农房及宅基地，增加农民的财产性收益。

但是目前最大的问题是，由于受到多种限制，农村集体资产不能向资本转化，无法与现代资本市场体系有效对接，成为无法利用或利用成本很高的低质资产。从资产价值来看，目前村集体最具利用价值和增值空间的资产当属土地资产。应抓住目前的窗口期，大力推进现代农业经营体系建设，使村集体在农业土地流转中发挥主导作用，实现资产盘活和资本增值。在大城市周边的农村，通过与农业公司合作，进行现代化农场经营是较为可行的。村集体可代表村民与现代农业企业签订土地流转协议，代表村民监督企业运营，索取并分配土地承包经营权的年度收益。

城市资本下乡利用农村空间生态资源创收需要慎重考虑、总体规划。城市资本下乡经营乡村土地并不是一本万利的。企业盲目地向乡村投入资本，圈占土地，搞所谓的规模经济，导致乡村的空间生态资源浪费甚至激化矛盾。城市资本下乡，决不能盲目跟风、一哄而下，而是要在行动前进行一定的总体规划，收集相关信息，再作出决策。在作出决策之前，企业可以提供资金支持乡村的公益事业，比如在乡村兴建文化娱乐场所、设立助学金资助乡村学生深造等。企业在乡村的公益行为推动了乡村的发展，同时也塑造了良好的企业形象，赢得了村民的好感，这就为企业下一步的资本投入奠定了坚实的基础。

综上所述，在乡村振兴的新时代，农村集体经济已成为农村经济的发动机，而要使农村集体经济发挥以上功能就必须实施制度改革、模式创新、产业融合，并改善治理、引进外力。

CHAPTER 6

第六章

民营经济的发展

学术界对“民营经济”这一概念的理解各不相同，研究范围也不尽相同，有的将其等同于非公有制经济，有的认为私营经济是民营经济，有的则认为民营经济是除了国有经济和集体经济以外的经济类型。民营经济的范围大到“非国有”，小到“私营”，外延之广，在经济学术语中较为罕见。在现实经济中，民营经济是一个庞大的群体，包括个体工商户、私营企业、外资企业、乡镇企业、股份合作制企业、民营科技企业、国有民营企业等，这些经济成分有的是相互包容和交叉的，如乡镇企业、民营科技企业中既有个体、私营企业，也有股份合作制企业。

改革开放以来，经过几十年的发展，民营经济已经成为我国基本经济制度的重要组成部分，成为创业就业的主要领域、技术创新的重要主体、国家税收的重要来源，为推动我国社会主义市场经济发展、政府职能转变、农村富余劳动力转移、国际市场开拓等发挥了重要作用。

第一节

民营经济与经济活力

民营经济的最初萌芽是市场主体自发的行为，是适应生产生活的客观需要而产生的。但是民营经济作为一种经济成分的发展过程，却与国家政策有着非常密切的关系。理论认识上的突破、法律法规的变动等直接影响民营经济的发展速度、水平和质量。民营经济在70年的发展历程中，完成了从“看一看”“公有制经济的补充”到“社会主义市场经济的重要组成部分”“经济社会发展的重要基础”“推动我国发展不可或缺的力量”的一次次蜕变和升华，成为经济体系和社会生活中最具活力的部分[1]。

一、民营经济是中国特色基本经济制度和社会主义理论体系的重要组成部分

中国共产党在领导经济建设和改革开放的伟大实践中，坚持一切从实际出发，尊重中国国情，选择符合人民需要的道路，对建设什么样的经济制度在不同时期有着不同的探索，对公有制经济和非公有制经济、国有企业和民营企业、国有资产和私人财产等重要关系的认识和理解越来越深刻。在理论指导实践的过程中，政策与市场各自发挥了不可替代的作用，有为政府与有效市场的分工和边界越来越清晰。

作为经济体制改革的先行者，民营经济立足于解决人民生活中急需解决的问题，从农村到城市，从日常消费的轻工业和商贸业出发，形成一个个小的旋涡，吸引资本、人才进入，并根据市场反馈不断调整资源组合，进而形成鲶鱼效应，吸引产业集群、市场聚集，在此基础上推动了相对滞后的国有经济进行产品、管理和产

[1] 习近平：《在民营企业座谈会上的讲话》，人民出版社，2018。

权制度等各方面的改革，最终提高了整个经济体系的运行效率，共同创造了市场经济发展的中国模式。

不仅如此，在经济发展的过程中，非公有制经济的制度红利还不断溢出到政治、文化、社会等领域，非公有制经济被写入了宪法、党章，成为政治、经济、文化、社会、生态五位一体社会主义理论体系的重要组成部分，丰富和拓展了中国特色社会主义理论的内涵。党的十九大把“两个毫不动摇”写入新时代坚持和发展中国特色社会主义的基本方略，作为党和国家的一项大政方针进一步确定下来。

二、民营企业是中国现代化市场经济体系的重要建设主体

新中国成立以来，特别是改革开放以来，民营经济从小到大、从弱到强，不断发展壮大，在实体经济增长中发挥了不可替代的作用。截至2017年底，我国民营企业数量超过2700万家，注册资本超过165万亿元。民营经济贡献了50%以上的税收，60%以上的国内生产总值，70%以上的技术创新成果，80%以上的城镇劳动就业，90%以上的企业数量[1]。

由此可见，民营企业已经发展成为规模最大的投资主体、国家税收的重要来源、创业就业的主要领域、技术创新的强大载体、参与国际竞争的有生力量，为经济的工业化信息化转型、国际市场开拓和社会主义现代化国家建设发挥着不可或缺的作用。

创新是一个民族进步的灵魂，是现代经济增长的内在动力。民营企业作为创新的主力，无论是技术创新还是商业模式创新都走在前列，在创新驱动的发展道路上越走越宽，从改革开放初期的待业青年变个体户创业青年，1992年邓小平南方谈话之后大量公职人员下海，21世纪初互联网浪潮下留学人员回国创业，到金融危机之后的大众创业、万众创新，民营企业从生存型、被迫式地创业创新，发展到科技追赶型、主动式地创业创新，而我国也成为位居全球第一的发明专利大国。在科研成

[1] 习近平：《在民营企业座谈会上的讲话》，人民出版社，2018。

果的转化过程中，进一步推动了相关政策改革和配套工艺的革新，在全球产业链中的地位不断提升。特别是自2014年“双创”行动（大众创业、万众创新）开展以来，每天新登记注册的企业超过万户，96%以上是民营企业，民营企业成为中国经济从高速增长向高质量发展的积极探索者。

三、民营经济是推进我国城市化和国际化发展的有力支撑

城市化和国际化是改革开放的两大支柱，也是我国经济增长和社会发展的两大动力。改革从农村扩展到城镇，谱写了传统农业、农村、农民向现代工业、城市、市民大迁移的战略图景；开放从特区试点到全域落实，谱写了一个古老文明告别封闭自给寻求共享共荣建设人类命运共同体的伟大梦想。

早期的私营企业大多出现在农村或城市郊区，发展到一定规模后，农村的各种条件无法满足企业扩张的需要，就会出现“进城现象”。民营经济对推动农村富余劳动力转移、参与城市开发建设、形成世界工厂、开拓国际市场发挥了积极作用。在发展过程中，民营经济的各类参与者以敏锐的洞察力和敢为人先的行动力，主动、积极融入国家发展战略和五年规划，从实际出发不断调整自身定位，在一轮又一轮的资源重新配置和组合过程中充分运用市场规律，不断拓展供求边际曲线。在农村改革启动初期，大量土地、人员从制度的桎梏中解放出来，自发组合解决最迫切的温饱问题，通过小企业小市场满足最低等级的衣食住行的需求。随之出现的大量农村富余劳动力，为工业生产提供了低成本的投入要素，奠定了中国工业发展和成为世界工厂最重要的基础，并推动了土地、资金、技术、企业家精神等要素的重新组合，形成了独具特色的生产函数，民营经济在国内产业升级和国际产业链中不断创造发展经济学奇迹。

民营经济的灵活性导致其在国家战略的不同发展阶段都能追求利益最大化，从“三来一补”“中国制造”到“中国创造”都有民营企业活跃的身影，而且诞生了多家具有国际竞争力的中国跨国公司。在世界500强企业中，我国民营企业由2010

年的1家增加到2018年的28家。无论是内需为主的房地产、城镇化建设，还是外需为主的国际贸易、投资大循环，不管是在经济高速扩张的外延式增长阶段还是高质量发展的内涵式增长阶段，从原始的手工业、农业、商业到现代的重化工业再到网络时代的多元复合业态，民营经济都能抓住机会，不断蜕变，实现迭代升级，成为国家战略的重要载体和平台。

四、民营企业是我国资本市场和多元化金融生态的重要推动力量

实体经济发展离不开金融的支持，金融体系的完善和效率在相当程度上影响了实体经济发展的速度和质量。资本市场是改革开放中金融领域的最大增量，民营企业不仅通过资本市场获得发展动力，壮大非公有制经济的比重，而且通过不同的融资结构、治理结构、产权结构推动多元化金融生态的丰富和完善。

在金融体制改革和金融市场发展的过程中，民营经济和资本市场的匹配度是比较高的。由于各种因素，大部分民营企业在发展初期很难通过银行体系得到资金支持。资本市场和民营企业则是互相助力、良性循环，不仅实现了自己的阶段发展目标，也滋养壮大了对方。从资本市场成立特别是2000年以来，民营企业上市数量快速增长，行业分布广泛，市值占比不断提高，地区分布与民营经济的活跃程度高度正相关。截至2020年9月1日，A股民营上市公司2550家，占全部上市公司（3994家）的63.8%。

除了A股市场以外，大量的民营企业在美国、新加坡及中国香港地区等境外市场上市，成为境外投资者了解中国内地民营经济发展和改革开放的重要途径、分享民营经济高速增长创造的财富的重要方式，同时在更广范围内熟悉国际金融市场规则、参与国际竞争、完善治理结构，成为国际产业链中的跨国公司。

五、民营企业是承担社会责任投身脱贫攻坚的重要力量[1]

任何所有制成分的发展都离不开社会环境，民营企业从无到有、从小到大始终与中国社会的进步紧密相连。因此，回报社会、履行更多的社会责任、实现更高价值就成为企业做大之后的必由之路。从社会最底层发展起来的民营企业最理解民生之艰辛，最清楚城乡、区域高度不平衡发展的事实，对从一部分先富起来到脱贫一个都不能少感同身受，因此在做大企业的同时，要致富思源，义利兼顾，设立各种公益基金，从希望工程、环境保护、扶贫济困等各方面回报社会。

从早期的光彩事业基金，到各类慈善公益，再到非政府组织（NGO）项目的专业运营，民营企业越来越注重社会和生态环境的可持续发展，特别是近10年来，通过参与扶贫攻坚、污染防治、区域振兴、“一带一路”建设，民营企业履行社会责任的领域已经从单纯的捐款、慈善扩展到社会、文化和生态等各个层面，在经济和社会的转型、构建和谐劳动关系、保护生态环境等方面都作出了突出的贡献，已经成为履行企业社会责任、践行社会主义核心价值观的生力军[2]。

综上所述，民营经济与经济活力的关系可以概括为：顺势而为、先农村后城市、市场与政府并行、借助资本运营实现跳跃式发展、义利兼顾追求多元价值。顺势而为是指民营企业家的政策敏感度非常高，能迅速抓住政策和体制变革带来的巨大机会。在经济转轨的大潮中，与时俱进、顺势而为是企业向前发展的根本保障。先农村后城市、市场与政府并行、借助资本运营实现跳跃式发展、义利兼顾追求多元价值等都是在顺势而为的原则指导下衍生出的必然选择。这种选择不仅对保持经济活力非常必要，而且对整个经济社会体系的可持续发展都是非常重要的。

[1] 《习近平给“万企帮万村”行动中受表彰的民营企业家的回信》，http://www.gov.cn/xinwen/2018-10/21/content_5333265.htm。

[2] 中华全国工商业联合会发布的2015—2019年《中国民营企业社会责任报告》。

第二节

改革开放前民营经济的发展

20世纪50年代中期对工商业的社会主义改造完成后，民营经济就从中国的经济生活中消失了。20世纪70年代中期农村的商贸活动逐渐复苏，私营经济以此为基础，星星点点地发展起来。由于受到政策和观念的制约，当时的民营经济规模较小，主要分布在农村或乡镇地区。因此，改革开放前的民营经济发展主要包括两个阶段：第一阶段是从存在到基本消亡，第二阶段是地下为主的草根式自生萌芽。

一、第一阶段（1949—1958年），通过合营过渡、和平赎买，城市和农村的民营经济逐渐消亡

1950年12月，政务院颁发《私营企业暂行条例》，从法律上安定私营工商业，提高其生产经营积极性。但是1951年12月到1952年10月的“五反”运动导致私营经济的比重下降。私人工业在工业总产值中的比重由1949年的48.7%下降为30%，全民所有制工业在工业总产值中的比重由26.2%上升到41.5%，公私合营的比重上升到4%[1]。

1953年，我国开始实施第一个五年计划，对农业、手工业、资本主义工商业从私营向国营和集体所有制转变的社会主义改造同时进行。“向社会主义过渡的总路线”明确指出，改造要在大约15年的时间内逐步实现，特别是民族资产阶级将继续起主要作用。1954年的《中华人民共和国宪法》第五条、第九条、第十条、第十二条都规定依法保护私有财产，采取利用、限制和改造的方式转变为不同形式的国家资本主义。但是在后来的执行过程中速度之快也远远超过了政策制定时的预计。到

[1] 朱佳木：《毛泽东与中国工业化》，《毛泽东邓小平理论研究》2013年第8期。

1956年底，私营工业人数的99%、私营商业人数的85%实现了公私合营，农村90%以上的手工业劳动者加入合作社[1]。“一五”计划结束时城市私营工商业基本消失。

农村私营经济在1949年以前以手工业和个体户商贩为主，1952年秋开始建立初级农业生产合作社，经过解散、退社、速度几次加快和放慢，中间也有扩大私人生产和恢复自由市场的努力[2]，但总的政策基调是跃进式的。执行层面更是“一刀切”式地推行，政策和执行层面的互相叠加指标导致的加速度使得农村社会主义改造提前完成。中央在1953年制定的指标预计到1957年底有20%的农户参加合作社，实际上到1956年底，95%以上的农户被组织进农业生产合作社，有效地消灭了土地、耕畜、农具的私有制[3]。1958年5月，中共八大二次会议正式通过了“大跃进”的发展策略，同年8月，中共中央政治局扩大会议通过了《关于在农村建立人民公社问题的决议》，人民公社成立，公有化成为唯一选择，到1958年末，99.1%的家庭都是公社成员，私人家庭财产被充公，农村私人资本基本消亡[4]。

二、第二阶段（1959—1977年），在全面建设社会主义的指导方针下，民营经济成分基本让位于国有经济和集体经济

1959—1961年三年困难时期让“大跃进”和人民公社内在的制度缺陷显现出来，从1961年初开始，政策进行了部分纠偏，部分放松了个人参与经济活动的限

[1] 黄孟复：《中国民营经济史·大事记》，社会科学文献出版社，2009。

[2] 周恩来和陈云在1956年4月至1957年制定了“反冒进”的计划，包括坚持现实的指标、在农业生产合作社的框架内扩大农民私人生产的范围、重建有限度的农村自由市场、缩小农业生产合作社的规模等。1959年下半年，中央批准重新开放在1958年公社运动开始时关闭的农村集市，允许恢复私人饲养家禽家畜，还可以从事缝纫、刺绣等手工业，以及采收野生植物、钓鱼、打猎等，这些产品都可以在集市上出售。但是1962年3月这些行为被严厉制止。

[3] 国家统计局编《伟大的十年：中华人民共和国经济和文化建设成就的统计》，人民出版社，1959。

[4] 运动式的狂热体现在经济和社会生活的所有方面，1953年大约总产量的2/3来自私人拥有的农田、手工企业和工厂，到1957年这一比重下降到不足3%。

制[1]，民以食为天的生存本性让务实的基层干部、农民开始反思和挑战“大锅饭”体系，安徽、浙江等地尝试进行包产到户、分田单干。部分城市允许工商业者独立经营，沿街叫卖的小贩、路边裁缝和地摊小吃经营者重新出现在人们眼前。

1964年4月，中共中央、国务院下发《关于进一步开展代替私商工作的指示》，政策开始全面转向，全面消灭资本主义成为压倒一切的任务。1966年9月，中共中央批转国务院财贸办公室和国家经委《关于财政贸易和手工业方面若干政策问题的报告》，规定公私合营企业全部改为国营企业，向资本家发放的定息一律取消，资方代表一律撤销。在政策执行过程中，许多民营企业家受到伤害。城镇个体工商业者从1965年的171万人减少为1978年的14万人，经营规模更是微不足道[2]。

针对农村个体手工业和商贩，从1966年9月到1970年初，国务院、中央“文革”小组相继颁布了各种通知、指示，取缔手工业户，将农村商品流通确定为非法活动。5年中，个体手工业基本消失，小商小贩数量急剧下降。到1976年底，私营经济在我国已经绝迹，个体经济也微乎其微。

在农村，为了满足农民最基本的生产和生活，公社和大队创办了小型社队企业。小型社队企业虽然属于集体所有，但实际上大部分由个人经营，1978年以后这10万家小工厂成为星星之火，迅速燎原，让人们重新认识市场和产权的神奇力量，创造了改革开放的第一波成果[3]。在城市经济的发展中，由于20世纪60年代中期中苏关系和地缘政治的紧张化，“三五”计划被取而代之，经济建设的主旋律变

---

[1] 1961年1月党的八届九中全会提出“调整、巩固、充实、提高”的八字方针，同年1月15日发布《关于目前农产品收购工作中几个政策问题的规定》，同年6月15日下发《农村人民公社工作条例（草案）》，恢复有限自由市场，自留地的产品可以到农贸市场出售。同年6月19日发出《关于改进商业工作的若干规定（试行草案）》和《关于城乡手工业若干政策问题的规定（试行草案）》，指出个体经济是社会主义经济的必要补充，应该积极发展。1962年又陆续颁布了关于手工业、民间运输业、资产阶级工商业者、私有出租房等政策。

[2] 黄孟复：《中国民营经济史·大事记》，社会科学文献出版社，2009。

[3] 1960年为了大炼钢铁，社队企业的数量增长到11.7万家，1963年降到1.1万家，1966年升至1.2万家，1970年升至4.5万家，1976年升至10.6万家。见国家统计局编《中国统计年鉴1981》，中国统计出版社，1982。

成“三线建设”，大量沿海地区的国营企业搬迁到内地山区。在搬迁过程中，迁出地的生产活动被迫中断，为了解决群众的吃、穿、用问题，少数民营企业开始进行生产。以浙江为例，1964—1978年，工业增加值年均增长率为1.8%。在1978年的工业总产值中，中央企业和大中型企业的占比分别为2.6%和16%，非国有工业占38.7%，居全国之首。

由于苏联模式的决定性影响，高度集权的指令性计划经济体系成为新中国前30年理论和实践的方向，在以所有制区分的方式来定义产业类型、以计划生产和平均分配为主要特征的社会主义经济建设探索中，公有制成了不容置疑的选择，学术界对民营经济的作用几乎没有进行研究，民营企业服从国家建设大局，为工商业社会主义改造和全面建设作出了重要贡献。

第三节

改革开放后民营经济的发展

所有的改变都从1978年底开始，民营经济也不例外。改革开放40多年来，民营经济在发展中有三次重要的历史机遇：20世纪80年代的价格改革，催生了商业领域的民营化风暴；20世纪90年代的资本市场发展，助推民营经济进入快车道；20世纪90年代末延续至今的国资改革，与城市化和国际化发展的大环境融合在一起，成为民营经济进入主流社会的驱动力量。与此相对应，本节将改革开放后民营经济的发展划分为三个阶段。

一、第一阶段：摸着石头过河的试水期（1978—1992年）

试水期的主要特征是理论和实践的各种试点、观察、争论，虽然有曲折甚至暂时停顿，但一直大胆地试，最终明确了市场经济的方向，为之后的快速发展奠定了坚实的基础。

从20世纪70年代中后期到1988年宪法修正案确立私营经济的合法地位，大约经过了10年时间。这一时期还没有出现“民营经济”的提法，在政策上出现了“自营专业户、个体经营者、私人企业、个体经济、私营经济”等提法，在实践中以自发性、试探性为主。

对这10年而言，重要的不是民营经济发展了多少、发展到什么水平，而是通过不同形式的实践、试点，党和政府对民营经济的认识取得了具有划时代意义的突破，确立了发展民营经济的指导思想，并从法律的高度明确其合法地位。理论研究、制度建设、观念突破等对以后民营经济的发展起到了非同寻常的作用。

对个体和私营企业的认识从20世纪80年代开始突破，1980年温州的章华妹领到了第一张个体工商户营业执照，到1987年全国城镇个体工商业等各行业从业人员达到569万人，在相当程度上解决了返城人员的就业问题。第一次提出允许私营企业存在的中央文件是1987年1月的《把农村改革引向深入》的通知[1]，在同年10月，党的十三大报告指出："社会主义初级阶段的所有制结构应以公有制为主体。目前全民所有制以外的其他经济成分，不是发展得太多了，而是还很不够。对于城乡合作经济、个体经济和私营经济，都要继续鼓励它们发展。""实践证明，私营经济一定程度的发展，有利于促进生产，活跃市场，扩大就业，更好地满足人民多方面的生活需求，是公有制经济必要的和有益的补充。"

1988年4月12日，七届全国人大一次会议通过了《中华人民共和国宪法修正案》，在宪法第十一条中增加"国家允许私营经济在法律规定的范围内存在和发展。私营经济是社会主义公有制经济的补充。国家保护私营经济的合法的权利和利益，对私营经济实行引导、监督和管理"。这是首次在法律上对私营经济的合法地位给予确认。1988年6月，国务院颁发了《中华人民共和国私营企业暂行条例》《中华人民共和国私营企业所得税暂行条例》和《国务院关于征收私营企业投资者个人收入调节税的规定》等三项法规，对私营企业的权利、义务，国家对其监督管理等方面的内容进行了规定。以《中华人民共和国宪法修正案》和上述法规的颁布实施为标志，私营经济的发展从自发的、部分地区的试点进入受鼓励的、全面起步的新阶段。

从20世纪80年代末开始，国家工商行政管理部门将私营企业从个体经济中分离出来，开始单独统计其活动数据。受到1989年以后治理整顿的影响，私营企业的发展道路并不是一帆风顺的。从图6-1可以看出，私营企业的开户数、从业人员数、

[1] 文件指出："对农村各类自营专业户、个体经营者要实行长期稳定的方针，保护其正当经营和合法权益。要尊重他们选择经营形式的自由，不可任意强制改变他们的生产方式。个体经营者为了补充自己劳力的不足，按照规定，可以雇请一二个帮手，有技术的可以带三四个学徒。对于某些为了扩大经营规模、雇工人数超过这个限度的私人企业，也应当采取允许存在、加强管理、兴利抑弊、逐步引导的方针。当时国家对超过 8 个员工的私营企业持"看一看"的谨慎态度，实行"三不"原则，即：不提倡、不宣传、不抵制。

注册资金和营业额在1989—1992年增长比较平稳。通过对国家工商行政管理总局的《工商行政管理统计汇编》中不同所有制企业的数据比较发现，私营企业的户数、注册资金的增长慢于外资企业，但明显快于国有企业和集体企业。从业人员的增长速度同样慢于外资企业。在税收方面，私营企业缴纳的税收数量较少，在全国工商税收总量中所占的比重非常低，但增长速度远远高于国有企业和集体企业（见图6-2）。这些数据充分反映了私营企业起步阶段的特点。

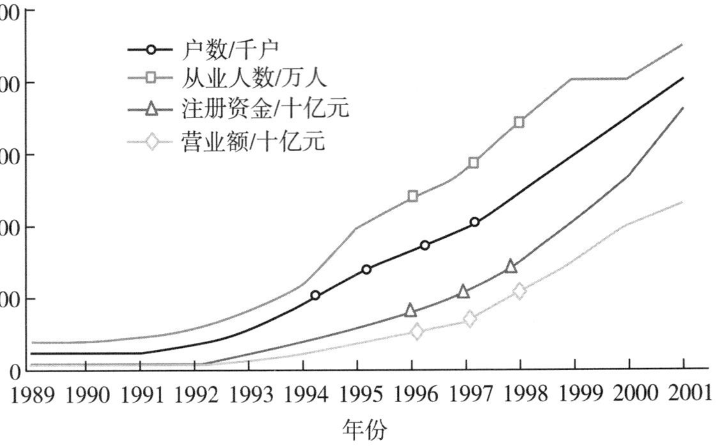

图6-1　我国私营企业的基本情况

资料来源：国家工商行政管理总局，中国光彩网。

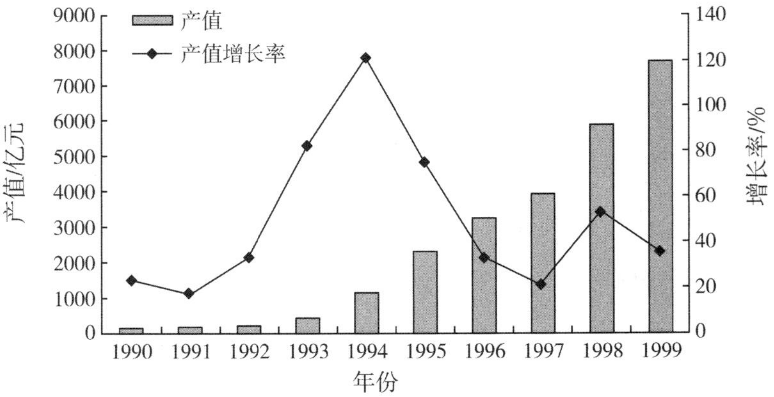

图6-2　我国私营企业产值及其增长率的变动趋势

资料来源：国家工商行政管理总局《工商行政管理统计汇编》。

二、第二阶段：规模快速增长的10年（1993—2002年）

党的十五大将非公有制经济的地位提升到我国社会主义市场经济的重要组成部分，提出“公有制为主体、多种所有制经济共同发展，是我国社会主义初级阶段的一项基本经济制度”。这是对之前“公有制经济必要的和有益的补充”提法的重要突破。5年后的党的十六大更前进了一步，将私营企业主在内的六类人定位为“有中国特色社会主义事业的建设者”，在政治上应该一视同仁、平等对待。这种宽松的氛围成就了民营经济增长的黄金10年，各项经济指标都突飞猛进，并且显著高于同期的国有企业、集体企业和外资企业。

在这10年中，民营企业发展的第一个高潮是1992—1993年。受到邓小平南方谈话的直接推动，民营企业迎来了改革开放以来的爆发式增长。这两年是私营企业增长速度最快的一年。如图6-1所示，1992年私营企业的户数为13.9万户，1993年达到23.8万户，增长了71.2%；1993年注册资金达到681亿元，是1992年的2.1倍，户均注册资金增长了80.8%，是增长速度最快的一年。与此相适应，私营企业的税收增长也达到当时的历史最高纪录，1993年为10.46亿元，比1992年的4.55亿元增长了1.3倍，在随后两年继续保持高速增长的态势，1997年随着全国经济的“软着陆”，发展速度相对缓慢下来，高速发展中积累的问题逐渐暴露出来，民营企业进入短暂的盘整时期。

民营企业增长的第二个高潮是20世纪90年代末，以国企的私有化浪潮和民营高科技企业的发展为突出特征，并形成了独具特色的产业集群和区域模式。第一，国企改革在“国退民进”的指导原则下深入到产权层次，大批国有企业、集体企业通过改制成为私营企业，这些改制企业与此前主要依靠自有资金完成原始积累逐步发展起来的私营企业相比，资产存量多，起点高，规模大。第二，民营科技企业的重要性在20世纪90年代末开始凸现出来。部分国有和集体科技企业改制，也有相当比重的新办科技企业直接选择了私营或股份制。其行业特征非常明显，集中在高新技术领域。在企业规模上，虽然起步较晚，但发展速度很快，出现了许多大型的企业集团，诸如联想集团、深圳华为、上海复星等都在之后20年成长为行业的领先企业。华为于1988年成立，由7人和2万元资金起步，1999年实现销售额120亿元，成为国产通信设备行业最大的生产商。复星于1992年创办，上市后发展迅速，以年均70%左右的速度增长[1]。第三，由于各地政策执行力度不同，资源禀赋差异，民营经济在发展过程中呈现出不同的路径，在所有制结构、产业分布、管理模式、发展特征、政府关系等方面，具备了相对清晰的特点。民营企业早期发展模式如表6-1所示。

表6-1　民营企业早期发展模式的主要特征比较[2]

项目	温州模式	苏南模式	晋江模式	深圳模式	上海开发区模式
所有制特点	个体、私营企业	集体企业改制	联户企业	个人创业	外资企业、外地企业
起步资金	个人积累	乡镇集体	侨资	外资	外地资本、外资
产业分布	小商品加工、贸易	工业电器	“三来一补”的加工贸易、服装鞋帽	高科技，以IT为主	基础设施、房地产、高科技
企业特征	规模小，数量多，家族式管理	规模较大，有品牌，内部治理需要加强	制鞋、轻纺的品牌效应带动企业发展	规模差别较大，个体差异明显，有强烈的资本意识	起步晚，规模较大，内部治理较完善，对政府的依赖较大
管理体制	家庭作坊	工业园区	家族与企业制度结合	创业型企业管理方式	现代企业制度
金融支持	自发的民间金融	信贷支持较多	侨资	风险投资	外资、银行信贷
政策优惠	较少	较多	较多	较多	较多
与政府关系	一般	较好	先自发后引导	自发与引导结合	引导为主

[1]　李普：《关于中国民营科技企业发展状况的报告》，载张厚义、明立志、梁传运主编《中国私营企业发展报告NO.3（2001）》，社会科学文献出版社，2002。

[2]　本表中的特征比较仅仅是对部分资料整理的结果，可能挂一漏万，不能反映五种模式的全部情况，更不能成为判断这些发展模式优劣的依据，特此说明。

三、第三阶段：质量提升铸就市场经济的基石（2003—2020年）

党的十六大在政治导向和意识形态的高度扫除了民营经济发展的制度性障碍，之后制度红利不断显现。同时，伴随“入世”后国际经济环境的变化和中国城镇化、国际化的快速发展，民营经济在市场体系实践中如鱼得水，进入质量提升、结构优化、治理现代化的新阶段，这也是新中国成立和改革开放以来最重要的发展时期。

在这一阶段，党和社会对民营经济的认识不仅完成了理论层面的升华，而且各项政策从实践中不断深化和落地，完成了中国特色经济制度和市场实践相融合的过程。与此同时，民营经济也完成了从公有制的补充到并驾齐驱的转变，成为现代市场经济体系不可或缺的两大基石之一。其发展特征主要包括：

（一）国家以健全完善基本经济制度为导向，出台了一系列鼓励民营经济做强做优的政策措施，在市场准入、公平竞争、要素分配、产权保护、财税融资等方面都有较大突破

党的十六大创造性地提出了“两个毫不动摇”作为基本经济制度，各种所有制经济完全可以在市场竞争中相互促进、共同发展。在这一基本原则指导下，首次提出放宽市场准入，实现公平竞争，充分发挥非公有制经济的重要作用；首次确立劳动、资本、技术和管理等生产要素按贡献参与分配的原则，保护一切合法的劳动收入和非劳动收入；首次提出要完善保护私人财产的法律制度，2004年的《中华人民共和国宪法修正案》明确国家依法保护公民的私有财产权和继承权。这些指导原则为之后的新制度供给提供了方向，开创了理论指导实践、双向突破、互相助力、良性循环发展的新范例。

党的十六届三中全会通过的《中共中央关于完善社会主义市场经济体制若干问题的决定》明确指出：“大力发展和积极引导非公有制经济。……清理和修订限制非公有制经济发展的法律法规和政策，消除体制性障碍。”2007年党的十七大在坚持“两个毫不动摇”的基础上，提出坚持平等保护物权，形成各种所有制经济平等竞争、相互促进新格局。

2012年党的十八大提出，毫不动摇地鼓励、支持、引导非公有制经济发展，保证各种所有制经济依法平等使用生产要素、公平参与市场竞争、同等受到法律保护。党的十八届三中全会进一步强调，“公有制经济和非公有制经济都是社会主义市场经济体制的重要组成部分，都是我国经济社会发展的重要基础”，“坚持权利平等、机会平等、规则平等，废除对非公有制经济各种形式的不合理规定”。“两个都是”和“三个平等”的重要论述表明党对非公有制经济的认识达到了新的高度。

2017年党的十九大对中国特色社会主义理论体系进行了全新阐述，在新发展理念中再次强调必须坚持和完善我国社会主义基本经济制度和分配制度，毫不动摇巩固和发展公有制经济，毫不动摇鼓励、支持、引导非公有制经济发展，并且对如何贯彻新发展理念、建设现代化经济体系提出了明确的目标、要求和实施路线。这次报告从理论和实践相结合的高度全面、系统地论述了基本经济制度，对民营经济发展的认识更加成熟，也更加体系化。

在政府管理层面，2005年发布的《国务院关于鼓励支持和引导个体私营等非公有制经济发展的若干意见》，即“非公经济36条”，重点是放宽市场准入，特别是允许民营经济进入电力、电信、铁路、民航、石油等传统垄断行业。这是新中国成立以来第一部以中央政府名义发布的鼓励、支持和引导非公有制经济发展的政策性文件。2010年5月，又颁发了《国务院关于鼓励和引导民间投资健康发展的若干意见》，即“新36条”，明确指出鼓励和引导民间资本进入交通电信能源基础设施、市政公用事业、国防科技工业、教育卫生等领域，开放力度更大，内容更全面，操作性更强（见表6–2）。之后，各部委相继出台了42项所辖领域民间资本投资的配套措施。此外，2009年和2012年还分别颁发了《国务院关于进一步促进中小企业发展的若干意见》（“中小企业29条”）、《国务院关于进一步支持小型微型企业健康发展的意见》（“新29条”），至此突破性的政策框架基本成型稳定。两个“36条”、两个“29条”和42项配套措施构成了民营经济发展的政策体系。

表6-2 中共中央、国务院和全国人大关于促进民营经济发展的法律法规

法规名称	颁布日期	颁布主体	主要内容
中华人民共和国宪法修正案（1988年）	1988年4月12日	全国人大	第十一条增加“国家允许私营经济在法律规定的范围内存在和发展。私营经济是社会主义公有制经济的补充。国家保护私营经济的合法的权利和利益，对私营经济实行引导、监督和管理”。这是首次在法律上对私营经济的合法地位给予确认
中华人民共和国私营企业暂行条例、中华人民共和国私营企业所得税暂行条例	1988年6月	国务院	关于私营企业的综合性基本法规，规定了私营企业的标准、开办条件、种类、登记管理、监督管理等内容，对私营企业的权利、义务，国家对其监督管理等方面的内容进行了规定。私营企业的发展和管理被纳入了法制轨道
中华人民共和国中小企业促进法	2002年6月29日	全国人大	国家对中小企业实行积极扶持、加强引导、完善服务、依法规范、保障权益的方针，为中小企业创立和发展创造有利的环境
中国共产党章程（修正案）	2002年11月14日	中共中央	提出了“两个毫不动摇”作为基本经济制度，完善保护私人财产的法律制度，确立劳动、资本、技术和管理等生产要素按贡献参与分配的原则，保护一切合法的劳动收入和非劳动收入，要团结、鼓励、表彰和保护以民营企业家为主的新社会阶层人士
内地与香港关于建立更紧密经贸关系的安排	2003年6月29日	国务院	允许香港永久性居民中的中国公民在广东省境内申办个体工商户，从事商业零售
中华人民共和国宪法修正案（2004年）	2004年3月14日	全国人大	国家保护个体经济、私营经济等非公有制经济的合法权利和利益。国家鼓励、支持和引导非公有制经济的发展，并对非公有制经济依法实行监督和管理。国家依照法律规定保护公民的私有财产权和继承权。公民的合法的私有财产不受侵犯

（续表）

法规名称	颁布日期	颁布主体	主要内容
国务院关于鼓励支持和引导个体私营等非公有制经济发展的若干意见	2005年2月19日	国务院	“非公经济36条”，全面系统地发布非公有制经济的政策措施，对市场准入、资源分配、金融财税等都有明确的指导意见。到2007年5月废止6000余部规章和规范性文件
中华人民共和国物权法、中华人民共和国企业所得税法	2007年3月16日	全国人大	物权法保护个人在内的所有物权人的合法物权，所得税法结束了不合理的外资超国民待遇，让内外资企业的竞争环境更加公平
国务院关于鼓励和引导民间投资健康发展的若干意见	2010年5月7日	国务院	鼓励和引导民间资本进入交通电信能源基础设施、市政公用事业、国防科技工业等领域（“新36条”）。之后交通部、铁路局、银监会、国家工商总局、旅游局、住建部、国土部、教育部、商务部、国家能源局、水利部、工信部、民政部陆续发布相关政策措施和实施意见
中共中央 国务院关于完善产权保护制度依法保护产权的意见	2016年11月4日	中共中央、国务院	加强各种所有制经济产权保护、完善平等保护产权的法律制度，这是首次以中央名义出台产权保护的顶层设计方案
国务院办公厅关于进一步激发民间有效投资活力促进经济持续健康发展的指导意见	2017年9月15日	国务院办公厅	针对政策落实不到位、营商环境待改善、融资难融资贵等问题，提出了十个方面的政策措施，进一步激发民间有效投资
中共中央 国务院关于营造更好发展环境支持民营企业改革发展的意见	2019年12月4日	中共中央、国务院	从优化公平竞争的市场环境、完善精准有效的政策环境、健全平等保护的法治环境、鼓励引导民营企业改革创新、促进民营企业规范健康发展、构建亲清政商关系、组织保障等七个方面提出了指导意见

资料来源：中国政府网。

（二）市场准入获得突破、产权保护显著改善、国民待遇基本实现是民营经济成为市场基石的“三驾马车”

伴随着2005—2012年政策体系的逐渐完善，民营经济如鱼得水，从传统的轻工制造向重化工业扩展，从消费品投资到公用事业、大型基础设施投资扩展。如表6-3所示，市场准入不断获得突破，投资范围不断拓宽，民间投资进入重点垄断性行业和公共事业领域的比重和增速显著提升，民营经济在市场经济中的分布逐渐均衡，基石的作用越来越凸显。据不完全统计，到2012年底，民间资本在水电热气的生产供应业投资规模达到4637亿元，占比28%；在交通运输、仓储和邮政业的投资规模达到5802亿元，占比19%；在水利、环境和公共设施管理业的投资规模达到6201亿元，占比21%。在全国工商联发布的中国民营企业500强中，有398家企业投入节能环保、新能源产业，占入选企业的79.6%，显示出投资规模和市场拓展的效果[1]。

表6-3　党的十六大后民营企业进入传统垄断行业和公用事业领域的时间[2]

时间	获批筹建或新进入企业	所属行业或领域
2003—2004年	吉利、比亚迪等民营资本收购汽车企业	汽车整车制造
2003年4月	五马汽车出租公司收购十堰市公交集团	城市公交
2003年6月	民生人寿开业	寿险
2003年11月	天发股份	成品油批发
2004—2005年	鹰联航空、奥凯航空、春秋航空	航空运输
2005年4月	融诚资信	征信
2005年6月	凯旋航空管理	航空管理
2005年9月	东星国旅	增值电信业务运营
2006年2月	日升隆、晋源泰	小额信贷
2006年12月	上飞飞机制造	飞机装备制造

[1]　庄聪生：《中国民营经济四十年：从零到“五六七八九”》，民主与建设出版社，2018。

[2]　大成企业研究院编著《中国民营经济70年大事记：新中国成立70周年献礼》，中华工商联合出版社，2019。

（续表）

时间	获批筹建或新进入企业	所属行业或领域
2007年7月	中泽产权交易中心	产权市场
2010年5月	6家民营企业参与石油储备	国家石油战略储备
2013年12月	京东、迪信通等11家	通信虚拟运营商
2014—2015年	5家民营银行试点，10家民营企业发起	商业银行

在市场准入的同时，公平竞争、产权保护、财税融资等方面也相继得到改善，国企改制给了许多民营企业新的机会，通过参与国资混改、地方政府PPP项目、产业引导基金等各种方式，产权结构越来越多元化。在融资方面，民营企业无论在间接融资、直接融资市场还是进入银行业等方面，都获得了新的增量空间。其中资本市场在支持民营企业特别是中小微、创业型、科技型企业方面发挥了不可替代的作用。2004年开通的中小企业板，2009年开通的创业板，2006年开通的新三板，2018年设立的科创板，都是为新兴企业的快速发展助力。2011年底，沪深交易所上市公司2249家，民营企业1154家，占比51.3%，首次超过一半。截至2020年9月1日，A股民营上市公司2550家，占全部3994家的比重为63.8%。上市公司的年均增长速度高于国有控股企业，占市场比重也持续上升。除了A股以外，美国、新加坡及中国香港地区等境外市场都有民营企业的融资活动。

（三）民营企业成为中国经济从高速增长向高质量发展的先行者，积极探索从要素依赖到创新驱动、从利润驱动到可持续发展的转变

在“入世”后国际竞争环境好转和国内政策抑制改善的双重红利下，民营经济具备了“五六七八九”的发展特征。民营经济发展的总体情况如表6-4所示。2008年金融危机使得民营企业特别是出口占比较大的生产和贸易企业遇到了严峻的挑战，单纯依靠要素成本低廉的竞争优势快速消失，国内环境保护压力、资金成本和劳动力成本都在上升，迫使企业的发展转向创新和品质，走上质量提升的道路。在中国企业500强中，2008年民营企业有184家，2015年超过200家，2018年达到237家，其中营收超过1000亿元的企业有47家。截至2019年底，全国高新技术企业达到22.5万家，其中民营科技型中小企业超过15.1万家。民营企业通过自主创新和产学研协同创新，参与完成获得国家科技奖的项目的数量占比，从2006年的20%增长至2018年的75%。在2018年国家科技进步奖获奖单位中，民营企业数量超过了国有企业。工信部发布的2018年中国制造业单项冠军榜单中，有121家民营企业，占比从2017年的55.5%增长到2018年的75.6%。

表6-4　民营经济发展的主要数据对照

指标		2002年底	2018年底	2002年底占比/%	2018年底占比/%	复合年均增长率（CAGR）/%
户数	个体工商户	2377.5万户	7328.6万户	—	—	6.9
	私营企业	243.5万户	3143.3万户	—	—	16.2
城镇就业	全国	73740万人	77586万人	—	—	0.3
	私营企业	3409.3万人	21376万人	4.6	27.6	11.4
	个体	4742.9万人	16037万人	6.4	20.7	7.4
固定资产投资	全国	43500亿元	635636亿元	—	—	17.1
	私营个体企业	6519亿元	394051亿元	15.0	62.0	27.3
进出口	全国	6202.7亿美元	46224.2亿美元	—	—	12.5
	民营企业	532.1亿美元	18503.7亿美元	8.6	40.0	23.2
主营收入	全国工业	109485.8亿元	1022241.1亿元	—	—	14.0
	私营工业	11971.6亿元	306392.6亿元	10.9	30.0	21.0
利润	全国工业	5784.5亿元	66351.4亿元	—	—	15.4
	私营工业	490.2亿元	17137亿元	8.5	25.8	23.3
资产总额	全国工业	146217.8亿元	1093931.3亿元	—	—	12.6
	私营工业	8759.6亿元	239288.8亿元	6.0	21.9	21.5
税收	全国企业	16633亿元	169956.6亿元	—	—	14.7
	私营企业	945.6亿元	69362.6亿元	5.7	40.8	28.7
A股上市公司	全国	1123家	3584家	—	—	7.1
	民营企业	338家	2214家	30.0	61.8	11.7

资料来源：《中国统计年鉴2003》《中国统计年鉴2019》；2002年部分数据来自《中国民营经济70年大事记：新中国成立70周年献礼》；表格中营收、利润和资产数据是规模以上工业企业的数据。截至2020年9月1日，A股民营上市公司2550家，占全部3994家的比重为63.8%。

在创新发展的过程中，民营企业抓住2015年“互联网＋”、2018年供给侧结构性改革、2020年新冠肺炎疫情等几次大的环境变化，主动通过产品和服务供给创造新的需求，扩充市场边际曲线，投资增速和利润增速高于其他类型的企业，占全国投资总额的比重稳步上升。截至2020年9月底，民间固定资产投资243998亿元，占比55.9%，克服疫情影响，实现环比增长。在盈利方面，2020年1—8月，私营企业实现利润总额10699.7亿元，同比下降3.3%，显示出较强的抗风险能力[1]。其中以互联网为主的新兴产业逆势增长，民营企业为疫情防控积极转产，各种非接触商业模式持续火热，在线办公、远程问诊、在线教育等模式拉动新兴需求。

除了经济方面的发展以外，民营企业在这一阶段的突出特征是从追求利润为主向可持续发展转变，在环境保护、扶贫攻坚、公益慈善等方面成为履行社会责任的主体。2018年有1/3的民营企业已经主动淘汰高耗能、高污染的产品，在生态环境部环境服务业试点主体中占比66%。在产业扶贫方面，2018年进入全国“万企帮万村”精准扶贫行动台账管理的民营企业有7.6万家，共帮扶8.5万个村；产业投入712.5亿元，公益投入127.7亿元；安置就业人员67.97万人，技能培训84.6万人，共带动和惠及973.04万建档立卡贫困人口[2]。此外，民营企业已经成为全社会公益慈善事业的主体。从各种突发事件的捐赠到非政府组织专业运作，管理越来越规范，呈现出长期化、持续化、品牌化的特征。民营企业发起的非公募基金会占企业基金会总数的80%左右。在791家民营企业基金会中，有12家的原始基金超过1亿元。在2014年以后的企业捐赠比例中，民营企业始终排在第一；在超亿元的大额捐赠中，民营企业贡献了四成[3]。

[1] 国家统计局的数据显示：2020年1—8月，规模以上工业企业中，国有控股企业实现利润总额9509.4亿元，同比下降17.0%；股份制企业实现利润总额26340.8亿元，下降5.2%；外商及港澳台商投资企业实现利润总额10384.4亿元，下降0.4%。

[2] 高云龙、徐东江：《中国民营企业社会责任报告（2019）》，社会科学文献出版社，2020。

[3] 庄聪生：《中国民营经济四十年：从零到“五六七八九”》，民主与建设出版社，2018。

（四）民营企业从“三来一补”的加工车间变成全球制造工厂，利用两种资源开拓两个市场，不断提升产业集群的国际竞争力和影响力

2001年中国正式加入世界贸易组织，之后国家陆续调整进出口领域的法律法规和政策规定，允许一切企业法人和个人从事进出口贸易。从此，民营企业出口获得爆发式的增长，对外贸易增速高于全国平均水平，一直到2008年金融危机才有所调整。2008年民营企业出口贸易额达到3807亿美元，是1999年的604倍，占全国贸易出口总额的比重从1999年的0.32%提高到26.6%。2008年金融危机之后，其贸易增速有所下滑，但仍然高于国有企业和外商投资企业。

在从量到质的转变过程中，民营企业对两个市场两种资源的运用也越来越熟练，并且逐步摆脱国际社会对其制售假冒伪劣产品的质疑，在供应链上赢得行业尊重，完成了凤凰涅槃式的蜕变。产业集群的组团式发展最大可能地降低成本，分享创新，快速迭代，提高质量，从初级低附加值产品的加工车间成为自动化智能化的世界工厂，从加工零部件、生产成品到提供行业标准，进一步成为新品首发地和原创实验室，多项产品生产和出口居世界前列。

在出口的同时，进口也在快速增长。民营企业充分利用国外资源，降低要素成本，调节国内外需求，进口增速和占比也持续提升。2018年，我国民营企业对外贸易进出口增长的贡献度超过50%，有进出口实绩的民营企业共37.2万家，占同期有进出口实绩企业总数的79.1%，其中民营企业500强的海外收入达到3434亿美元。

在“走出去”投资方面，“入世”后国内市场国际化、国际竞争国内化，民营企业抓住机遇以市场为导向到境外投资，建立企业间互利共赢的竞争合作关系。通过直接投资、收购当地企业、合作合资建厂等多种方式，民营企业参与国际产业链分工调整，提高全球竞争力，数量不断扩大，并购发展迅速，区域不断扩展，逐渐形成一批有影响力的跨国公司。因为以市场规则为行为方式，民营企业较好地避免了意识形态的争议，所以其投资规模和增速相对国有企业更快。在新兴经济中活跃的独角兽绝大部分是民营企业，全球10大互联网公司中就有中国的4家民营企业。

得益于互联网和数字化的大背景，这些企业从诞生之日起就是全球化运营。在世界500强企业中，2010年有1家中国的民营企业，2016年增加到10家，2018年达到28家。华为、海尔、联想、吉利等企业树立了有竞争力的中国品牌形象。

（五）与国家整体发展战略相匹配，民营企业的公司治理结构融合了多种因素，形成了中国特色的治理模式

为了适应市场和政府同时发挥重要作用的混合经济体制，微观企业的治理结构也在不断调整。一方面，民营企业要从家族企业转型为适应大市场体系的现代企业；另一方面，民营企业要在红色导航仪的指引下进入党建体系，引领企业更快发展。

在发展初期，民营企业治理结构呈现出比较明显的家族企业特征，这种特征使得企业凝聚力强、运营效率高，从而较快地完成了资本的原始积累。但是随着企业的扩张，封闭式产权和家族成员管理的缺陷开始显现，不少民营企业开始进行所有权和经营权的分离，并且对家族的所有权进行分解和弱化，引进各类专业人才，淡化家族企业色彩。部分优秀的行业龙头企业通过上市转制为公众公司，完成治理结构的转型。在这个过程中，还交错出现了企业代际传承的问题，在实践过程中探索出不同的交接班方法，让企业在传承中完成技术和业态的转型升级。

家族企业的传承与治理结构现代化是国际通行的现象，中国的民营企业也不能例外。但同时又出现了最本质的差异，就是党建体系的引入和融合。结合民营经济阶段发展和党建的实际需要，民营企业党建不断创新深化。党的十六大报告突破了私营企业主不能入党的限制，党的十七届四中全会通过的《中共中央关于加强和改进新形势下党的建设若干重大问题的决定》提出，要抓紧在民营经济组织中建立党组织。2012年3月，中共中央办公厅印发《关于加强和改进非公有制企业党的建设工作的意见（试行）》，对非公有制企业党组织的功能定位、健全党建工作领导体制和工作机制、强化党建工作保障等提出明确要求。非公有制企业的党建被纳入主流话语体系，成为党的先进性建设的新领域。据调查统计，到2018年6月，符合组建条件的民营企业99.6%组建了党组织，非公有制企业党组织有58.7万个，在岗党员480.5万名[1]。

在党建体系建设过程中，不少企业围绕生产经营管理开展活动，将两者有机融合，实现同频共振、互促共进，将党建作为企业的核心竞争力去打造。十几年来，民营企业在公司治理的实践中，一方面学习国际跨国公司治理的先进经验，另一方面越来越重视党建的引领作用，不断探索党委会和企业“三会”（股东大会、董事会、监事会）的关系，形成了最具中国特色的民营企业治理模式。

[1] 庄聪生：《中国民营经济四十年：从零到“五六七八九”》，民主与建设出版社，2018。

第四节

民营经济发展面临的困难与挑战

民营经济作为我国基本经济制度的内在要素，一方面跟随经济制度整体的完善而变化，需要适应制度供给改革的不断深入而作出调整；另一方面其内部结构也需要不断完善，以适应国内外日益加剧的竞争环境。所以在发展过程中，民营经济始终面临着内部和外部的双重挑战。民营经济存在的困难是在发展中不断产生的，是在前进中出现的，既有外部环境的变化带来的问题，也有民营企业自身经营发展不规范不合规带来的问题。

一、在理论和政策层面，所有制和意识形态问题一直困扰着民营经济的发展

主流意识形态与经济基础之间的结构性矛盾从改革开放以来就一直存在，在某些特定时期还表现得比较尖锐和突出。用所有制划分经济类型是市场经济理论无法解释的独特现象，在中国特色的语境体系中一直被视为理所当然的存在，鲜有理论反思。学术界缺乏独立的学术精神，对经济现象的研究容易阵营化，这种怪现象导致所谓原罪清算、国进民退、公私合营等舆论周期性地出现，如此敏感的问题始终困扰着民营经济的发展。

除了理论和舆论方面，所有制歧视在政策落地方面也广泛存在，特别是在保护产权、参与市场竞争、使用生产要素等方面对民营经济提出了较大挑战。虽然实行了“非禁即入”的负面清单，但是从正面清单审批管理向负面清单管理的过渡还需要相当长的时间。

二、投融资不平等的现象在部分地区、行业仍然普遍存在，名为同等待遇实则各种限制的现象仍然比较突出

国家陆续出台了各种政策意见，提出在投资领域给予民营企业国民待遇。但是，在不少行业、地区出现了“技术壁垒”，与投资相关的各种制度性交易成本仍然居高不下，既包括税费等显性成本，也包括审批办证等所需材料、环节、时间、关系等各种隐性成本。尽管政府通过“放管服”改革，削减了许多收费项目，但对民营企业而言仍然比较多，部分行业和领域税收义务和业务权利不对等的情况仍然比较普遍。例如营改增以后，金融机构的理财产品免收增值税，但是私募基金的产品要按月征收增值税，无法享受金融机构的同等税收待遇。在展业方面，如市场推广、产品募集、投资者资格认定标准等要比国有金融机构苛刻严格许多。2019年针对创新企业发行存托凭证的税收政策，财政部、税务总局专门发了公告，明确公募证券投资基金免税，非公募转让取得的差价收入应征税，对公募和非公募如此清晰地区别对待，政策歧视非常明显。在制度性交易成本方面，多头审批、重复审批、分割审批的情况仍然比较普遍，导致相关收费居高不下。工信部2016年披露的数据显示，我国规模以上工业企业每百元主营业务收入中的成本达到85.85元。

在融资方面，民营经济面临的困境更为突出，无论在数量、价格还是便利性方面都处于明显的劣势。由于银行风险控制的内在属性和脱胎于传统体制的管理理念，银行对实体金融服务的覆盖局限于大企业特别是国有大企业，不仅贷款数量优先，而且利率优惠。据银保监会测算，我国银行贷款对大企业的覆盖率为100%，中型企业为90%，小企业为20%，微型企业几乎没有。面向小微企业的村镇银行、小额贷款公司等金融机构，无论在发展数量还是资金实力方面都无法满足小微企业的融资需求。在贷款价格方面，民营企业的年实际利率远远高于基准利率。有的银行还实行存贷款挂钩、提前扣除利息、搭售相关理财产品等措施，导致实际贷款成本接近或超过基准利率的4倍，融不到、用不起成为中小民营企业在银行贷款的痛点。

三、民营企业面临外部宏观经济转型和内部管理模式转型的双重挑战

中国经济已经进入高质量发展的新阶段，消费升级导致的需求结构变化、供给侧改革导致的行业竞争格局调整、互联网发展对商业模式的冲击等对民营企业而言都是新课题，民营企业面临的外部经济环境是比较严峻的。

需求结构变化导致市场竞争不断加剧，传统的粗放型、资源型、微利型企业受到的冲击最为明显，不少已经被市场出清。科技型、创新型、非资源型的民营企业相对发展不足，产品研发投入大、时间周期长，加上各种生产要素成本持续上升，导致企业的盈利空间被严重挤压。由于过去几十年挣快钱的思想指导，企业把大部分功夫花在了把产品卖出去上，忽视了工匠精神，忽视了原创和知识产权，企业根基不实、信心不足，在市场的风吹草动面前随波逐流，无法从根本上摆脱低端的影子。

互联网的发展和大数据的运用极大地提高了信息透明度，出现了产品和服务一体化的新趋势，相应地对品质和品牌的要求也越来越高。头部企业占据话语权，制定游戏规则，改变原有的生态系统，甚至挤占了中小民营企业的市场份额。在供应链中居于领导地位的大企业，倾向于压低供应商的成本，实现利润向自身转移，甚至拖欠货款，造成产业链条越长的企业应收账款越多、账期越长，不仅形成新的三角债关系，而且链条上任何一家企业的资金链断裂都容易产生连锁反应，影响上下游数家企业的正常运营甚至影响到整个供应链的稳定。

从民营企业内部来看，经过第一代创业企业家的外延式增长和扩张，管理模式的家族制与现代公司治理结构之间的关系需要重新梳理，特别是许多公司上市以后，实际控制人和大小非、公众股东及公司管理层的关系发生了比较大的变化，需要设计和完善稳定有活力的新型治理结构。许多民营企业还面临着新老交班、代际更迭，如何实现财富创造模式的继承和创新，是两代企业家共同面临的挑战。

企业家精神是市场经济的活力之源，民营企业的创始人和继承人如果缺乏企业家精神，往往成为社会诟病和非议的话题，对企业的负面影响是毋庸置疑的。因为

各种因素，民营企业家中出现了违法、诚信意识淡薄，官商勾结、利益输送，因循守旧、不思进取等现象，虽然只是少数，但也造成了不良社会影响，成为其所在企业要克服的难题。

四、民营金融发展严重滞后于民营实业，成为民营经济的最大短板，也是造成民营企业融资难融资贵的重要原因之一

在改革开放以来的经济奇迹中，产业优先的战略导致金融的发展始终落后于实体企业，民间金融的发展更是受到严重抑制，不仅落后于整体金融的发展，更是滞后于民营实业的发展，成为木桶的最短板。1996年，我国成立第一家民营银行——中国民生银行，但是之后民营金融一直举步维艰，直到19年后才重新见到民营银行的身影[1]。相对于其他行业的市场准入而言，银行业是比较滞后的。民营保险、券商、信托更是乏善可陈，需要从金融理论和制度供给的高度进行系统研究，解决针对民营企业发展的金融抑制问题[2]。

随着民营经济的不断发展，其生态系统越来越复杂，规模不同、发展阶段不同、财务结构不同等因素都会对融资方式产生不同的需求。从理论上讲，金融体系特别是以银行为主的金融机构，应该根据企业的融资需求特点设计有针对性的融资产品和服务。但是在实践中，民营企业特别是融资需求大的初创期企业，其不确定性非常大，业务风险和道德风险也比较多。各种风险投资机构应运而生，除了传统的股权投资基金，还出现了互联网金融点对点借贷平台（P2P）、众筹等新模式，由于风险管理失控，大量P2P机构自身出现了道德风险，不仅影响了投资企业的发

[1] 2013年7月，《国务院办公厅关于金融支持经济结构调整和转型升级的指导意见》发布，提出“尝试由民间资本发起设立自担风险的民营银行”，首次表态允许民间资本合法进入银行业。2014年3月，银监会公布了首批5家民营银行试点名单，2015年1月开业的微众银行成为首家开业的互联网民营银行。

[2] 虽然有个别民间资本通过参控股方式进入金融行业，但运营管理并不顺利，孙大午、吴英、德隆、明天、安邦等现象不仅仅是个案，民间金融机构在政策的灰色地带中屡禁不止，既说明市场需求的确存在，也反映出现有金融对实体经济服务的覆盖广度和深度还有所欠缺。

展，也影响了自身行业的健康发展和社会形象，对民营金融的发展造成了比较沉重的打击。从长期发展的角度来看，如何扶持民营金融机构、打破所有制的刻板效应，是政策制定者、管理部门和行业共同面临的挑战。

从经济和金融相互支持、循环发展的历程来看，金融产品与客户风险的适配度是非常重要的。大型金融机构无法适应民营企业特别是中小民营企业强大而又迫切的融资需求，需要有风险承受能力强的民间金融机构与之匹配，大量的民间融资或地下融资始终存在，但是难以持续发展，无法从根本上解决民营企业融资难融资贵的老大难问题。

五、国际竞争环境变化对民营经济的发展产生了复杂而多重的影响

近年来，全球经济出现新的发展特征，逆全球化正在成为新的潮流。全球产业结构深度调整，发达国家纷纷实施“再工业化”和“制造业回归”战略，欧美国家保护主义甚至民粹主义开始盛行，“一带一路”倡议在部分亚非拉国家受到质疑，新兴经济体积极融入全球分工体系，在承接产业转移、拓展国际市场等方面竞争激烈。全球产业链、供应链布局将面临二战以来最深刻的调整。积极参与出口和对外投资、出口占比接近59%的民营企业直接受到冲击，国内为出口企业配套或处在相关产业链上的民营企业也受到负面影响。

除了经济层面的环境变化以外，近年来，部分国家因为政治和意识形态等因素，对中国的民营企业境外投资进行各种限制，从法律上设置各种苛刻条款，甚至对企业家的人身安全进行威胁，让中国的民营企业面临运用国家暴力机器改写商业规则的强大压力。对于处在全球产业链顶端的部分民营企业而言，如何因时而变、顺势而为，在新的全球产业布局中谋篇发展，是全新的课题。

总体而言，民营经济参与国际循环的不确定性增加，世界经济复苏可能比预期慢，但政治风险可能比想象的更大。国际环境的变化对民营经济弊大于利、挑战大于机会，如何把困境变成商机，本身就是现实的挑战。

第五节

促进民营经济发展的基本思路

民营经济在经济周期和制度改革中栉风沐雨，曾经遇到无数困难，但总在发展中解决。当今世界正经历百年未有之大变局，完善和巩固我国基本经济制度势在必行。基于公平为核心的产权保护制度，基于包容为核心的创新激励制度，基于效率为核心的资源管理制度，是未来民营经济发展的主要思路。在理论探讨和政策制定导向上，不仅要深入研究中国民营经济和民营企业的特殊性，支持、鼓励其发展，也要从发展方向上对其进行正确引导。

一、民营经济要继续顺势而为，在百年未有之大变局中找到准确定位，将自身发展融入基本经济制度的完善中，为实现民族复兴的中国梦贡献力量

改革开放以来，民营经济得以快速持续发展的一个重要经验就是顺势而为。历史潮流，浩浩荡荡，顺之者昌，逆之者亡。在市场经济转轨的大潮中，顺势而为、与时俱进是民营经济向前发展的战略保障。如果逆势而行，不仅企业无法立足，企业家个人也会被淘汰。

民营企业发展初期需要在公有制企业的边缘寻求市场和生存的空间，因此具有较强的市场经济意识，在竞争不充分的条件下，利用生产要素由计划控制向市场调节的特殊机会，寻求价格差、时间差赚取“第一桶金”。由于大部分生产要素的审批权控制在政府部门手中，因此民营企业与地方政府的关系一般都比较密切，通过各种寻租行为获取商业利益。地方政府也从民营企业的发展中获益，大的企业或企业集团对当地经济增长、税收贡献、就业增加、市政建设等都发挥着重要作用。城

市化的持续深入可以为企业的发展提供更好的基础设施、更高素质的人才、更多的信息，使企业竞争力大大提高，覆盖的区域从当地逐渐扩展到全国甚至国外，成为跨国公司。

混合经济模式是现代市场经济的重要特征，既可以发挥市场对资源配置的决定性作用，又可以更好地发挥政府作用。在微观主体层面实行的混合产权改革是中国特色企业管理的重要特征。

国企民营化和民营企业参与国有企业改革是经济发展不同阶段的选择，要鼓励民营企业参与国有企业改革。国有企业也可以通过改制成为民营企业，在市场竞争中继续做大做强。民营企业要进入国有企业占优势地位的领域，通过出资入股、收购股权、股权置换等资本运营方式，参与混合所有制改革，促进行业上下游和企业内部生产要素的有效整合。国有企业也可以通过管理层收购（MBO）等方式实现民营化。这是国有企业产权改革的重要途径，通过国有企业民营化催生大量新型的民营企业。与依靠资本的自我积累发展壮大的民营企业相比，这些新型的民营企业具有规模大、起点高、优势明显、治理结构合理等特点，这将大大提升民营企业的整体水平，使我国经济增长的微观基础更加坚实可靠。这两种异曲同工的路径融汇成民企发展的时代洪流，有效化解主流意识形态与经济基础之间的结构性矛盾，共同筑就小康社会的经济基石，为实现民族复兴的中国梦发挥更加重要的作用。

二、持续稳定制度预期，将国民待遇与负面清单管理制度细化，打通从政策制定到基层落地的堵点，解决普遍存在的“玻璃门”问题

习近平总书记在2018年明确指出：要打破各种各样的“卷帘门”“玻璃门”“旋转门”……为民营企业打造公平竞争环境，给民营企业发展创造充足市场空间[1]。首先，持续稳定制度预期，从理论层面论述基本经济制度的合理性，消除对民营经济原罪的思想认识。长期存在的所有制歧视使民营经济与国有经济、外

[1] 习近平：《在民营企业座谈会上的讲话》，人民出版社，2018。

资经济相比显得非常弱势。党的十八大以来政策框架已经基本稳定，民营经济作为基本经济制度的组成部分写进了党章、宪法，但是“国进民退”“新公司合营”等声音一直存在，有些市场行为或商业运作也被放大或上纲上线到制度层面。因此，促进民营经济发展就是维护基本经济制度，从理论和意识形态高度逐步解决“玻璃门”问题。其次，在政策执行层面，进一步完善执法和行政许可，实现民营企业与国有企业、外资企业相同的国民待遇和负面清单管理。推进产业政策由差异化、选择性区别对待向平等性、功能性转变，尤其是要去除各种隐性壁垒，让市场来决定企业的去留。比如，最近两年金融业的开放取得一些突破性进展，取消金融机构包括银行、证券、基金、期货、保险（人身险）的外资股比限制，扩大业务范围，不单独设限等，这些措施应当对国内民营资本同样开放。在税费等问题上更要一视同仁，对公有机构和私有机构实行同等的费率标准，不能设置单独的收费区间。着力解决文件很好、体验很差，“上面很好、下面好狠”的现象。政策的落地特别是政策在基层的执行上，是堵点和痛点，也是以后改革发力的重点，要减轻企业负担，增强企业获得感。

三、着力加快公共服务体系建设，建立面向民营企业的共性服务平台，特别是要发展技术市场，为民营企业自主创新提供技术支持和专业化服务

将知识和技术作为生产要素，建立专门的要素市场，解决产品缺乏原创甚至被指责“抄袭”的痛点。目前，国内并不缺少知识和技术，专利注册数量连续多年名列全球第一，但科技成果转化率只有10%左右，远远低于发达国家40%左右的平均水平。创建技术交易所，通过技术市场或数字资产交易平台推动技术交易，让市场对技术进行定价，激励科研人员和投资者分享更多研发成果。通过商业转化形成的收益，解决大部分民营企业自主创新能力不足、转型能力欠缺的问题，让民营企业能搭上新技术的高铁。

对有能力的大型民营企业或科技型民营企业，政府要建立创新的激励体系，鼓励企业将更多的资源投入研发。让民营企业更多地参与国家创新平台建设、承担国家科技攻关项目，推进企业内部设立国家级技术中心、博士后站。完善政策执行方式，让互联网和大数据发挥更重要的支持、监督作用，构建公平、透明、有序的新型政商关系，将政策转化为有效服务。

在国民待遇和负面清单管理模式下，监管部门要将更多的资源从准入管理转向事中事后监管，实现监管方向的改变和效能提升。在依法治理的过程中，大力减少执法过程中的重公轻私的现象，不能贴标签，而是要用同一解释的法律进行裁判。地方政府应建立民营企业政策信息服务平台，在制定与企业相关的政策时进行咨询和反馈，提高政策执行的精准度。

四、加快发展民营金融体系，建立与民营企业风险相匹配的金融服务体系，着力解决企业融资难问题，为中小企业融资提供可靠、高效、便捷的服务

现行的金融体系要改革考核和激励机制，建立相应的风险基金，解决银行不愿贷、不敢贷的顽疾。让互联网和大数据发挥更重要的作用，从抵押贷款向信用贷款转变，摆脱供应链上地位不对等导致的融资和财务困境。

除了现行金融体系的努力以外，更重要的是民营金融自身要在创新和监管中寻求发展路径。首先，要通过创新满足实际需求，用科技手段解决问题，在创新过程中始终围绕企业和消费者的痛点解决实际问题，体现金融为实业服务的本质。其次，民营金融要严格遵守现行法律法规，认真学习各种政策，领会政策本质，不能脱离实体经济，出现空转、套利等现象。最后，从政策层面看，要放松对民营金融的管制，让民间金融在市场中寻找到与民营企业需求相匹配的风险收益机制。这是一个复杂甚至风险重重的过程，但是不能因噎废食。政策层面要逐步减少父爱主义思想，给予市场主体更多的发展空间，让民营金融也能走上高质量发展的快车道。

五、面向未来，逐渐建设和形成包容开放、绿色低碳、多元共生的民营经济生态体系，让大中小企业都能百舸争流、千帆竞发

中国作为全球第一大贸易国和第二大直接投资目的地，是全球价值链的重要枢纽，民营企业作为全球经贸体系的重要参与群体，其中做大的行业龙头企业，已经具备了国际化并购扩张的实力。地方政府应当引导民营企业利用国内外资本市场做强做优，从全球视野出发考虑企业在产业链中的地位和作用，构筑国际竞争优势和提高系统性抗风险能力，加快形成国内、国际双循环相互促进的新发展格局。

除了大企业外，产业链上还有数量庞大的中小企业，要在理念上破除“规模崇拜”。大部分企业不能进入全球500强，但是通过深度参与两个循环，做深做透客户群体，专业化、特色化仍然可以做到极致，成为生产经营与供应链上不可或缺的存在。在大企业和主供应商建立的产业集群园区的基础上，地方政府应该鼓励园区开发公司建设中小微企业产业园、创业企业示范基地等，提供符合创业阶段需求的有特色的平台服务。

面向未来，绿色低碳成为新发展动能，数字化趋势为各种创业提供更多可能。政府应该设置碳排放权交易市场，将绿色资产作为企业发展引擎，鼓励民营企业参与清洁能源技术、产品服务研发和商业模式创新。以云计算和大数据为基础的互联网新技术让更多的企业在新冠肺炎疫情期间得以持续运转，一批创业企业在疫情中快速成长，让数字化发展的趋势得到更多验证和认同。为进一步推动技术力量薄弱的中小企业数字化转型，有条件的地方政府应该开展数字化赋能行动，提供场地聚集数字化服务商，布局数字化转型中心，开发符合中小企业需求的数字化平台，探索各种面向未来的新业态、新模式。

当然，从根本上讲，企业要发展，外部环境很重要，但是本质在内部，根源在内部。守法经营是任何企业都必须遵守的原则，也是长远发展之道。民营企业要在合法合规中提高企业竞争力，要从企业内容着手，提升企业内部的研发水平，完善

企业内部的经营管理制度，提升企业内部员工的工作效率，增强企业的内在活力和创造力，才能从容应对百年未有之大变局，在中国经济高质量发展阶段不断构筑在国内和国际市场上的竞争优势，形成更多具有全球竞争力的世界一流企业，获得更好的发展。

CHAPTER 7

第七章

混合所有制经济的发展

作为我国经济社会领域一项极具复杂性的系统工程，国有企业混合所有制改革（简称“混改”）承载着亿万民众强国兴邦的殷切期望。站在新发展阶段的历史起点上，如何在保持宏观政策连续性、稳定性、可持续性的基础上，通过“混改”推动不同所有制资本之间的有机融合，促进产业转型升级和科技创新，确保国民经济实现高质量发展，是当前和未来一段时间我国面临的重大现实课题。发展混合所有制经济、巩固公有制经济的主体地位，对于畅通要素流通渠道、助力国内国际循环战略链接、构建新发展格局、激发经济活力，具有突出的理论和实践意义。

第一节

混合所有制经济与经济活力

新中国成立初期，新生的中央政权曾面临空前严峻的执政考验。面对饱受战争重创、积贫积弱的国民经济，以截至1950年初接管旧官僚资本的2800余家工矿企业、2400余家金融企业为主要基础，我国迅速建立起具有社会主义性质的国营经济，并在随后的打击投机资本、稳定物价时局中取得市场主动权[1]。在过渡时期，自1953年开始，我国有步骤地制订和实施了以“一五”“二五”为代表的中长期经济计划，并对农业、手工业和资本主义工商业实行社会主义改造，确立了社会主义经济制度，进一步巩固了国有经济的主体地位。

改革开放以来，伴随着国民经济的蓬勃发展，所有制结构再次迎来历史性重大变革。在对公有制经济、非公有制经济进行多轮调整的基础上，《中华人民共和国国民经济和社会发展第十四个五年规划和2035年远景目标纲要》再次重申，要“毫不动摇巩固和发展公有制经济，毫不动摇鼓励、支持、引导非公有制经济发展，培育更有活力、创造力和竞争力的市场主体”。

当前，我国正在以央企改革为重点，积极探索和完善混合所有制经济的创新形式。混合所有制经济为不同经济成分的市场主体提供了新的博弈空间，有望进一步激发经济活力。

一、混合所有制经济的政策沿革

1997年9月12日，党的十五大报告首次以中央文件的形式提出“混合所有制经济”这一概念。报告指出，公有制经济不仅包括国有经济和集体经济，还包括“混

[1] 本书编写组：《中国共产党简史》，人民出版社，中共党史出版社，2021。

合所有制经济中的国有成分和集体成分”。

1999年9月22日颁布的《中共中央关于国有企业改革和发展若干重大问题的决定》提出，要积极探索公有制的多种有效实现形式。国有大中型企业尤其是优势企业，宜实行股份制的，要通过规范上市、中外合资和企业互相参股等形式，改为股份制企业，“发展混合所有制经济”，重要的企业由国家控股。

党的十八大以来，国企改革在实践中取得突破性进展。基于新的历史条件，党的十八届三中全会于2013年11月12日通过《中共中央关于全面深化改革若干重大问题的决定》，明确提出要“积极发展混合所有制经济”。国有资本、集体资本、非公有资本等交叉持股、相互融合的混合所有制经济，是基本经济制度的重要实现形式，有利于国有资本放大功能、保值增值、提高竞争力，有利于各种所有制资本取长补短、相互促进、共同发展。允许更多国有经济和其他所有制经济发展成为混合所有制经济。国有资本投资项目允许非国有资本参股。允许混合所有制经济实行企业员工持股，形成资本所有者和劳动者利益共同体。

2015年8月24日，《中共中央　国务院关于深化国有企业改革的指导意见》下发，全面提出了新时期国有企业改革的目标任务和重大举措。

2015年9月23日颁布的《国务院关于国有企业发展混合所有制经济的意见》再次强调，混合所有制经济是我国基本经济制度的重要实现形式。通过深化国企“混改”，有利于国有企业完善现代企业制度，提高国有资本配置和运行效率，优化国有经济布局，增强国有经济活力、控制力、影响力和抗风险能力，进而实现各种所有制资本取长补短、相互促进、共同发展，夯实社会主义基本经济制度的微观基础。要分类、分层推进国企“混改”，鼓励非公有资本、集体资本、外资等各类资本参与国企“混改”；推广政府和社会资本合作（PPP）模式；鼓励国有资本以多种方式入股非国有企业；探索完善优先股和国家特殊管理股等股权模式；探索实行混合所有制企业员工持股。

2015年至今，我国已形成以《中共中央　国务院关于深化国有企业改革的指导意见》为统领、以35个配套文件为支撑的“1 + N”政策体系，国企改革顶层设计方案基本形成，改革的系统性、协同性、方向性显著增强[1]。

二、混合所有制经济增强经济活力

（一）微观视角：“混改”促进不同所有制经济的有机融合，激发企业经营活力

新中国成立以来，伴随着国家宏观经济和产业政策调整，我国企业的所有制结构几经变迁。改革开放至今，公有制经济和各类非公有制经济在国民经济中的占比不断变化。进入21世纪以来，公有制经济经过多轮改革，总体规模稳步提升，主体地位日益稳固，国有经济的活力、控制力、影响力充分彰显。与此同时，各类非公有制经济也获得快速发展，在丰富产业链、增加就业、促进科技创新等领域表现不俗。面对复杂多变的时代大局和经济发展需求，有必要全面审视不同性质所有制经济的本质特征，进而取长补短，统筹发展。

从党的十八大以来的众多实践案例来看，“混改”无疑是促进不同所有制经济有机融合的历史机遇。在及时化解潜在风险的前提下，“混改”既能保持公有制经济的主体地位，也能为各类非公有制经济创造资源共享空间，实现组织协同效应。随着改革的逐步深化，尤其是“混改”标杆企业示范作用的正向激励，“混改”企业的经营活力必然被不断激活，从而改善其整体经营绩效。

（二）中观视角：“混改”有望重构国有资本与非国有资本的传统关系，促进产业协同

因为政策导向、产业性质、资源禀赋、资本控制权等的不同，各类所有制经济在国民经济诸多行业中的体量、结构布局存在明显差异。这也是我国在“混改”政策设计上为何要强调“分类”“分层”推进的根本动因所在。

强调“分类”，主因是不同行业存在市场结构、竞争环境和战略重要性的差

[1] 郝鹏：《深入实施国企改革三年行动　推动国资国企高质量发展》，《求是》2021年第2期。

异。如对主业处于充分竞争行业和领域的商业类国有企业“混改”，鼓励积极引入其他国有资本或各类非国有资本，实现股权多元化；对主业处于关系国家安全、国民经济命脉的重要行业和关键领域，主张保持国有资本控股地位，支持非国有资本参股；而对重要通信基础设施、枢纽型交通基础设施、核电、国防军工等特殊产业，则要求实行国有独资或控股。

强调“分层”，主因是传统大型国企复杂的内部组织关系，以及部分行业的特殊性。很多传统的大型国企，尤其是历史悠久、体量庞大的中央企业，因为不同时期的调整和积淀，多重利益交织，业务多元化、企业办社会现象突出，客观上存在复杂的治理架构。为降低操作风险，“混改”应从较低法人层级入手，逐步扩展到更高层级。

改革开放以来，我国各类所有制经济均获得了长足发展。而随着改革的进一步深入，部分特殊利益群体信仰迷失，无视国情和基本社会制度的根本性差别，有意无意地将“公有制经济”和“非公有制经济”、“国有资本”和“非国有资本”“民营资本”视作对立概念，甚至刻意渲染和夸大其差别，以达到将公有制经济污名化、将侵吞国有资产行为变相“合法化”的险恶目的。

主动作为的国企“混改”，有望弥合当前不同所有制经济之间的利益鸿沟，破除部分不良舆论对“国有资本”“民营资本”的曲解和恶意中伤，进而重构不同所有制经济的关系，在产业协同的基础上实现利益共享。换言之，“混改”能取得实质性成功的标志之一，是灵活、公平地调整不同所有制经济的利益格局，纠正将“国企”“民企”“私企”“外企”简单标签化的狭隘做法，使公众更习惯从产业属性、规模、创新力、社会贡献等视角，冷静评判企业表现。

（三）宏观视角：“混改”有利于扬长避短，巩固社会主义基本经济制度

“混改”体现承前启后的系统性思维，不是企业组织关系的简单调整，也不是国有资本面向民间资本的机械稀释或开放。发展混合所有制经济，固然有国资监管机构的强力主导，但在具体操作中，体现出原则性与灵活性的有机统一。

首先，“混改”从制度上强化了国有资本权益保护。强调要严格规范操作流程和审批程序。在组建和注册混合所有制企业时，要依据相关法律法规，规范国有资产授权经营和产权交易等行为，健全清产核资、评估定价、转让交易、登记确权等国有产权流转程序。

其次，“混改”是多样化的策略组合。“混改”是基于我国不同所有制经济的现实差异而采取的改革策略，这些差异包括企业资本属性、所在行业、经营规模、市场地位、社会化程度等。通过对“混改”对象实施市场化的分类、分层、“三因三宜三不”[1]处理，避免了操作环节的“一刀切”。

最后，国资监管机构对参与“混改”的各类资本的合法性具有裁决权。“混改”是有组织、有计划的改革实践，各类资本参与“混改”的动机、身份、介入方式和比例，均属于国资监管机构的审查内容，且会充分考虑到拟“混改”企业的具体情况和“混改”意愿。

基于以上情况，我们有理由相信，“混改”有助于拟“混改”企业在挖掘自身潜能的同时，引入其他资本方的源头活水。借助资本纽带关系，不同所有制经济资本之间可进一步融合，消除误解，从而动态维护公有制主体地位，巩固社会主义基本经济制度。

---

[1] 《国务院关于国有企业发展混合所有制经济的意见》（国发〔2015〕54号）在设定“混改”的四大基本原则时，提出“宜改则改，稳妥推进”。对适宜继续推进“混改”的国有企业，要充分发挥市场机制作用，坚持“因地施策、因业施策、因企施策，宜独则独、宜控则控、宜参则参，不搞拉郎配，不搞全覆盖，不设时间表”。

第二节

我国混合所有制经济的制度安排

国有资本、集体资本、非公有资本等交叉持股、相互融合的混合所有制经济，是我国社会主义基本经济制度的重要实现形式。当前，国有经济的布局优化和结构调整正在稳步推进，国有企业对经济发展的引领作用正在充分彰显。积极创新国有资本与民营资本的合作模式，放大国有资本杠杆作用，提高生产要素配置效率，是落实国家战略的时势之需。

党的十八大以来，在系统总结国有企业改革试点经验的基础上，我国混合所有制经济的制度安排也日臻完善。为确保混合所有制经济的规范有序发展，国务院不仅提出四项基本原则，而且明确了混合所有制经济的具体推进策略。

一、发展混合所有制经济的原则

为确保混合所有制经济的健康发展，《国务院关于国有企业发展混合所有制经济的意见》（简称《意见》）提出了四项基本原则：

（一）政府引导，市场运作

《意见》首先强调“政府引导”，也就是要旗帜鲜明地确立政府在国企“混改”中的指导作用，防止改革路线偏误。《意见》进而明确，要尊重市场经济规律和企业发展规律，以企业为主体，充分发挥市场机制作用，把引资本与转机制结合起来，把产权多元化与完善企业法人治理结构结合起来，探索国企“混改”的有效途径。此举既谋求“混改”决策的科学性，也将经营决策权赋予拟“混改”企业。

（二）完善制度，保护产权

《意见》提出以“保护产权、维护契约、统一市场、平等交换、公平竞争、有效监管”为基本导向，切实保护混合所有制企业各类出资人的产权权益，调动各类资本参与发展混合所有制经济的积极性。众所周知，参与“混改”的国有资本，在面对其他各类非公有资本参与方时，因为政策资源、历史品牌、行业资质等方面的传统优势，势必在利益格局中处于强势地位。要确保“混改”的顺利实行，既要严防国有资产流失，也要防止国有资本对弱势参与方的利益侵占，这就要求从制度上对各方的产权加以实质性保障。不难看出，完善制度是有效保护产权的前提，明晰的产权厘定是公平合作的基础。

（三）严格程序，规范操作

《意见》坚持依法依规，针对国有资产进一步健全交易规则，科学评估价值。同时完善市场定价机制，做到规则、过程、结果“三公开”。《意见》主张强化交易主体和交易过程监管，防止暗箱操作、低价贱卖、利益输送、化公为私、逃废债务等违法犯罪行为，杜绝国有资产流失。

（四）宜改则改，稳妥推进

所谓“宜改则改”，潜在的政策含义是保持国资监管机构对企业“混改”可行性的有效控制。《意见》对通过实行股份制、上市等途径已经实行混合所有制的国有企业，提出要在完善现代企业制度、提高资本运行效率上下功夫；对适宜继续推进“混改”的国有企业，则主张要充分发挥市场机制作用，坚持“三因三宜三不”原则，一企一策，掌握“混改”成熟度，确保改革规范有序。为此，国资监管机构尊重基层创新实践，不断总结和推广“混改”成功案例，以期降低“混改”操作风险。

二、混合所有制经济的分类推进策略

国有企业功能界定与分类是新形势下深化国有企业改革的重要内容，是因企施策推进改革的基本前提，对推动完善国有企业法人治理结构、优化国有资本布局、加强国有资产监管具有重要作用。为此，国务院国资委、财政部、国家发改委专门制定了《关于国有企业功能界定与分类的指导意见》（国资发研究〔2015〕170号，简称《指导意见》）。

《指导意见》将国有企业界定为“商业类国有企业”和“公益类国有企业”两大类别。划分依据主要是不同国企的战略定位、发展目标、作用、现状、需要、主营业务和核心业务范围。组织实施中，分类要按照“谁出资谁分类”的原则操作，履行出资人职责的机构负责制订所出资企业的功能界定与分类方案；履行出资人职责的机构直接监管的企业，根据需要对所出资企业进行功能界定和分类。值得一提的是，分类结果要报政府部门批准，保持相对稳定，适时动态调整。

综合《意见》和《指导意见》的基本精神，面向以上两类国有企业的混合所有制改革分类推进策略可概括如下：

（一）商业类国有企业的“混改”策略

对商业类国有企业，强调要按照市场决定资源配置的要求，加大公司制股份制改革力度，加快完善现代企业制度。考虑到这类国有企业的实际情况，其“混改”总体思路略有差别，如表7-1所示。

以主业处于充分竞争行业和领域的商业类国有企业为例，《意见》将其主要“混改”目标设定为“增强国有经济活力、放大国有资本功能、实现国有资产保值增值”。《指导意见》则明确提出国有资本“可以绝对控股、相对控股或参股”“着力推进整体上市”。此举表明国有资本在此类企业的“混改”中不谋求维持控股地位，这就给非国有资本投资主体留出更大的利益共享空间。

表7-1　商业类国有企业的“混改”总体思路[1]

<table>
<tr><th>商业类国有企业类别（特征）</th><th>混合所有制改革思路</th></tr>
<tr><td>主业处于充分竞争行业和领域的</td><td>原则上均实行公司制股份制改革，积极引入其他资本实现股权多元化，国有资本可以绝对控股、相对控股或参股，加大改制上市力度，着力推进整体上市</td></tr>
<tr><td>主业处于关系国家安全的重要行业和关键领域的</td><td rowspan="3">保持国有资本控股地位，支持非国有资本参股</td></tr>
<tr><td>主业处于国民经济命脉的重要行业和关键领域的</td></tr>
<tr><td>主要承担重大专项任务的</td></tr>
<tr><td>处于自然垄断行业的</td><td>以“政企分开、政资分开、特许经营、政府监管”为原则积极推进改革，根据不同行业特点实行网运分开、放开竞争性业务，促进公共资源配置市场化</td></tr>
<tr><td>需要实行国有全资的</td><td>积极引入其他国有资本，实行股权多元化</td></tr>
</table>

而对主业处于关系国家安全、国民经济命脉的重要行业和关键领域或主要承担重大专项任务的商业类国有企业，《意见》在“保持国有资本控股地位，支持非国有资本参股”的总前提下，针对若干具体行业的“混改”还提出了更为明确的要求，如表7-2所示。

[1]　《关于国有企业功能界定与分类的指导意见》，2015年12月7日。

表7-2 重要行业、关键领域和重大专项商业类国有企业的分类“混改”策略[1]

行业领域	国有资本控股原则	其他要求
重要通信基础设施、枢纽型交通基础设施、重要江河流域控制性水利水电航电枢纽、跨流域调水工程等	国有独资或控股	允许符合条件的非国有企业依法通过特许经营、政府购买服务等方式参与建设和运营
重要水资源、森林资源、战略性矿产资源等的开发利用	国有独资或绝对控股	在强化环境、质量、安全监管的基础上，允许非国有资本进入，依法依规有序参与开发经营
自然垄断环节的（石油、天然气、电力）管网	国有独资或绝对控股	其他非自然垄断环节的（石油、天然气、电力）管网，放开竞争性业务，允许非国有资本平等进入
核电、重要公共技术平台、气象测绘水文等基础数据采集利用等	国有独资或绝对控股	支持非国有企业投资参股以及参与特许经营和政府采购
粮食、石油、天然气等战略物资国家储备	国有独资或控股	—
国防军工等特殊产业，从事战略武器装备科研生产、关系国家战略安全和涉及国家核心机密的军工核心能力领域	国有独资或绝对控股	其他军工领域，分类逐步放宽市场准入，建立竞争性采购体制机制，支持非国有企业参与武器装备科研生产、维修服务和竞争性采购
服务国家战略目标、重要前瞻性战略性产业、生态环境保护、共用技术平台等重要行业和关键领域	—	加大国有资本投资力度，发挥国有资本引导和带动作用

（二）公益类国有企业的“混改”策略

在水电气热、公共交通、公共设施等提供公共产品和服务的公益类行业和领域，《指导意见》明确表示，公益类国有企业“可以采取国有独资形式，具备条件的也可以推行投资主体多元化，还可以通过购买服务、特许经营、委托代理等方

[1] 《国务院关于国有企业发展混合所有制经济的意见》，2015年9月23日。

式，鼓励非国有企业参与经营”。由此可见，在公益类国企的“混改”中，“国有独资”只是国有资本的选项之一，并非唯一选项，不具备强制约束力；对非国有企业的参与采取鼓励态度，只是在参与方式上有具体操作要求。

此外，《意见》和《指导意见》均明确表示，政府要加强对此类企业价格水平、成本控制、服务质量、安全标准、信息披露、营运效率、保障能力等方面的监管。要根据企业的不同特点，有区别地考核其经营业绩和国有资产保值增值情况，且在考核中引入社会评价。

三、混合所有制经济的分层推进策略

（一）子公司层面的“混改”策略

对国有企业集团公司二级及以下企业，《意见》提出，以研发创新、生产服务等实体企业为重点，引入非国有资本，加快技术、管理和商业模式各领域的创新，合理限定法人层级，有效压缩管理层级。明确股东的法律地位和股东在资本收益、企业重大决策、选择管理者等方面的权利，股东依法按出资比例和公司章程规定行权履职。

中央企业中国化学工程集团有限公司（简称“中国化学工程”）在推进旗下二级及以下企业“混改”中表现突出。该公司计划2020年内重点在6家二级公司、10—15家三级公司内有序推进“混改”；2022年底前基本完成二级公司、三级综合公司及作业层的混合所有制与股权多元化改革，构建“央企品牌实力+民营机制”的企业新生态；远景股权和组织架构将表现为二级公司从持股100%的一人有限公司改为绝对控股公司，三级公司改为混合所有制公司，作业层改为股权多元化公司。

2021年1月21日，中国化学工程旗下二级公司华陆工程科技有限责任公司（简称“华陆公司”）完成“混改”签约。“混改”前，中国化学工程的绝对控股上市公司中国化学（601117）持有华陆公司100%股权；“混改”后，华陆公司的股权由中国化学（51%）、万华化学集团股份有限公司（30%）和西安华陆共赢企业管理合伙企业（有限合伙）（19%）共同持有。

此外，限制和压缩大型国企的管理层级，无疑是“混改”分层推进策略的题中之义。精简和优化治理结构，有助于提高企业管理效能和深化“混改”。以中央企业为例，2016年以前，中央企业最长管理层级为8级，管理层级超过5级的企业共34家，占全部中央企业的35%。通过2016—2019年国务院国资委开展的为期三年的“压减”工作攻坚，部分中央企业底数不清、机构臃肿、管理链条偏长等问题得到有效化解，管理流程得以精简优化。截至2021年7月底，中央企业管理层级控制在5级以内，法人户数累计减少超过1.8万户，减少比例超过34%。“压减”工作开展以来，中央企业累计减少人工成本402亿元，减少管理费用337亿元，全员劳动生产率由44.6万元增加到59.3万元，提升比例超过30%[1]。

（二）集团公司层面的“混改”策略

鉴于所处产业、经营规模、管理层级等方面的差异，我国针对国企集团公司层面的“混改”持谨慎态度。《意见》要求，在国家有明确规定的特定领域，要坚持国有资本控股，形成合理的治理结构和市场化经营机制；在其他领域，则鼓励通过整体上市、并购重组、发行可转债等各类方式，逐步调整国有股权比例，积极引入其他类别的投资者，以期形成股权结构多元、股东行为规范、内部约束有效、运行高效灵活的经营机制。

中国南方航空集团有限公司（简称“南航”）是中央企业在集团公司层面推进“混改”的典型案例。2019年7月20日，南航正式实施股权多元化改革，在集团层面引入分别由广东省、广州市、深圳市确定的投资主体广东恒健投资控股有限公司（简称“恒健投资”）、广州市城市建设投资集团有限公司（简称“广州城投”）、深圳市鹏航股权投资基金合伙企业（有限合伙）（简称“鹏航基金”）的增资资金各100亿元，合计增资300亿元。恒健投资成立于2006年3月16日，是广

[1] 翁杰明：《着力推进中央企业结构调整与重组》，《学习时报》2021年9月8日。

东省净资产最大的省属企业，控参股多家上市公司；广州城投成立于2008年12月9日，是广州市政府投融资平台；鹏航基金成立于2019年6月18日，是专门为支持南航股权多元化改革、推动粤港澳大湾区特别是深圳航空运输业发展而设立的专项产业基金，授权深圳市属国企深圳市鲲鹏股权投资管理有限公司管理。

增资完成后，南航成为多元股东的中央企业集团。其中，国务院国资委持股61.798%，恒健投资、广州城投、鹏航基金作为增资方分别持股10.445%，剩余社保基金会持股6.866%。南航“混改”案，是第一个采取中央企业和地方合作模式推进中央企业集团层面股权多元化改革的创新样本。此项改革实施后，意味着南航控股股东企业性质从国有独资公司转变为国有全资公司，地方投资主体得以融入，法人治理结构更加完善。

（三）地方企业“混改”策略

鉴于我国区域经济的复杂性和显著差别，《意见》对地方“混改”总体持鼓励态度。在操作策略上，要求地方认真贯彻落实中央要求，区分不同情况，制订完善改革方案和相关配套措施，指导国有企业稳妥开展“混改”，确保“混改”依法合规、有序推进。

与目前国务院国资委直接监管的96家中央企业相比，我国地方国企的规模和行业影响力明显逊色，其中实力突出者，大多具有明显的地域特征。如入围2021年度美国《财富》（*Fortune*）杂志世界500强榜单的33家由我国地方国资委控股的国企中，京沪粤三地的汽车企业、陕晋鲁三地的煤炭企业、京冀鲁三地的钢铁企业、赣皖两地的铜矿企业，均展现出所属行政区在自然资源禀赋或政策资源方面的独特优势，如表7–3所示。

表7-3　入围《财富》杂志世界500强榜单的33家地方国企

序号	排名	公司名称	营业收入/百万美元
1	60	上海汽车集团股份有限公司	107555.2
2	70	山东能源集团有限公司	97860.6
3	124	北京汽车集团有限公司	72147.3
4	138	晋能控股集团有限公司	67534.8
5	142	绿地控股集团股份有限公司	66095.8
6	148	厦门建发集团有限公司	64111.8
7	158	中国太平洋保险（集团）股份有限公司	61185.7
8	170	物产中大集团股份有限公司	58545.7
9	171	厦门国贸控股集团有限公司	58279.0
10	176	广州汽车工业集团有限公司	57723.9
11	189	厦门象屿集团有限公司	54323.9
12	200	河钢集团有限公司	52760.7
13	201	上海浦东发展银行股份有限公司	52628.3
14	220	陕西煤业化工集团有限责任公司	49314.3
15	225	江西铜业集团有限公司	48820.1
16	234	陕西延长石油（集团）有限责任公司	47529.1
17	315	安徽海螺集团有限责任公司	37929.8
18	336	金川集团股份有限公司	35907.1
19	363	上海建工集团股份有限公司	33525.6
20	384	山东钢铁集团有限公司	31990.3
21	396	深圳市投资控股有限公司	31143.6
22	403	山西焦煤集团有限责任公司	30453.7
23	407	铜陵有色金属集团控股有限公司	30301.1
24	411	首钢集团有限公司	30053.7
25	425	潍柴动力股份有限公司	28621.8
26	433	浙江省交通投资集团有限公司	28168.2
27	437	上海医药集团股份有限公司	27812.9
28	439	广西投资集团有限公司	27707.9
29	460	广州市建筑集团有限公司	26682.4
30	468	广州医药集团有限公司	26070.1
31	471	云南省投资控股集团有限公司	25886.9
32	481	华阳新材料科技集团有限公司	25187.9
33	486	紫金矿业集团股份有限公司	24855.2

在国务院国资委的引导和推动下，各地国企对“混改”总体表现出积极态度。以北京市为例，“十三五”期间，北京市管企业通过出资新设、产权转让、增资扩股、上市重组实施“混改”的企业合计900余户。北京市国资委系统新增上市公司17家，市属国有控股上市公司达到69家，总市值超过1.5万亿元。截至2020年末，市管企业及各级子企业中混合所有制户数占比近73%[1]。其中，仅通过北京产权交易所平台就促成113项“混改”，累计募集社会资本382.67亿元[2]。

以浙江省为例，前身为浙江省物资局的物产中大集团股份有限公司，曾于1996年改制为集团公司，2015年完成“混改”并实现整体上市。该企业在整体上市过程中同步实施员工持股计划，当时在全国尚属首例。目前，该企业不仅是浙江省最大的国有控股企业，还连续10年入围《财富》世界500强榜单，排名由2011年7月7日首次入围时的第483位，提升至2021年8月2日第11次入围时的第170位。

以云南省为例，“十三五”期间，云南白药（000538）完成对母公司白药控股的吸收合并，实现整体上市；中央企业中铝集团重组云南冶金集团、中国铜业，实现中央企业与地方国企合作的“央地混改”；重组设立云南贵金属集团；3家省内建筑企业整合重组为云南省建设投资控股集团有限公司，完成对云南省水利水电投资有限公司的整合重组；等等。截至2020年末，云南省属企业的混改率已达61.69%[3]。

四、非国有资本参与“混改”的政策导向

从政策顶层设计和实践导向来看，我国对非国有资本参与混合所有制经济的基本态度是鼓励、支持和探索。具体而言，对不同性质非国有资本的介入存在差异化表述。

---

[1] 谢峰：《市管企业“十三五”混改比例超七成》，《首都建设报》2021年1月20日。

[2] 孙杰：《百余项目引382亿社会资本 “十三五”北京市属国企混改加速》，《北京日报》2020年12月15日。

[3] 吴洁：《“十三五”期间资产总额年均增长11% 省属国企对全省GDP的贡献率达10%》，《昆明日报》2021年1月18日。

（一）鼓励非公有资本参与国企“混改”

《意见》指出，非公有资本投资主体在参与国有企业改制重组或国有控股上市公司增资扩股以及企业经营管理时，可选择出资入股、收购股权、认购可转债、股权置换等多种方式。非公有资本投资主体的出资方式可以是货币出资，也可以是以实物、股权、土地使用权等法律法规允许的方式。《意见》还强调，企业国有产权或国有股权转让时，除国家另有规定外，一般不在意向受让人资质条件中对民间投资主体单独设置附加条件。这就从规则设定的角度，既保证了国资监管机构对具体政策的解释权和操作空间，也体现了对非公有资本投资主体参与“混改”项目公平地位的关切。

（二）支持集体资本参与国企“混改”

《意见》提出，要明晰集体资产产权，发展股权多元化、经营产业化、管理规范化的经济实体；允许经确权认定的集体资本、资产和其他生产要素作价入股，参与国企“混改”；研究制定股份合作经济（企业）管理办法。

集体资本（集体资产）是集体所有制经济的产物，其参与国企“混改”是一项全新的挑战。《中华人民共和国宪法》第八条规定，“农村集体经济组织实行家庭承包经营为基础、统分结合的双层经营体制。农村中的生产、供销、信用、消费等各种形式的合作经济，是社会主义劳动群众集体所有制经济”“城镇中的手工业、工业、建筑业、运输业、商业、服务业等行业的各种形式的合作经济，都是社会主义劳动群众集体所有制经济”。

股份合作制是借鉴股份制经验的合作制经济形式，是社会主义市场经济中集体经济的一种新的组织形式。股份合作制融合了股份制与合作制的主要特征，既有股份制企业的资本性、营利性，又有合作制企业的互助性、民主性，是一种资本、劳动双结合的具有中国特色的特殊企业形态。

目前，我国关于城乡集体经济的主要法律法规有《中华人民共和国乡村集体所有制企业条例》（1990年）、《中华人民共和国城镇集体所有制企业条例》（1991

年）和《中华人民共和国乡镇企业法》（1996年）。尽管已存在像《深圳经济特区股份合作公司条例》（1994年）、《广东省股份合作企业条例》（1998年）这样的地区性规范，但针对股份合作经济（企业）的全国性规范至今仍是空白。因此，要推动集体资本（集体资产）参与国企“混改”，当务之急是加速国家层面的相关立法，界定和保护集体经济产权。

（三）有序吸收外资参与国企“混改”

在国企“混改”中引入外资是一个敏感话题。对此，《意见》鼓励通过海外并购、投融资合作、离岸金融等方式发展混合所有制经济，意在鼓励符合条件的企业利用国际市场、技术、人才等资源和要素，参与国际竞争和全球产业分工，从而提高资源全球化配置能力。为谨慎起见，《意见》要求做到扩大开放与加强监管同步，完善外资安全审查工作机制。监管机构在履行审查职责时，要对照外商投资产业指导目录。此外，2017年发布的《国务院关于促进外资增长若干措施的通知》也鼓励外资参与国内企业优化重组，明确提出“鼓励外资参与国有企业混合所有制改革”。

2014年以来，中石化销售公司、中储股份、中信集团、东航物流、济青高铁、江淮控股等国有企业的“混改”都不同程度地引入了外资。以江淮控股为例，该公司在2020年5月接受大众中国10亿欧元（约合79.29亿元人民币）投资，出让50%的股份。此举使大众中国与安徽省国资委以各占50%的同比例股权共享公司股东权益，成为国内首家外资车企参与国有车企“混改”的典型案例。

（四）推广政府和社会资本合作（PPP）模式

《意见》提出，要优化政府投资方式，通过投资补助、基金注资、担保补贴、贷款贴息等，优先支持引入社会资本的项目；组合引入保险资金、社保基金等长期投资者参与国家重点工程投资；鼓励社会资本投资或参股基础设施、公用事业、公共服务等领域项目。

以保险资金为例，《中国保险业发展“十三五”规划纲要》（2016年）提出，要引导保险资金参与国有企业改革，服务政府投融资体制改革，“通过公私合营模式（PPP）、资产支持计划等方式”满足实体经济融资需求。2014年9月，人保资产发起设立“人保资产—中国石化混合所有制改革股权投资计划”，面向人保集团内外的机构投资者募资94.9亿元，参与中国石化集团“混改”。2015年1月，泰康人寿和泰康资产成功参与国投信托增资“混改”，合计持股35%，国投信托随后更名为国投泰康信托。2017年8月，中国人寿作为单一出资金额最大的机构投资者，以217亿元认购超过10%的股权，深度参与中国联通“混改”。

（五）鼓励国有资本以多种方式入股非国有企业

在公共服务、高新技术、生态环境保护和战略性产业等重点领域，《意见》鼓励国有资本通过投资入股、联合投资、并购重组等多种方式，对发展潜力大、成长性强的非国有企业进行股权投资。支持国有资本与非国有资本共同设立股权投资基金，参与企业改制重组。

近年来，随着一批国有资本参股甚至控股非国有企业，市场的争议也随之而来：国有资本的入股比例应如何把握？国有资本对拟投资非国有企业有无控股的必要性？如果是简单的参股，国有资本如何在非国有企业中保障自身权益？如果是控股，拟投资非国有企业的性质将会因此改变，如何防止其“搭蹭国有资本的资源便车”，兜售低质资产，引发不正当竞争和利益输送？诸如此类问题，都有待持续的观察和深入研究。

（六）探索完善优先股和国家特殊管理股方式

《意见》提出，国有资本参股非国有企业或国有企业引入非国有资本时，允许将部分国有资本转化为优先股。在少数特定领域探索建立国家特殊管理股制度，依照相关法律法规和公司章程规定，行使特定事项否决权，保证国有资本在特定领域的控制力。

在我国当前的制度环境下，适用优先股的法律法规主要有《中华人民共和国公司法》《中华人民共和国证券法》《国务院关于开展优先股试点的指导意见》《优先股试点管理办法》等。自2013年11月《国务院关于开展优先股试点的指导意见》发布以来，我国优先股的发行主体主要是上市商业银行，尤其是四大国有商业银行。对其他类别的市场主体而言，发行优先股依然鲜有案例。因此，在国企“混改”中采用优先股和国家特殊管理股方式，尚需进一步的立法和市场探索实践。

（七）探索“混改”企业员工持股

《意见》提出，通过试点稳妥推进员工持股，主要采取增资扩股、出资新设等方式，优先支持人才资本和技术要素贡献占比较高的转制科研院所、高新技术企业和科技服务型企业开展试点，支持对企业经营业绩和持续发展有直接或较大影响的科研人员、经营管理人员和业务骨干等持股。

历史上，员工持股与国企改革进程相伴而生，虽曾表现为内部职工股、公司职工股、自然人持股、职工持股会、信托持股等多种形态，但总体发展始终不尽如人意。继2013年《中共中央关于全面深化改革若干重大问题的决定》提出“允许混合所有制经济实行企业员工持股，形成资本所有者和劳动者利益共同体”之后，2016年2月《国有科技型企业股权和分红激励暂行办法》，2016年8月《关于国有控股混合所有制企业开展员工持股试点的意见》相继出台，为“混改”企业的员工持股提供了操作指引。

2016年11月28日，国务院国资委发布《关于中央企业所属10户子企业开展员工持股试点的通知》，开展中央企业子公司“混改”中的员工持股试点。此后，员工持股计划的操作案例不断涌现。值得一提的是，员工持股在操作中阻力重重，关于出资方式、持股比例、认股价格、持股形式等方面的问题，尚需进一步的理论和实践探索。

第三节

我国混合所有制经济的市场实践

习近平总书记强调，“坚持一切从实际出发，是我们想问题、做决策、办事情的出发点和落脚点。坚持从实际出发，前提是深入实际、了解实际，只有这样才能做到实事求是”[1]。

从历史视角看，坚持理论联系实际，既是党的光荣传统和优良作风，也是党在百年征程中领导革命、建设、改革不断取得胜利的重要经验。从现实视角看，立足新发展阶段，聚焦高质量发展，混合所有制改革无疑在承载强国梦想的经济实践中肩负着重大的历史使命。

一、混合所有制经济的监管引领

我国特有的社会制度和经济环境，决定了国企“混改”的风格和进化特质。企业经营机制转换需要科学筹划、破旧立新，资本交叉持股、有机融合需要监管引领。

1988年，我国开始探索推动国有资产管理体制改革。但随着国企改革的深入，国有资产管理体制改革相对滞后的弊端日渐显现。为解决国企改革以来长期存在的出资人缺位、越位、错位，以及“九龙治水”、国有资产流失等问题，国务院于2003年特设国有资产监督管理委员会，公布实施《企业国有资产监督管理暂行条例》。2003—2014年，国务院国资委先后发布了27项部门规章与326项规范性文件，形成了一整套国有资产监管制度规范。以管资本为主推动国有资产监管机构的

[1] 《习近平在中央党校（国家行政学院）中青年干部培训班开班式上的重要讲话》，2021年9月1日，https://www.ccps.gov.cn/xtt/202109/t20210901_150339.shtml。

职能转变，核心是要做到由实物形态的企业管理转变为价值形态的资本管控[1]。

习近平总书记多次强调要以管资本为主加强国有资产监管。党的十九届四中全会明确提出要形成以管资本为主的国有资产监管体制。2014年，国务院成立国有企业改革领导小组，总揽国企改革顶层设计。2017年4月27日，国务院办公厅转发《国务院国资委以管资本为主推进职能转变方案》；2019年11月29日，国务院国资委印发《关于进一步推动构建国资监管大格局有关工作的通知》。

为确保全国国资国企系统“混改”的顺利实施，国务院国资委除了积极完善“混改”法律法规体系，做好制度顶层设计外，还以中央企业“混改”为主要突破口，协调推进地方国企“混改”，开展了以下主要工作。

（一）国企改革“双百行动”

国企改革“双百行动”是国企改革专项行动之一。2018年3月，国务院国资委发布《关于开展“国企改革双百行动”企业遴选工作的通知》，计划选取百余户中央企业子企业和百余户地方国有骨干企业（简称“双百企业”），在2018—2020年全面落实“1+N”系列文件要求，深入推进综合性改革，在改革重点领域和关键环节率先取得突破，打造一批国企改革尖兵。2018年8月17日，国务院国企改革领导小组办公室召开国企改革“双百行动”动员部署会，标志着这项工程正式启动。

自国企改革“双百行动”实施以来，截至2021年8月31日，共有449户国企入围“双百企业”，改革综合成效显著提升，市场化经营机制灵活高效，企业内生活力有效激发[2]。

截至2019年末，中央企业所属“双百企业”累计改革任务完成率达到55.14%。41.55%的“双百企业”在本级层面开展了“混改”，其中非国有资本持股比例超过

---

[1] 周丽莎：《以“管资本”为主转换国有资本监管职能》，《经济参考报》2017年8月17日。

[2] 国务院国资委改革办：《“双百企业”名单》，2021年8月31日，http://www.sasac.gov.cn/n4470048/n10286230/n10870882/n10870887/c11913719/content.html。

1/3的占53.49%；62.65%的“双百企业”在子企业层面开展了“混改”[1]。“双百企业”全员劳动生产率达到每人85.3万元，大幅超出中央企业整体平均水平；人工成本利润率整体平均水平达到100.5%，近三年平均年增长率达5%；2019年营业收入、净资产增长率分别达到9.3%、11.4%，利润总额持续正向增长。半数以上“双百企业”实现经理层任期制和契约化管理（或职业经理人制度）各层级全覆盖；管理人员能上能下退出比例达到9.3%；近三年有效控制了管理人员规模，管理人员占比保持在10%以下，且近一半的企业在开展“双百行动”后管理人员占比进一步降低。八成以上“双百企业”实现绩效考核100%全覆盖，整体平均浮动工资占比达到60%，经理层成员之间收入差距倍数达到1.65，且呈现出逐渐加大趋势；员工市场化公开招聘的比例接近95%，市场化退出率近三年均在10%以上，远高于中央企业整体平均水平[2]。

（二）国有资本投资运营公司试点

依照国务院国资委的设计思路，未来中央企业将主要分为实体产业集团、投资公司和运营公司三种类型。而改组组建国有资本投资、运营公司（统称“两类公司”），是改革国有资本授权经营体制的核心，也是完善国有资产监管体制的重要内容。按照国务院国有企业改革领导小组的部署，2014年7月以来，两类公司试点工作已分三批在21家中央企业开展，如表7-4所示。

[1] 国务院国企改革领导小组办公室：《中央企业“双百行动”综合改革取得积极成效》，2020年4月5日，http://www.sasac.gov.cn/n2588030/n2588924/c14253314/content.html。

[2] 徐胥：《〈改革样本：国企改革“双百行动”案例集〉新书发布》，http://www.ce.cn/xwzx/gnsz/gdxw/202012/09/t20201209_36097931.shtml。

表7-4　国有资本投资、运营公司试点中央企业名单[1]

试点公司性质	序号	企业名称	发布时间
国有资本运营公司	1	中国诚通控股集团有限公司	2016年2月25日
	2	中国国新控股有限责任公司	2016年2月25日
国有资本投资公司	1	国家开发投资集团有限公司	2014年7月15日
	2	中粮集团有限公司	2014年7月15日
	3	国家能源投资集团有限责任公司	2016年7月14日
	4	中国宝武钢铁集团有限公司	2016年7月14日
	5	中国五矿集团有限公司	2016年7月14日
	6	招商局集团有限公司	2016年7月14日
	7	中国交通建设集团有限公司	2016年7月14日
	8	中国保利集团有限公司	2016年7月14日
	9	中国航空工业集团有限公司	2018年12月28日
	10	国家电力投资集团有限公司	2018年12月28日
	11	中国机械工业集团有限公司	2018年12月28日
	12	中国铝业集团有限公司	2018年12月28日
	13	中国远洋海运集团有限公司	2018年12月28日
	14	中国通用技术（集团）控股有限责任公司	2018年12月28日
	15	华润（集团）有限公司	2018年12月28日
	16	中国建材集团有限公司	2018年12月28日
	17	新兴际华集团有限公司	2018年12月28日
	18	中国广核集团有限公司	2018年12月28日
	19	南光（集团）有限公司	2018年12月28日

2018年7月30日，《国务院关于推进国有资本投资、运营公司改革试点的实施意见》发布，进一步明确了两类公司的功能定位。

[1]　数据来源：国务院国资委。

国有资本投资、运营公司均为在国家授权范围内履行国有资本出资人职责的国有独资公司，是国有资本市场化运作的专业平台。公司以资本为纽带、以产权为基础依法自主开展国有资本运作，不从事具体生产经营活动。国有资本投资、运营公司对所持股企业行使股东职责，维护股东合法权益，以出资额为限承担有限责任，按照责权对应原则切实承担优化国有资本布局、提升国有资本运营效率、实现国有资产保值增值等责任。

国有资本投资公司主要以服务国家战略、优化国有资本布局、提升产业竞争力为目标，在关系国家安全、国民经济命脉的重要行业和关键领域，按照政府确定的国有资本布局和结构优化要求，以对战略性核心业务控股为主，通过开展投资融资、产业培育和资本运作等，发挥投资引导和结构调整作用，推动产业集聚、化解过剩产能和转型升级，培育核心竞争力和创新能力，积极参与国际竞争，着力提升国有资本的控制力、影响力。

国有资本运营公司主要以提升国有资本运营效率、提高国有资本回报为目标，以财务性持股为主，通过股权运作、基金投资、培育孵化、价值管理、有序进退等方式，盘活国有资产存量，引导和带动社会资本共同发展，实现国有资本合理流动和保值增值。

以国有资本运营公司为例，2016年8月以来，受国务院国资委委托，两家试点国有资本运营公司（中国国新、中国诚通）已发起设立三大国家级国企改革基金，如表7-5所示。其中，由中国诚通发起设立的中国国有企业混合所有制改革基金采取股权投资等形式，聚焦核心领域和核心技术的“混改”，重点布局国家战略领域、竞争性领域、科技创新领域和产业链关键领域。此举旨在充分发挥国家级基金的引领效应，提升央地合作水平，提升“混改”的质量和效果。

表7-5　国务院国资委委托国有资本运营公司发起设立的国家级国企改革基金[1]

成立时间	基金名称	基金规模/亿元		注册地
		总规模	首期规模	
2016年8月18日	中国国有资本风险投资基金	2000	1000	深圳
2016年9月26日	中国国有企业结构调整基金	3500	1310	北京
2020年12月29日	中国国有企业混合所有制改革基金	2000	707	上海

（三）世界一流企业创建

为贯彻落实党的十九大报告提出的“深化国有企业改革，发展混合所有制经济，培育具有全球竞争力的世界一流企业”，国务院国资委于2019年1月25日启动“世界一流企业创建”专项工程。

为此，国务院国资委明确10家中央企业作为示范企业，如表7-6所示，对标世界一流企业，力争用3年左右时间在部分细分领域和关键环节取得实质性突破，激励示范企业成为在国际资源配置中占主导地位、引领全球行业技术发展、在全球产业发展中具有话语权和影响力的领军企业，发展质量和效益好的领先企业，践行新发展理念、守法重信、履行社会责任的典范企业。

表7-6　创建世界一流企业示范单位名单[2]

序号	企业名称	注册地	《财富》全球500强排名		
			2019年	2020年	2021年
1	国家电网有限公司	北京	5	3	2
2	中国石油天然气集团有限公司	北京	4	4	4
3	中国建筑集团有限公司	北京	21	18	13
4	中国移动通信集团有限公司	北京	56	65	56

[1]　数据来源：国务院国资委。

[2]　数据来源：国务院国资委；美国《财富》（*Fortune*）杂志。

（续表）

序号	企业名称	注册地	《财富》全球500强排名		
			2019年	2020年	2021年
5	国家能源投资集团有限责任公司	北京	107	108	101
6	中国航天科技集团有限公司	北京	323	352	307
7	中国中车集团有限公司	北京	359	361	349
8	中国长江三峡集团有限公司	北京	未上榜	未上榜	未上榜
9	中国航空集团有限公司	北京	未上榜	未上榜	未上榜
10	中国广核集团有限公司	深圳	未上榜	未上榜	未上榜

不难看出，这10家示范企业具有行业垄断性强、资质优良、核心技术过硬、涉外业务占比突出等优势。此举无疑是继2016年推出重要领域三批“混改”试点之后，国务院国资委对重要行业和关键领域“混改”的再次发力。

（四）区域性综改试验

为鼓励基层创新，最大限度地发挥改革合力，增强国资国企改革的系统性、整体性、协同性，以点带面推动全国国资国企改革，2019年7月，经国务院国企改革领导小组第二次会议审议通过，上海、深圳“区域性国资国企综合改革试验”和沈阳国资国企重点领域和关键环节改革专项工作（合称“区域性综改试验”）正式启动[1]。

当前，上海、深圳、沈阳的综改已取得阶段性成效。以深圳为例，2020年，深圳市属国有经济资产总额、营业收入、利润总额分别同比增长12.3%、9.9%、5.3%；在深纳税414亿元，同比增长6.8%，大幅高于中央企业和主要地方国企平均增长水平。经过一年的持续推进，深圳国资重组整合“1+N”方案得到全面实施，交易集团、环境水务、重大产业投资、深圳公共资源交易中心、中资阳光采购交易平台等企业组建重组工作已经完成，77.8%的国有资本集聚到以基础设施公用事业

[1] 何泳：《深圳市属国资国企资产突破4.1万亿元》，《深圳特区报》2021年1月20日。

为主体、金融和战略性新兴产业为两翼的“一体两翼”领域。

在深入推进上海、深圳、沈阳三地综合改革试验的基础上，配合实施黄河流域高质量发展、西部大开发、中部崛起、长江经济带发展、长三角一体化发展等国家重大区域战略，国务院国资委已将青岛、西安、武汉、杭州等地纳入第二批综合改革试验范围。

2021年1月，国务院国资委要求第一批综改地区要结合三年行动进一步深化综改措施，着力打造综改试验“升级版”。第二批综改地区要突出区域特色，坚持问题导向，扎实做好综改方案制订实施工作。要更加注重完善配套政策，促进驻地中央企业与省、市国企联动改革、协同发展。

（五）科改示范行动

2020年4月8日，国务院国有企业改革领导小组办公室召开会议，对开展“百户科技型企业深化市场化改革提升自主创新能力专项行动”（简称“科改示范行动”）进行动员部署。“科改示范行动”共选取200余户改革创新紧迫性较强的国有科技型企业，旨在按照高质量发展要求，进一步推动深化市场化改革，重点在完善公司治理、市场化选人用人、强化激励约束等方面探索创新、取得突破，打造一批国有科技型企业改革样板和自主创新尖兵，在此基础上复制推广成功经验。

2020年4月27日，国务院国资委发布“科改示范企业”名单，209家国企入选。为支持“科改示范行动”，经国务院国资委批准，中国国新联合重庆市国有企业、中检集团、双百基金在重庆共同发起设立总规模100亿元、首期规模50亿元的“国改科技基金”，投资对象为“科改示范企业”及其子企业或项目。

2021年1月26日，国务院国有企业改革领导小组办公室印发《“双百企业”和“科改示范企业”超额利润分享机制操作指引》，进一步丰富了国有企业中长期激励的“政策包”和“工具箱”，有利于指导推动国有企业强化正向激励、健全市场化经营机制，调动企业关键岗位人员、核心人才，特别是科技研发人员的积极性。

（六）国企改革三年行动

国企改革三年行动，由2020年5月22日提请十三届全国人大三次会议审议的2020年国务院政府工作报告首次提出。2020年6月30日，中央全面深化改革委员会第十四次会议审议通过《国企改革三年行动方案（2020—2022年）》，计划用三年时间，抓重点、补短板、强弱项，推进国有经济布局优化和结构调整，增强国有经济竞争力、创新力、控制力、影响力、抗风险能力。

2020年9月27日，国务院召开全国国企改革三年行动动员部署会议。会议指出，国企改革三年行动是未来三年落实国有企业改革“1+N”政策体系和顶层设计的具体施工图，是可衡量、可考核、可检验、要办事的。会议要求，国有企业要成为有核心竞争力的市场主体，积极稳妥深化“混改”；要在创新引领方面发挥更大作用，在关键核心技术攻关、高端人才引进、科研成果转化应用等方面有更大作为；要在提升产业链供应链水平上发挥引领作用，推动形成比较好的市场结构；要在保障社会民生和应对重大挑战等方面发挥特殊保障作用，对公益类业务进行分类核算和分类考核；要在维护国家经济安全方面发挥基础性作用。

不难看出，国企改革三年行动是围绕深化改革、综合改革和系统改革总目标，针对棘手问题、遗留问题发起的改革动员令。通过实施三年行动，国企改革要在形成更加成熟更加定型的中国特色现代企业制度和以管资本为主的国资监管体制、推动国有经济布局优化和结构调整、提高国有企业活力和效率等方面取得明显成效。

（七）对标世界一流管理提升行动

为敦促国有重点企业（含中央企业和地方国有重点企业）加强管理体系和管理能力建设，加快培育全球竞争力，国务院国资委于2020年6月启动“对标世界一流管理提升行动”。

2020年6月13日，国务院国资委印发《关于开展对标世界一流管理提升行动的通知》；7月29日，召开“对标世界一流管理提升行动”启动会议，动员部署对标提升行动。

此项行动要求国有重点企业以对标世界一流为出发点和切入点，以加强管理体系和管理能力建设为主线，聚焦战略管理、组织管理、运营管理、财务管理、科技管理、风险管理、人力资源管理、信息化管理等8个重点领域，用2—3年的时间，基本形成系统完备、科学规范、运行高效的中国特色现代国有企业管理体系。部分国有重点企业管理达到或接近世界一流水平。

二、混合所有制经济的操作模式

在混合所有制经济的改革实践中，已涌现出一批有代表性的企业“混改”案例。这些案例，无论交易标的价值大小，无疑都丰富了国企改革的参考样本。以下列举几类常见的国企“混改”操作模式。

（一）单一层级股权“混改”模式

单一层级股权“混改”模式，是指在企业某个单一层级，通过增资扩股、股份划转等方式引入其他战略投资者的“混改”模式。

此模式的典型案例为中国联通（600050）“混改”案[1][2]。“混改”采用非公开发行和老股转让等方式，引入处于行业领先地位、与公司具有协同效应的战略投资者，包括大型互联网公司、垂直行业领先公司、具备雄厚实力的产业集团和金融企业、国内领先的产业基金等。

“混改”前，2017年8月17日披露的中国联通2017年半年报显示，控股公司联通集团的持股比例为62.74%。公司总股本约211.97亿股。在“混改”过程中，公司拟向战略投资者非公开发行不超过90.37亿股股份，募集资金不超过617.25亿元；由联通集团向结构调整基金协议转让其持有的本公司约19.00亿股股份，转让价款约129.75亿元；向核心员工首期授予不超过8.48亿股限制性股票，募集资金不超过

[1] 《中国联合网络通信股份有限公司2017年半年度报告》，http：//www.chinaunicom-a.com/wcm/1/attachments/2017/8/17/1194/1502926335729.pdf。

[2] 同上。

32.13亿元。上述交易对价合计不超过779.14亿元。上述交易全部完成后，按发行上限计算，联通集团合计持有公司约36.67%的股份；中国人寿、腾讯信达、百度鹏寰、京东三弘、阿里创投、苏宁云商、光启互联、淮海方舟、兴全基金和结构调整基金将分别持有公司约10.22%、5.18%、3.30%、2.36%、2.04%、1.88%、1.88%、1.88%、0.33%、6.11%股份，上述新引入战略投资者合计持有公司约35.18%的股份，进一步形成混合所有制多元化股权结构。

2018年3月16日披露的中国联通2017年年报显示，控股公司联通集团的持股比例已降至37.7%。

（二）多层级股权“混改”模式

多层级股权“混改”模式，是指在企业内部多个层级引入市场机制，统筹设计股权结构，有目标按比例引入其他战略投资者。

此模式的典型案例为中国建材集团“混改”案[1]。

作为国有资本投资公司试点单位，中国建材集团在多年的实践中，探索出“混改”的“三层混合”模式。第一层为上市公司层面，通过13家上市公司，借助资本市场吸纳大量社会资本；第二层为平台公司层面（中联水泥、南方水泥、西南水泥、北方水泥），吸收民营资本交叉持股；第三层为业务公司层面，给原所有者保留30%左右的股权。

股权设计采取“正三七”和“倒三七”的多元化股权结构。“正三七”是中国建材集团持有上市公司30%以上的股份，作为第一大股东相对控股。“倒三七”指的是中国建材集团的上市公司采取“倒三七”的股权结构，即约70%的股份由上市公司持有，给其他投资者保留约30%的股份。通过这种股权划分，中国建材集团形成了一套自上而下的控制体系，既保证了集团在战略决策、固定资产与股权投资等层面的绝对控制权，也确保了上市公司和子公司的利润。

[1] 李予阳：《“混改”改出新天地——中国建材集团混合所有制改革实践》，《经济日报》2016年8月17日。

（三）借壳上市“混改”模式

借壳上市“混改”模式，是指非上市国有企业通过资产置换，借用主业长期亏损的上市公司“壳资源”实现间接上市的“混改”模式。

此模式的典型案例为中油资本借壳*ST济柴（000617）“混改”案[1]。

*ST济柴全称“济南柴油机股份有限公司”，为中国石油天然气集团有限公司下属企业。2011—2015年累计亏损超3亿元，2016年上半年继续亏损1.57亿元，几近暂停上市。

“混改”操作过程分三步：第一步，中石油集团以2015年12月31日为基准日，将其持有的金融业务资产（包含中油财务28%股权、昆仑银行77.10%股份、中油资产100%股权、昆仑金融租赁60%股权、专属保险40%股份、昆仑保险经纪51%股份、中意财险51%股权、中意人寿50%股权、中银国际15.92%股权和中债信用增进16.50%股份）无偿划转至其全资子公司中油资本持有，并以划入上述金融业务资产的中油资本100%股权为本次重组的置入资产（置入资产的审计、评估基准日为2016年5月31日）。第二步，*ST济柴以截至2016年5月31日经审计及评估确认的全部资产及负债作为置出资产，与中石油集团持有的前述中油资本100%股权中的等值部分进行置换。在资产置换的基础上，置入资产与置出资产之间的差额部分，由*ST济柴向中石油集团发行股份及支付现金购买。第三步，*ST济柴向中建资本、航天信息、中国航发、北京燃气、国有资本风险投资基金、泰康资产、海峡能源、中海集运、中信证券和中车金证等10名符合条件的特定对象非公开发行A股股票募集配套资金。

交易完成后，中油资本成为*ST济柴的全资子公司。*ST济柴免于退市，实现了保壳目的；中石油集团得以借用*ST济柴“壳资源”，以中油资本这一全新品牌，实现对旗下众多金融类公司的集成式“混改”。2017年2月10日，*ST济柴发布公告，公司正式更名为“中国石油集团资本股份有限公司”，证券简称“中油资

[1] 案例资讯来自上市公司*ST济柴/中油资本（000617）关于重组事项的对外公告。

本”，证券代码仍为“000617”。

（四）央地合作“混改”模式

央地合作“混改”模式，是指由中央企业通过增资认购、股份无偿划转等方式，参与地方国有企业股份多元化改革的一种“混改”模式。从国内目前的此类案例来看，主导方多为一家中央企业，拟“混改”企业多为地方大型国有企业。从操作结果来看，完成“混改”的企业股权结构简洁，实际控制人多为国务院国资委，短期内没有其他非国有资本介入。

此模式的典型案例为江中集团“混改”案[1]。

2018年5月18日，A股上市公司江中药业（600750）发布公告称，公司实际控制人江西省国资委与华润医药集团于2018年5月17日签署了《华润医药集团有限公司战略重组江中集团合作协议》，华润医药集团将对江中集团进行战略重组。华润医药集团通过购买江中集团部分股权并以现金或资产对江中集团进行增资，持有江中集团51%或51%以上的股权。同年5月30日，华润医药全资子公司华润医药控股与大连一方集团签署了股权交易意向书。华润医药控股拟以增资与购买江中集团部分股权相结合的方式取得江中集团不低于51%的股权。江中集团为公司的控股股东，持有公司已发行股份的43.03%。

交易完成后，华润医药控股通过江中集团间接拥有江中药业的权益超过江中药业已发行股份的30%，公司实际控制人由江西省国资委变更为国务院国资委。

三、混合所有制经济的操作成效

（一）“混改”的范围和领域持续扩大

党的十八大以来，国企“混改”的范围和领域持续扩大，国资国企发展质量明显提高。截至“十三五”末，全国国资系统监管企业资产总额和所有者权益分别为218.3万亿元和71.9万亿元，较“十二五”末分别增长了82.1%、80.3%，营业收

[1] 案例资讯来自上市公司江中药业（600750）相关时点的对外公告。

入、利润总额年均增长分别为7.4%、10.7%[1]。

在充分竞争行业和领域，2013年以来，中央企业已累计实施“混改”4000多项，引入社会资本超过1.5万亿元。中央企业混合所有制企业的户数占比超过70%，比2012年底提高近20个百分点。地方国企混合所有制企业的户数占比达到54%，引入社会资本超过7000亿元。电力、民航、电信、军工等重点领域的“混改”试点稳步推进，上市公司已经成为中央企业“混改”的主要载体，中央企业控股上市公司的资产总额、利润分别占到中央企业整体的67%和88%。2020年一年内，中央企业实施“混改”超过900项，引入社会资本超过2000亿元[2]。

2020年，地方国资委监管企业实现营业收入29.2万亿元，同比增长7.2%，实现净利润1.2万亿元[3]。各地国资委也积极制订国企改革三年行动方案，部署攻坚任务。33个地方改组组建国有资本投资、运营公司107家。

（二）“混改”政策与融资引导渐成合力

目前，“1+N”“混改”政策体系与中央、地方各类国有企业改革基金的融资引导已逐渐形成合力，共同推动国企“混改”向纵深发展。

近五年来，除国务院国资委委托国有资本运营公司发起设立的国家级基金外，其他层级和类型的国企改革基金也相继落地。如中国国新以中国国有资本风险投资基金为核心，迄今已设立运营总规模达8200亿元的“国新系”基金，如表7–7所示。各地以国有企业改革为主题的基金也相继成立，对社会资本形成了良好的引导效应。如2014年12月成立的北京京国瑞国企改革发展基金；2015年1月成立的信达国鑫国企混合所有制改革（上海）促进基金；2016年1月成立的山东国惠改革发展基金；2016年3月成立的湖南国企改革发展基金；2017年4月成立的信达粤商（广

[1] 《一图看懂地方国资委负责人会议暨地方国有企业改革领导小组办公室主任会议》，http://www.sasac.gov.cn/n2588025/n13790238/n13790243/c16560133/content.html。

[2] 《2020年央企经济运行情况新闻发布会图文实录》，http://www.sasac.gov.cn/n2588035/n16549643/n16549910/c16800467/content.html。

[3] 周雷：《国资系统监管企业资产总额超218万亿元》，《经济日报》2021年1月19日。

东）国企改革与发展投资基金；2017年5月成立的河北省国企改革发展基金；2017年8月成立的河南省国企改革发展基金；2018年7月成立的浙江省国企改革发展基金；2018年9月成立的安徽省属企业改革发展基金；等等。2020年底，首期募资不低于300亿元的云南省国企改革发展基金也在加速筹组。

表7-7 中国国新设立运营的“国新系”基金[1]

成立时间	基金名称	基金规模/亿元		注册地
		总规模	首期规模	
2014年8月15日	国新科创基金	—	45.45	北京
2016年8月18日	中国国有资本风险投资基金	2000	1000	深圳
2016年11月29日	国新国同投资基金	1500	700	杭州
2017年4月18日	国新央企运营（广州）投资基金	1500	500	广州
2019年4月11日	国新建信股权基金	1500	300	成都
2019年4月30日	国企改革双百基金	600	300	北京
2020年7月23日	央企信用保障基金	1000	100	北京
2020年12月23日	国改科技基金	100	50	重庆

（三）国企“混改”的创新示范作用日益凸显

在国务院国资委“双百行动”“世界一流企业创建”“区域性综改试验”“科改示范行动”等专项工程，以及“国企改革三年行动”等的强力推动下，国企“混改”取得重大突破，创新示范作用得以彰显。实践中，海康威视、万华化学、中国巨石等企业即为范例。

以A股上市公司海康威视（002415）为例，该公司自2001年11月30日创立至今，实际控制人一直为中央企业中国电子科技集团有限公司（简称“中国电科”），第二大股东一直为境外自然人龚虹嘉，堪称国有控股企业中少有的中外合资混合所有制企业。而龚虹嘉的持股比例，先是由公司创立时的49%降至2010年5月公司上市时的24.8%，再降至2020年三季报显示的12.43%。公司在2012年、2014

[1] 数据来源：中国国新控股有限责任公司。

年和2016年连续实施三期限制性股票计划，分别将数量占公司总股本的0.43%、1.32%和0.86%的限制性股票授予激励对象，激励对象主要为基层骨干员工，这一举措有效提升了研发、市场等人才队伍的稳定性。2016年，企业引入核心员工跟投创新业务机制——在互联网视频、汽车电子、机器人及其他创新业务上，公司和员工以6：4的股权比例共创子公司，这使得一大批核心员工和技术骨干成为与公司创新业务共担风险、共享收益的“事业合伙人”。2017—2019年，公司的研发费用率分别达到7.62%、8.99%和9.51%。

目前，海康威视已由创立时注册资本仅500万元的一家小公司，成长为总市值约6000亿元的高科技企业。公司目前是以视频为核心的智能物联网解决方案和大数据服务提供商，连续多年位列视频监控行业全球第一。截至2019年底，公司累计拥有授权专利4119件、软件著作权1042份[1]。

（四）“混改”促进不同性质资本间的融合发展

“混改”虽以国有企业为主体展开，但客观上为参与“混改”的各类资本构建了利益合作机制，有利于各方权责共享、文化互鉴。

以中央企业“混改”数据为例，在中央企业所有者权益中，引入社会资本形成的少数股东权益，由2012年底的3.1万亿元增加到2020年的9.4万亿元，占比由27%提升到38%。同时，中央企业对外参股的企业超过6000户，国有资本投资额超过4000亿元，这种双向“混改”，推动各类所有制企业取长补短，有利于培育具有核心竞争力的优秀企业[2]。

此外，受国有资本优化布局、上市公司业绩承压、中小企业融资梗阻等因素

---

[1] 案例资讯来自上市公司海康威视（002415）相关时点的对外公告（含年报）。

[2] 《2020年央企经济运行情况新闻发布会图文实录》，http://www.sasac.gov.cn/n2588035/n16549643/n16549910/c16800467/content.html。

驱动，资本市场也频现地方国资跨省控股民营上市公司的情况[1][2]。如江西国资（江西铜业）2019年6月控股恒邦股份（002237）；西安国资（曲江新区管委会）2019年7月控股华仁药业（300110）；无锡国资（无锡建发）2019年8月控股康欣新材（600076）；珠海国资（珠海港集团）2020年8—12月控股上市公司通裕重工（300185）、天能重工（300569）；等等。此类收购，大多属于定价公允的市场化行为，客观上有利于促进不同性质资本间的融合发展。

[1] 21世纪资本研究院统计数据显示，2020年A股市场321家上市公司控制权变更完成，与2019年基本持平，其中近15%易主案例的收购方为国资背景。

[2] 杨坪、陈芳：《321家控制权变更2020年A股“易主”大数据：国资入主盘整现新信号》，《21世纪经济报道》2021年1月30日。

第四节

对深化“混改”若干重大问题的思考

国有企业作为国民经济的主要载体，是中国特色社会主义的重要物质基础和政治基础。在新发展阶段推动高质量发展，必须深化国有企业混合所有制改革，做强做优做大国有企业。为深入推进“混改”，国有企业需立足服务国家战略，立足绿色低碳发展，不断增强自主创新能力和核心竞争力，进一步激发内生动力和发展活力。要顺应经济全球化趋势，统筹国内国际两个大局，重点审视事关“混改”成效的全球资源配置、金融市场借力、国有资产保护、混合所有制经济理论创新等重大问题。

一、如何在“混改”中探索全球资源配置能力

近年来，受经济逆全球化、民粹主义、贸易保护主义、中美经贸摩擦、新冠肺炎疫情等多重因素影响，全球产业链、供应链遭遇重大冲击。为应对外部环境变化带来的新挑战，十三届全国人大四次会议审议通过的《中华人民共和国国民经济和社会发展第十四个五年规划和2035年远景目标纲要》提出，要加快建设现代化经济体系，加快构建以国内大循环为主体、国内国际双循环相互促进的新发展格局，推进国家治理体系和治理能力现代化。

不难看出，在目前时局下深化国企“混改”，不仅要解决国企现存痛点问题，还要着眼未来，从全球化视角跨境审视产业链、价值链，提升全球资源配置能力。具体而言，需要考虑如下问题：

一是准确评估并着力提升我国在全球价值链中的战略地位。我国目前在全球价值链中的参与度较高，但处于产业链上游的能源、原材料、关键零部件、核心技术

等有较大的对外依赖度，这直接威胁到非常时期的国家安全。因此，要构建核心产业的价值链安全评估系统，重点解决“卡脖子”问题。

二是在新发展格局中提升国有资本的国际辐射力。在双循环发展格局下，应以中央企业和省级特大型国有企业的“混改”为突破口，引导互补性强、创新力卓越的非国有资本入股，在服务国家对外战略中加强组织协同，共享开放红利。

三是在全球范围内发挥行业领导力。在尊重传统规则的基础上，技术领先产业领域（如航天、北斗导航、核电、高铁、深海探测、特高压输变电等）的国有资本，要有超前思维，力争制定和主导国际新规则。

四是树立统战意识，营造良好的中国资本对外形象。由于战略利益、意识形态等因素，我国国有资本的全球化布局注定危机四伏。故此，在涉外经贸事务上，要进退有据，善于化解对手合力，避免陷入群雄环伺的被动境地；要重点培养涉外知识产权保护、反垄断、反倾销等领域的律师队伍，提高商务应急处突能力；要完善和外交、文宣部门的沟通机制，准确传递国资声音，维护舆论话语权。

二、如何借力资本市场推进“混改”

在深化国企“混改”的历史进程中，资本市场无疑将扮演更为重要的市场角色。以中央企业为例，2018年3月，国务院国资委曾计划力争到2020年实现超70%的央企资产上市。以目前形势看，中央企业集团层面主要保持国有独资或国有全资，尚无引入其他资本实施“混改”的计划。个别有条件进行股权多元化改革的，也基本处于“混改”试点阶段。而对于中央企业二级及以下层级的下属公司，以及地方国有企业而言，利用资本市场推进“混改”的市场需求甚为迫切。

借力资本市场推进“混改”，应重点关注如下问题：

一是增进国有资本对资本市场的系统认知。在全面推行公司制改革的基础上，应在国资系统长期开展资本市场的规则普及、案例研究和监管沟通等培训。要深刻认识多层次资本市场的结构化特征，做到投融资供需匹配，有的放矢，提高融资效率。

二是构建国有股权和要素市场内部监测系统。在对国有资本进行系统摸底的基础上，利用大数据、云计算、物联网、区块链、人工智能等前沿信息技术，强化对国有资本和要素市场的实时监测。参照不同资本市场的差异化政策导向，坚持“三因、三宜、三不”原则，有计划地推进“混改”。

三是深耕产业调研，提升“混改”引战成功率。利用市场时机，深化国有资本和非国有资本双向“混改”。在引入民营、外资性质的战略投资者之前，务必谨慎研判其发展背景、产业匹配度、文化协同性等问题。

四是灵活调整上市股本规模，增加股价弹性。贵州茅台式的超高单价，四大国有银行、“两桶油”式的超大股本，会严重抑制股价弹性，增加投资者的市场操作风险。事实上，国有资本在“混改”上市后，可以借助拆股（share split）、并股（reverse stock split）等技术方式，对上市公司的股本规模进行灵活调整，以保持股价弹性。此举不仅有利于完善资本市场定价机制，激发市场活力，也有利于改变投资者对传统国企股价活力不足、亏多赢少的负面印象。

三、如何在“混改”中有效遏制国有资产流失

国企“混改”涉及对各类国有资产的评估、定价和处置，流程复杂，价值可观，极易诱发贪腐。因此，务必从严改进和完善国有资产监督机制。具体而言，建议把握好以下环节：

一是重视对国有资产流失渠道的专项研究。以国有资产流失案例为主要突破口，辐射研究国有资产流失的各类可能渠道；汇集国有资产监管、研究、审计、司法等领域的专业力量，组织得力的研究班底。

二是按“混改”程序严控流程节点。“混改”涉及的主要流程节点包括：在党委或董事会领导下成立专项工作组；制定“混改”企业发展战略；选聘中介机构；制订“混改”工作计划并组织落实；形成“混改”方案并报批；按照规定到产权交易所挂牌；签订投资协议或股权转让协议；完成出资和股权交割。通过严格把控，

力争在源头上堵住贪腐和利益输送。

三是“混改”后要多管齐下完善企业监督机制。充分发挥企业党委的主体责任和纪委的监督责任；建立包括审计、纪检监察、法律、财务等部门的监督工作体系；加大董事会、监事会的监督力度；重视企业职工民主监督。

四、如何结合实践推动混合所有制经济理论创新

习近平总书记指出，结合我国当前实际和时代条件，学习和运用辩证唯物主义世界观和方法论，要注重解决好四个问题，其中一个是“学习掌握认识和实践辩证关系的原理，坚持实践第一的观点，不断推进实践基础上的理论创新”[1]。

国企“混改”作为一场规模空前的改革实践，无疑将成为激发社会创造力、促进理论创新的历史契机。这就要求“混改”的参与者，不仅要聚焦“混改”问题进行对策性研究，还要善于总结提炼，直至形成具有中国特色的混合所有制经济理论。

从实践视角来看，要推动我国混合所有制经济理论创新，至少应基于如下判断：

第一，要深刻认识中国共产党在国有企业形成及发展中的重大历史作用。我国国有企业的形成和发展，有其复杂深刻的历史背景。国有企业既是党带领全国人民建立新中国后积累的物质财富，也是稳定执政基业、推进国家现代化、保障人民共同利益的政治基石。国有企业在“混改”工作中，要“坚持党对一切工作的领导”，恪守两个“一以贯之”[2]。参与“混改”的监管者、企业家和理论工作者，更要深入了解党史和国企发展史。

第二，要充分认识我国基本经济制度的内涵和逻辑。坚持和完善基本经济制度，是深化国有企业改革的根本要求。党的十九届四中全会在尊重历史传承的基础

[1] 习近平：《辩证唯物主义是中国共产党人的世界观和方法论》，《求是》2019年第1期。

[2] 两个“一以贯之”是指坚持党对国有企业的领导是重大政治原则，必须一以贯之；建立现代企业制度是国有企业改革的方向，也必须一以贯之。出自2016年10月10日至11日习近平在全国国有企业党的建设工作会议上的讲话。

上，对我国基本经济制度的内涵做了重新表述。全会明确指出，“发展混合所有制经济，增强国有经济竞争力、创新力、控制力、影响力、抗风险能力，做强做优做大国有资本”。这无疑为国企“混改”工作指明了方向。理论工作者更要端正三观，深入调研，放眼全局体会制度逻辑。

第三，要充分认识“混改”的历史必然性和渐进性。“混改”政策的确立有其特定的历史背景，其愿景旨在谋求多元资本的良性战略协同，而不是简单的拆并和零和博弈。只有深刻认识“混改”的历史背景，才能体会到这一使命的严肃性和迫切性。“混改”不能一蹴而就，需要循序渐进，用科学的态度和精神持续探索。

第四，要充分认识国有资本运作方式和监管模式的转变。国有资本运作方式的调整，与国有资产监管体制的演变紧密呼应。国有资本投资、运营公司的操作，必然带来国有资本的结构和形态升级。对非国有资本的投资引导和管控，未来将成为监管决策的重要着力点。

第五，要用马克思主义立场观点方法来研究和解决中国的实际问题。由于地理大发现、殖民主义、工业革命、东西文化交流等历史因素的影响，当代中国有部分人漠视意识形态差异，习惯基于欧美发达国家的历史经验，采用西方话语范式来狭隘地解读本国事务。这种危险倾向，既不利于科学研究，也容易将决策引向歧途，必须谨慎辨别、及时矫正。习近平总书记强调“理论的生命力在于不断创新”，要坚持用马克思主义来观察、解读和引领时代，“用鲜活丰富的当代中国实践来推动马克思主义发展”[1]。“混改”作为一项重大的改革任务，需要所有参与者植根当代中国改革实践，集思广益，面向世界提供中国方案。

[1] 习近平：《在纪念马克思诞辰200周年大会上的讲话》，《人民日报》2018年5月5日。

CHAPTER 8

第八章

中小微经济的发展

中小微经济是以中小微企业为组织形态的所有制经济，中小微企业是非公有制经济的主要构成部分，是社会主义市场经济的重要组成部分。中小微企业数量多、行业分布广、机制灵活，成为推动中国经济体制改革的重要力量、激发社会主义市场经济活力的主要载体，也是提高广大人民群众生活水平的重要组织形式。党的十八大以来，党和国家高度重视非公有制经济发展，不断推出“放管服”改革举措，优化营商环境，提升服务效能，持续激发市场活力和社会创造力，为中小微经济发展创造了良好的外部环境。但是，由于经济下行压力加大、国际形势复杂多变以及新冠肺炎疫情叠加影响，中小微企业也面临着新问题和新挑战，为此，坚定不移地坚持落实“两个毫不动摇”，为中小微企业提供更加良好的营商环境，缓解融资难、融资贵问题，进一步促进中小微经济发展壮大，是推动社会主义市场经济健康持续发展的重要举措。

第一节

中小微经济的所有制属性

中小微企业是中小型企业、微型企业、家庭作坊式企业、个体工商户等的统称。中小微经济是一种以中小微企业为主体形态的非公有制经济，是社会主义经济体制中多种所有制经济的重要组成部分。近年来，中小微经济快速发展，已成为我国经济总量、税收、就业乃至创新的主力，在扩大社会就业、增加城乡居民收入、增强经济发展活力等方面发挥着不可替代的作用。然而，由于受到资金、技术、人才等方面的影响，大量中小微企业管理粗放混乱，在市场中缺乏竞争力，发展受到制约。尽管中小微企业是国民经济和社会发展的重要基础，但由于规模小、抗风险能力弱等，其带有明显的弱势经济特征。近年来，国家虽已出台一系列优惠政策大力扶持中小微企业发展，但其发展生存仍面临巨大挑战。

不同国家和地区对中小微企业有不同的界定标准，而且在同一个国家或地区之内，随着经济发展水平的变化，中小微企业的标准也是不断变化的。具体到我国，按照2009年国务院发布的《关于进一步促进中小企业发展的若干意见》和2011年制定的《中小企业划型标准规定》，首次明确增加微型企业标准，主要参考就业人数、营业额、资产总额指标，在不同的行业使用不同的指标。以工业行业为例，从业人员1000人以下或营业收入40000万元以下的为中小微型企业。其中，从业人员300人及以上，且营业收入2000万元及以上的为中型企业；从业人员20人及以上，且营业收入300万元及以上的为小型企业；从业人员20人以下或营业收入300万元以下的为微型企业。

中小微企业法人单位指的是在第四次全国经济普查中机构类型为企业，且单位规模登记为中型、小型和微型的法人单位。单位规模根据《统计上大中小微型企业划分办法（2017）》的规定计算，根据该办法的适用范围，在统计单位规模时，不含以下行业的单位：铁路运输业，金融业，房地产租赁经营，教育，卫生，公共管理、社会保障和社会组织，国际组织[1]。

[1] 全部规模企业法人单位指大型、中型、小型和微型的企业法人单位。

第二节

中小微经济与经济发展活力

中小微经济是以中小微企业为组织形态的所有制经济，是非公有制经济的重要组成部分。新中国成立72年以来，中小微经济在发展生产、改善民生、扩大就业、增加居民收入、夯实社会保障，实现人民生活由温饱不足走向总体小康、迈向全面小康过程中发挥了重要作用。党的十八大以来，以习近平同志为核心的党中央高度重视非公有制经济工作，发表了一系列讲话，先后作出一系列重大部署。习近平总书记在党的十九大报告中指出，构建亲清新型政商关系，促进非公有制经济健康发展和非公有制经济人士健康成长。中共中央、国务院在给中国工商业联合会第十二次全国代表大会的贺词中明确指出："促进非公有制经济健康发展和非公有制经济人士健康成长，既是重大经济问题也是重大政治问题。""两个健康"重要论述为新时代民营经济高质量发展指明了前进方向、提供了根本遵循。与此同时，近年来，党中央、国务院高度重视优化营商环境，不断推出"放管服"改革举措，持续激发市场活力和社会创造力，中小微经济总量规模不断扩大，产业分布更趋合理，在国民经济和社会发展中的作用日益显著。

一、中小微经济是中国社会主义市场经济的重要组成部分

从历史发展维度来看，在中国由计划经济向市场经济转型过程中，中小微经济释放了巨大的增长潜力，中小微企业数量迅速发展，已成为社会主义市场经济的重要组成部分。但是，回顾历史，在社会主义市场经济发展历程中，中小微经济的发展经历了一个艰难曲折的过程，中小微企业的发展并不是一帆风顺的。

（一）中小微经济在社会主义市场经济体制中的地位得到确认

中小微经济，包括个体经济、私有经济等，是非公有制经济的一种存在形式，是商品经济形态不可或缺的重要组成部分。但是在马克思、恩格斯设想的科学社会主义理论中，这种所有制经济形态是要加以消灭的。《共产党宣言》指出："共产党人可以用一句话把自己的理论概括起来：消灭私有制。"[1]十月革命胜利后，列宁继承和发展了科学社会主义理论，把单一公有制发展为两种公有制的实现形式，即全民所有制和集体所有制，并从俄国国情出发，提出多种经济成分并存的光辉思想。中华人民共和国成立后，由于受苏联的影响，我国把多种经济并存当作资本主义尾巴割掉了，并过急地由集体所有制向全民所有制过渡，试图跑步进入共产主义。这就形成了党的十一届三中全会以前以"一大二公三纯"为鲜明特点的社会主义模式。在此期间，片面强调发展单一的全民所有制经济，轻视和削弱集体所有制经济，批判、否定、取消个体、私营等非公有制经济。"宁要社会主义的草，不要资本主义的苗。"这一阶段我国忽视和否定非公有制经济对社会主义生产力发展的积极作用，而将其视为社会主义基本经济制度的对立物和异己力量。即便如此，为了恢复和发展国民经济，新中国成立初期中国共产党对个体和私营经济还是采取了利用与限制的政策：有利的，人民政府鼓励其经营；不利的，进行限制。针对当时个体和私营经济发展的一些困难，中央人民政府还实行了一系列政策，包括：放松银根，刺激需求；调整公私关系，改善经营环境；调整劳资关系，用协商解决劳资矛盾；公布产销信息，指引中小微企业主经营；提供税收优惠、信贷优惠，解决中小微企业资金问题；等等。这些政策和措施在一定程度上有力地促进了国民经济的恢复和好转，同时也推动了中小微企业的发展。

党的十一届三中全会以来，中国共产党认真总结所有制问题上的经验教训，全面纠正"左"倾的错误，在坚持社会主义基本制度的前提下，开始对生产关系和上

[1] 中共中央马克思恩格斯列宁斯大林著作编译局：《马克思恩格斯选集》第一卷，人民出版社，1995。

层建筑中不适应生产力发展的方面和环节进行改革。初步认识到个体经济、私营经济等非公有制经济也是推动社会生产力发展的一种重要形式。为此，党的十一届六中全会提出“一定范围内的劳动者的个体经济是公有制经济的必要补充”的重要观点，党的十二大和十三大进一步阐明了这个观点，指出坚持国有经济的主导地位和发展多种经济形式。还指出，除个体经济外，还可以存在雇工经营的私营企业，作为“公有制经济的必要的和有益的补充”。党的十三届七中全会则明确把“坚持社会主义公有制为主体的多种经济成分并存的所有制结构”作为建设有中国特色的社会主义的重要方针确定下来。但是，由于长期以来形成的对马克思主义的教条式理解，在所有制问题上仍然存在种种疑惑，束缚着人们的思想。随着社会主义经济体制改革的不断深入，具有中国特色的社会主义经济体制已基本形成。党的十五大报告指出：“以公有制为主体、多种所有制经济共同发展，是我国社会主义初级阶段的一项基本经济制度。”习近平同志在党的十九大报告中进一步提出：“加快完善社会主义市场经济体制。经济体制改革必须以完善产权制度和要素市场化配置为重点，实现产权有效激励、要素自由流动、价格反应灵活、竞争公平有序、企业优胜劣汰。”[1]至此，中小微企业在社会主义市场经济体制中的地位得到确认，中小微经济发展赢得了良好的外部环境。

（二）中小微经济是社会主义经济体制的有益补充

社会主义市场经济本身有两个特征：其一是社会主义；其二是市场经济。前一个特征要求必须坚持公有制为主体，后一个特征决定了市场主体必须多元化，既要发展国有经济、集体经济，也要发展个体、私营等非公有制经济。只有这样，才能有利于市场竞争，有利于提高经济效率，有利于优化资源配置。只有单一的国有经济不是真正意义上的市场，更不能使社会主义经济成为市场经济。就个体经济而言，所有者、经营者、劳动者高度统一，私有财产、劳动成果和个人收入密切相

[1] 习近平：《决胜全面建成小康社会　夺取新时代中国特色社会主义伟大胜利——在中国共产党第十九次全国代表大会上的报告》，人民出版社，2017。

联，能够自发地调动劳动者、生产经营者的积极性。在私营经济中，雇主和雇工的利益关系简单明了，私营业主在竞争规律和资本内在冲动的驱使下，有很强的成本意识、创新意识，一般有较高的劳动生产率。因此，个体、私营经济的存在和发展，是建立社会主义市场经济体制的重要条件之一，包括中小微经济在内的多种所有制经济并存和共同发展，是社会主义市场经济的内在要求。

（三）发展中小微经济是由我国基本国情决定的

我国目前及以后一个较长的时期内，仍处于社会主义初级阶段。社会主义初级阶段的生产力状况是：生产力水平低、多层次、不平衡。这种生产力状况，就决定着以公有制为主体多种所有制经济共同发展的所有制结构与之相适应。按照马克思主义经济学理论，生产力具有三个要素，即劳动者、生产工具、生产对象。这三个要素大致相当于现代经济学理论中的人力资本、物质资本和自然资源。人力资本既有数量的一面，又有质量的一面。就人力资本质量而言，我国人口数量很大，但是人口的学历水平与技能水平与发达国家相比还有很大差距。物质资本无论是从数量还是从质量（亦即技术水平）上看，我国均有很长的路要走。尽管我国地大物博，但人均资源占有量尤其是资源的利用率低于世界平均水平。根据生产力决定生产关系的原理，我国相对低水平、多层次的生产力和多样化的生产社会化程度反映在生产关系上就不能不采取多种所有制经济共同发展的模式。任何超越现实生产力发展水平的生产关系，都将影响和阻碍生产力的发展。因此，不同的生产力水平，必然要求建立不同的生产资料所有制形式，确立不同的生产资料所有制结构，是促进生产力发展的客观要求。

生产力决定生产关系，生产关系反作用于生产力。当前我国之所以允许多种所有制经济共同发展，就是遵循这一客观规律所作出的必然选择。经过几十年的社会主义建设，一方面，我们已经建成了一个比较完整的工业体系，有了一大批具有一定规模的企业和企业集团，一些科学技术领域已达到或接近世界先进水平，生产社会化在某种范围内已达到一定的水平。基于这一实际，应当在可能和必要的范围内实行生产资料公有制，因为生产社会化的条件，适宜于集中生产、统一经营，在国家的宏观调控和指导下，把它巨大的内在能量充分释放出来，将对周围小规模、分散、落后的生产领域起到积极的推动和催化作用。另一方面，生产力发展总的水平还很低，数亿农业劳动者主要从事手工劳动，大部分工业远远达不到现代化水平，经济发展落后与不平均的地区和行业，则必须允许多种所有制经济共同发展，只有采取这种灵活多样的形式，才能调动各方面生产的积极性。这种分散的生产条件、大量的文化素质低和缺技能的劳动人口，适宜按照开放、引导的原则，鼓励广开门路，增加就业，无论是合伙生产还是个体经营、私营，都是当前社会经济发展和社会稳定的客观需要。无论是公有还是私有，一切符合“三个有利于”的所有制形式都应该用来为社会主义服务。因此，只有充分发展中小微经济，才能调动和发挥各方面的积极性，促进生产力迅速发展。

二、中小微经济伴随中国经济体制改革而蓬勃发展

中国经济体制改革经历了曲折、复杂的探索过程，随着党和国家领导人对经济规律认识的不断深化，中国社会主义经济体制逐步由传统的计划经济转向社会主义初级阶段的市场经济。改革开放40多年来，社会主义市场经济体制不断建立和完善，中小微企业也不断发展壮大，成为中国经济体制改革成果的重要体现。

1978年，党的十一届三中全会做出了“将全党的工作重点转移到社会主义现代化建设上来”的战略决策，开启了改革开放的历史进程，单一公有制格局逐步突破，各种所有制经济成分在改革开放春风的吹拂下焕发出新的生机和活力。

1982年9月，党的十二大正式确立“计划经济为主，市场调节为辅”的经济建设和改革原则。1984年10月，党的十二届三中全会通过《中共中央关于经济体制改革的决定》，突破了把商品经济同资本主义等同起来、同社会主义和计划经济对立起来的传统观念，确认了社会主义经济“是在公有制基础上的有计划的商品经济。

商品经济的充分发展，是社会经济发展的不可逾越的阶段”[1]。在这个阶段的经济改革中，中央进一步扩大企业自主经营权，推行经济责任制，对国有企业推进“利改税”“拨改贷”等改革，完善企业承包责任制，在一定程度上激发了企业主体活力。随着经济改革的不断深入推进，我国各种经济成分在工业总产值中的比重也逐渐发生了变化，国有企业从1978年的77.6%下降到1987年的59.7%，集体企业从1978年的22.4%上升到1987年的34.6%，私营和外资企业等其他企业从1978年的零基础上升到1987年的5.7%[2]。

1992年初，邓小平在南方谈话中鲜明指出：“计划多一点还是市场多一点，不是社会主义与资本主义的本质区别。计划经济不等于社会主义，资本主义也有计划；市场经济不等于资本主义，社会主义也有市场。计划和市场都是经济手段。”[3]党的十四届三中全会通过的《中共中央关于建立社会主义市场经济体制若干问题的决定》更是提出了社会主义市场经济体制的具体内容，即从现代企业制度、分配制度、社会保障制度、市场体系、宏观调控体系五个方面明确阐述了社会主义市场经济体制的基本框架，要求转变政府管理经济的职能，建立以间接手段为主的完善的宏观调控体系，保障国民经济健康运行。1998—2001年，我国国有企业数量从64737个减少至46767个，利润总额从525.14亿元上升至2388.56亿元。尤其是个体、私营企业发展十分迅速，“下海”成为当时的热词，不少体制内人员辞去公职投身商海之中。1992年底，全国城乡共有个体工商户1533.9万家，登记注册的私营企业共有13.9万家。到了1997年，全国个体工商户达到2850万家，私营企业达到96万家。到了2002年，全国私营企业户超过了集体企业，一跃成为中国企业中的第一大群体。这个阶段，乡镇企业也异军突起，1996年底，乡镇企业数已达2336万

[1] 中共中央文献研究室：《十二大以来重要文献选编》（中），中央文献出版社，2011。

[2] 龚关：《中华人民共和国经济史》，经济管理出版社，2010。

[3] 邓小平：《邓小平文选》第三卷，人民出版社，1993。

个，完成增加值17659亿元[1]。

党的十八届三中全会又进一步提出：“公有制为主体、多种所有制经济共同发展的基本经济制度，是中国特色社会主义制度的重要支柱，也是社会主义市场经济的根基。公有制经济和非公有制经济都是社会主义市场经济的重要组成部分，都是我国经济社会发展的重要基础。”[2]这就把非公有制经济的地位提高到一个新的高度，使中小微企业的发展又进入到一个新的发展阶段。

正是得益于改革开放以来经济体制的不断调整，为中小微经济发展提供了更为宽松的政策和法律环境，中小微企业进入了快速发展阶段。2014年，我国规模以上工业企业中，大、中、小型企业单位数分别为9893个、55408个、312578个，分别占企业单位总数的2.69%、14.66%、82.72%。三者主营业务收入分别为436746亿元、268281亿元、402005亿元，分别占主营业务收入总额的39.45%、24.23%、36.31%[3]。

三、中小微企业已成为吸纳社会就业的主体

改革开放以来，随着市场经济体制的不断完善，中小微经济得到了党中央和国务院的高度重视，国家积极鼓励、支持、引导中小微企业的发展，并出台了一系列财税金融、营商环境、公共服务等方面的政策措施，给予中小微企业极大的支持，有力地助推了中小微企业的健康发展。国家统计局发布的第四次全国经济普查系列报告指出：我国营商环境不断改善，中小微企业总量规模不断扩大，产业分布更趋合理，在国民经济和社会发展中的作用日益显著。2018年末，我国共有中小微企业法人单位1807万家，比2013年末增长115%，占全部规模企业法人单位（简称“全部企业”）的99.8%，比2013年末提高了0.1个百分点。中小微企业具有很强的吸纳

[1] 萧国亮、隋福民：《中华人民共和国经济史（1949—2010）》，北京大学出版社，2011。

[2] 《中共中央关于全面深化改革若干重大问题的决定》，人民出版社，2013。

[3] 中华人民共和国国家统计局：《中国统计年鉴2015》，中国统计出版社，2015。

就业的能力，已经成为吸纳社会就业的主体。2018年末，中小微企业吸纳就业人员23300.4万人，比2013年末增加了1206.8万人，增长了5.5%，占全部企业就业人员的比重为79.4%，比2013年末提高了0.1个百分点。拥有资产总计达到402.6万亿元，占全部企业资产的77.1%；全年营业收入达到188.2万亿元，占全部企业全年营业收入的68.2%。其中，中小微私营企业有1526.5万家，比2013年末增长166.9%，占全部企业的84.4%，比2013年末提高了16.5个百分点[1]。

（一）中小微企业是扩大就业、减少贫困、促进社会和谐的重要载体

我国是一个人口大国，拥有7亿—8亿农民。当前，我国仍然处于快速城镇化和工业化进程，与此同时，新冠肺炎疫情叠加经济下行压力影响，我国面临着世界上最大规模的人口转移和严峻的就业压力。中小微企业以劳动密集型企业为主，创办所需资本少、吸纳劳动力多，自然就成为失业人员重新就业和新增劳动力就业的重要渠道。同时，我国中小微企业在乡镇等地区分布广泛，提供了85%的城镇就业机会，为国有企业改制、下岗工人再就业以及农民工就业提供了相对充分的选择机会，为他们提供了生活保障，能够实现民众生活水平提高、城乡贫富差距缩小、社会更加和谐稳定。

（二）中小微企业是促进自由竞争、强化市场机制的重要力量

自由竞争是市场经济的活力所在。随着企业兼并重组与扩张，在行业或产业内免不了会出现个别实力强大的产业或国际大企业，应该说，出现这样的企业大鳄是可喜的，但这时维持自由竞争将成为一个难题。那么这时就需要有一股市场自发的力量来实现这两者的平衡，打破大企业的垄断局势。我国的中小微企业正是应市场经济发展的需要而产生的，其小而灵巧、市场反应敏锐、产业分布广泛等特征使得市场经济更加活跃、社会结构更趋合理、要素流动更加有序、市场机制更趋合理。

---

[1] 《全国经济普查系列报告显示——中小微企业作用日益显著》，http：//www.gov.cn/xinwen/2019-12/25/content_5463765.htm。

（三）中小微企业是实现我国社会主义新农村建设的有效途径

我国是一个人口大国和农业大国，截至2019年末，14亿人口中有5.6亿人分布在农村，大部分农村收入还很微薄，存在劳动力闲置问题。农村致富和剩余劳动力的转移就业是社会主义新农村建设的一项重要任务。而中小微企业的异军突起，吸纳了广大的农村剩余劳动力，增加了农民收入，改善了农村风貌，为实现社会主义新农村建设开辟了新的途径。

（四）中小微企业是我国经营机制变革的体现

我国经营机制变革的重中之重是国有企业经营机制的转换，把企业推向市场，使企业适应市场的需求，成为市场竞争中自负盈亏的商品生产者与参与者。而在经营机制变革的过程中，我国中小微企业的蓬勃发展，说明经营机制变革已初见成效，国企垄断原料、市场、资金等各项资源的局面正在慢慢打破，中小微企业能够在一个相对公平的市场环境中发展壮大。

四、中小微企业创新活力竞相迸发，产业分布更趋合理

在党中央、国务院的高度重视下以及各项鼓励政策的大力支持下，我国营商环境不断改善，中小微企业总量规模不断扩大，产业分布更趋合理，中小微企业创新活力竞相迸发，在国民经济和社会发展中的作用日益显著。

（一）中小微企业已成为“双创”的重要载体

改革开放以来，我国中小微企业增速迅猛，生存能力强，推陈出新快，发展空间不断扩展。随着“大众创业、万众创新”的深入推进，我国对中小微企业的扶持力度持续加大，众创、众包、众扶、众筹快速发展，众多创业“明星”不断涌现，中小微企业的创新活力竞相迸发。数据显示，目前全国企业众创空间超过4200家、科技企业孵化器超过3000家，累计服务创业企业和团队超过40万家、培育挂牌上市

企业近1000家[1]。

为了推动中小微企业的创新发展，2017年6月，国务院办公厅印发《关于建设第二批大众创业万众创新示范基地的实施意见》明确了第二批共92个双创示范基地，提出推动大中小企业融通发展，拓展就业空间，为培育壮大发展新动能、促进新旧动能接续转换提供重要支撑。工信部中小企业局局长马向晖在2017年首个“中小微企业日”座谈会暨中小企业创新发展交流会上表示，今后要以提质增效为中心，以提升创业创新能力为主线，强化创业创新，完善服务体系，促进中小企业发展迈上新台阶。截至2016年末，全国共有各类市场主体8705万户，比2014年末增长了25.6%[2]。如今，贡献50%以上的税收、创造60%以上的GDP、完成70%以上的发明专利、提供80%以上的城镇就业岗位……“铺天盖地”的中小微企业正在产生明显的外溢效应，有效带动就业增长，促进供给侧结构性改革，推动产业升级发展，支撑我国经济稳中向好。数据显示，2017年以来，全国日均新登记企业1.51万户，其中绝大多数都是中小企业。2016年我国初次创业小微企业占新设小微企业的比重为85.8%，新设小微企业周年开业率达70.8%[3]。

（二）中小微企业产业布局日趋合理优化

从区域分布看，中小微企业的发展呈现一定的区域差异性。中西部地区发展提速明显，东部地区则依然保有优势。2018年末，中部地区中小微企业384.8万家，比2013年末增长了129.9%，占全部中小微企业的21.3%，比2013年末提高了1.4个百分点。西部地区中小微企业307.2万家，比2013年末增长了131%，占全部中小微企业的17%，比2013年末提高了1.2个百分点。东部地区中小微企业1115.1万家，占全部中小微企业的61.7%，比2013年末下降了2.6个百分点。2018年，东部地区中小微企业平均营业收入1085.9万元，分别比中部和西部地区高11.9%和12.1%。

---

[1] 《我国中小微企业：创新活力竞相迸发》，https://news.gmw.cn/2017-06/28/content_24913231.htm。

[2] 同上。

[3] 同上。

从行业分布看，中小微企业在不同行业的占比以及增幅呈明显差异性。2018年末，在我国全部中小微企业中，信息传输、软件和信息技术服务业企业91万家，比2013年末增加了69.3万家，增长了319.4%，占比为5.0%，比2013年末提高了2.4个百分点；科学研究和技术服务业企业114.1万家，比2013年末增加了81.5万家，增长了250%，占比6.3%，比2013年末提高了2.4个百分点。制造业企业占比则有所回落。2018年末，在我国全部中小微企业中有制造业企业324.3万家，比2013年末增加了100.1万家，增长了44.6%，占比为17.9%，比2013年末下降了8.7个百分点[1]。

[1] 《中小微企业成为推动经济发展的重要力量——第四次全国经济普查系列报告之十二》，http：//www.stats.gov.cn/tjsj/zxfb/201912/t20191218_1718313.html。

第三节

中小微经济发展的状况与特点

纵观我国中小微经济的发展历史，其经历了恢复发展、萎缩以及迅速发展的过程。根据有关资料记载，我国在明朝就出现了家庭作坊，这一家庭作坊按照今天的标准划分，也就是中小微企业中的个体工商户，由此可见我国中小微企业的悠久历史。但是，由于受到重农轻商思想的局限和封建制度的制约，中小微企业在时间的长河中未能脱颖而出发展起来。1949年新中国成立，百业待兴，国民经济亟待发展，此时的关键是发动社会各方面的力量，建立一批规模企业，发展生产，稳定市场。这一时期，第一次出现了中小微企业发展的利好制度供给。1953年国民经济恢复期结束后，由于我们党的领导在探索社会主义建设过程中急于求成，以及对社会主义发展阶段的认识不足，试图快步进入共产主义社会，对非公有制经济进行限制发展和取缔，导致属于私有产权的中小微企业在发展上举步维艰。直至1978年党的十一届三中全会的召开，确立了非公有制经济的合法地位，提出允许非公有制经济并存，才极大地激活了市场经济，一时间一批懂技术、善管理、勇于冒险的国有企业能人率先进入市场，创办了家庭作坊式的小企业，也正是由这批企业能人创办的小规模企业，成为改革开放后我国涌现出的第一批中小微企业。2008年金融危机之后，世界经济形势复杂严峻，中小微企业面临新困难和新挑战，中小微企业的发展再次引起国家和社会各界的关注，2011年6月，工信部等部委发布《中小企业划型标准规定》，正式将中小型、微型企业纳入企业统计范围，并随后开始了一系列的政策倾斜，为中小微企业健康可持续发展铺平了道路。

一、中小微企业数量多、行业分布较广

根据《中国私营经济年鉴（2010.6—2012.6）》与《2011年市场主体统计分析》中的数据，我国中小微企业产业分布情况主要如下：中小微企业总共约有4601.25万户，在三大产业中的比例分别为1.81%、11.73%、86.45%。中小微企业集中分布在第三产业，第一产业所占比例很小，产业分布不均衡。同时我国中小微企业目前分布较为集中的行业是制造业、批发零售、建筑业、房地产、租赁、商业服务、农林牧渔、住宿餐饮等服务业，高新技术、金融业以及相关国有垄断行业则很少涉及。

私营中小型、微型企业是中小微企业的主体，呈现投资主体和所有制结构多元的特征。中小型、微型企业涵盖城乡各类企业所有制形式，但在国有和集体、外资、私营企业中，中小型、微型企业比例各不相同，反映了我国国有和集体、外资、私营三种不同所有制性质企业类型的规模、资产及营业情况。外资企业中，中小型、微型企业的比重最低，外资企业规模相对较大，仅53.94%的企业符合中小型、微型企业标准。国有和集体企业主要存在于关系国民经济命脉的主导行业，投资规模较大，中小型、微型企业占61.39%。私营企业中，小型、微型企业的比重最高，80.72%的私营企业均为小型、微型企业，构成了我国小型、微型企业的主体。原国家工商总局发布的数据显示，截至2013年3月底，我国实有企业1374.88万户。其中，私营企业1096.67万户，占企业总数的近80%。据此测算，全国私营中小型、微型企业有885.23万户。而在中小型、微型企业内部结构中，小型企业占14.88%、微型企业占85.12%，小型与微型企业的比例约为1：5.72，微型企业占据绝对份额。小型、微型企业特别是私营小型、微型企业的蓬勃发展，说明我国市场经济体系日益完善，中小微企业与民营经济生存成长环境得到有效改善。

二、中小微企业区域分布不均衡

根据中小微企业地区与城乡分布状况，我国个体、私营经济集中分布在东部地区与中部地区，但是中部地区与西部地区增长速度快于东部地区。同时，我国中小微企业在农村始终保持着一定的增长比例。我国中小微企业发展总体上依然存在地区发展不平衡问题，中小微企业集中分布于发达程度较高的东中部地区，有关数据显示，东部和中部地区中小微企业数达到80%，西部地区仅占20%。但从中小微企业中私营企业与个体工商户增长的态势来看，中西部地区明显快于东部地区，这表明，近年伴随着西部大开发战略的推进以及产业转移，西部地区中小微企业正在以较快的速度发展。从个体、私营经济各省市区的分布情况来看，我国中小微企业城乡分布也十分不合理，中小微企业集中分布于城镇，达70%左右，而农村中小微企业所占比例相对较低。纵观这些数据，我们可以大胆地预测，随着我国社会主义市场经济体制的逐步完善和中小微企业相关政策制度的进一步推进与落实，中小微企业发展地区分布不均衡的问题将会逐步得到缓解。

三、中小微企业行业分布存在结构性矛盾

中小型、微型企业往往存在着低价格、低技术、低收益、低附加值的传统发展路径依赖，产业层次普遍不高导致转型升级意愿不高、难度较大。中小微企业所处的行业是技术要求低、竞争充分、市场趋于饱和、利润微薄的产业领域。一方面，从企业所处的行业来看，行业发展前景有限，相关企业不具备规模扩张的条件。另一方面，部分企业由于经营压力大、转型升级愿望强，但在资本、技术、人才、管理等转型升级的关键因素方面积累不足，所以相当数量的中小微企业面临着转型升级较为困难、发展后劲和活力不足等问题。

中小微企业还呈现出两极分化明显、产业结构性矛盾突出的特点。一方面，中

小微企业敢于创新，各类新兴行业和新型业态不断涌现；另一方面，中小微企业大多仍集中于以资源开发型、产品初加工型、服务低层次型为主的传统行业，呈现出“锄头与卫星齐飞，高端与低端并存”的现象。从中小微企业的行业分布来看，工业（包括采矿业，制造业，电力、热力、燃气及水生产和供应业）中小型、微型企业占比为18.49%，批发业和零售业中小型、微型企业占比为36.44%，租赁和商务服务业中小型、微型企业占比为9.93%。这几大行业中的中小型、微型企业共670万户，占中小型、微型企业总数的近2/3。科技型中小型、微型企业（此处仅指信息传输、软件和信息技术服务业中小型、微型企业）占比为4.62%。

四、中小微企业抗风险能力差、生命周期短

中小微企业规模小、市场化程度高，易受外部环境变化影响，抗风险能力弱，对外部经济、政策环境的敏感程度普遍较高。近年来，由于我国经济增速放缓、结构调整和全球经济下行，中小型、微型企业的发展受到很大影响。调查显示，仅有12%的小型、微型企业表示在近几年营业额快速或高速增长（增长率在30%以上），其余大多数企业经营发展缓慢。此外，中小微企业在发展过程中仍面临着大企业的挤出效应，尤其是在宏观经济不景气的背景下，各种社会资源向大中型企业倾斜的倾向更加明显。社会资源分配向已发展壮大的企业集聚，进一步挤压中小型、微型企业的生存空间。相关问卷调查数据显示，46.84%的中小型、微型企业反映市场需求不足、产品销售困难，58.08%的中小型、微型企业反映市场竞争压力加大，23.74%的中小型、微型企业反映订单不足。小微企业的净利润率水平远远低于大中型企业，小微企业经营利润被多重因素不断摊薄。生命周期短也是中小微企业的特征之一，据有关部门统计，我国近30%的小微企业在2年内（国内企业的生存年限只有2.8年）消失，60%的小微企业在4—5年内消失，与美国的平均8.2年有较大差距。

尽管中小微企业发展面临着种种困难，但中小微企业主普遍对未来的发展前景

抱有积极乐观的态度，表现出锲而不舍的奋斗精神和顽强的生命力。中小型、微型企业的一大特点是退出成本相对较低，允许中小型、微型企业主从头再来。调查中发现，有超过1/3的中小型、微型企业主曾经有过多次创业经历，最终经过不懈努力，寻找到最适合的发展平台。中小型、微型企业一旦找到合适的机会，就会展现出顽强的生命力和进取精神。这种创业精神正是国家进步、经济飞跃的力量源泉。

第四节

中小微经济发展面临的困难

总体而言，随着我国经济体制改革的不断深化、营商环境的不断改善，中小微企业总量规模不断扩大，产业分布更趋合理，在国民经济和社会发展中的作用日益显著。然而，在国内外经济新形势下，中小微企业的发展也面临着新的问题和挑战。

一、国外经济环境变化带来新挑战

近年来，中国经济发展面临的外部环境条件更趋复杂，一些经济的和非经济的困难和挑战明显增多。尤其是2020年突发的新冠肺炎疫情，给全球经济形势带来了更大的不确定性，中美经贸摩擦此起彼伏，保护主义、单边主义、反全球化思潮愈演愈烈，英国脱欧、地缘政治以及多地上演的民粹主义都为全球经济带来了更大的风险和挑战。国际环境深刻变化无疑会直接冲击我国经济整体发展，也将直接影响国内中小微企业的生存与发展环境，给中小微企业发展带来新的挑战。

（一）单边主义、反全球化思潮挤压中小微企业的生存空间

贸易保护主义思潮可能在多国抬头，反全球化趋势可能出现一波“回头浪”。此前，一些舆论认为，全球化扩大了东西差距、南北差距以及国家内部各阶层之间的差距，加剧了发达国家的产业空心化及中下层阶级的衰落。疫情中一些国家的经济衰退及复苏困难，将进一步刺激这些舆论对全球化的反思，其利益受损感将比以往更强烈。全球化所形成的大市场格局在疫情作用下出现碎片化，从全球贸易自由化便利化向后倒退至双边甚至单边关税区。雪山崩塌的时候，没有一片雪花是无辜的。对于中小微企业而言，由于其规模小、抗风险能力弱，国际形势的变化必然导致其生存发展空间被挤压。

（二）外部需求萎缩、产业链和供应链中断导致中小微企业生产经营受阻

由于疫情席卷全球，多数国家不得不采取“断航”“封城”“停摆”等措施，致使世界主要经济体对各类中间产品、消费品的需求急剧下降。这势必造成外贸出口企业订单大大减少，上下游企业生产停滞，国际运输物流堵塞，原料供不上、产品运不出的现象激增，这不仅直接冲击中小微企业的正常生产经营活动，而且对我国稳增长、稳就业也将形成巨大压力。

二、国内经济转型升级带来的巨大压力

改革开放以来，我国抓住了经济全球化和发达国家制造业向外转移的机遇，发挥劳动力资源丰富、成本低的比较优势，有效地促进了国内就业和经济快速发展，中小微企业得到了迅猛发展。但是随着经济形势的变化，我国迈入高质量发展阶段，中小微企业面临着外部环境倒逼，转型升级的压力较大，也有从低端向高端攀升的压力。

（一）传统比较优势弱化带来的巨大挑战

一方面，我国劳动力低成本的优势正在弱化，人口红利正在减少，依靠劳动力以及土地、能源、资源、环境等低成本的发展模式已经难以为继。多数中小微企业仍然沿袭传统的高投入、高消耗、高排放的粗放型发展模式，随着环保压力加大、要素经营成本上升，市场经济竞争更加激烈，各项综合运营成本持续上升，原材料价格、人力成本持续保持高位，中小微企业的生存空间进一步压缩，生存压力陡然增大。

另一方面，我国大多数中小微企业分布在劳动密集型行业，位于产业链和价值链的中低端，企业的发展平台较小、发展空间很有限。这些带有传统小作坊式烙印的中小微企业，虽然在形式上具备了企业的基本架构，但在经营管理中缺乏完善高效的现代化管理体系，员工约束激励机制不足，整体的经济运行效率较低，在科技创新方面也存在缺陷，多数中小微企业无法获得技术支持，技术创新和产品开发能

力较弱，高度依赖资源投入，对成本敏感。只有推动经济转型升级，才能更好地扬长避短，克服传统比较优势弱化的影响，更好地培育和利用新的比较优势。

（二）资源错配及供求结构错位现象比较严重

国内中小微企业还面临着供给结构、需求结构、成本结构以及市场竞争环境的深刻变化带来的挑战，如何根据外部环境变化及时调整战略，突破发展瓶颈，实现转型发展，成为中小微企业把握未来发展趋势的关键。

当前，不少行业出现产能过剩，增长动力不足，部分行业产品又无法满足人民群众的需求，根本原因在于资源错配、供求结构错位。中小微企业面临着国内存在的消费和供给不相匹配的现状：从供给来看，虽然市场上商品琳琅满目、产能严重过剩，但是“大路货”居多，高精尖产品少；从消费来看，随着人民群众收入水平和生活水平的提高，人民群众消费升级，对产品的质量和品质要求越来越高。但现实是，市场上“高大上”的中高端商品供给不足。另外，中小微企业的产业结构性矛盾也比较突出。一方面，中小微企业在各类新兴行业和新型业态不断涌现；另一方面，又大多集中于以资源开发型、产品初加工型、服务低层次型为主的传统行业。由于经济社会发展阶段发生变化，未来具有经济增长潜力的重点领域也发生了变化。中小微企业要以满足人民群众对美好生活的需要为出发点和落脚点，不断深入调整产业、产品结构，提高产品质量和档次，增强发展活力。

总的来说，当前我国中小微企业发展面临诸多困难和压力，既有客观环境变化带来的挑战，也有自身经营的问题。诸如生产经营成本高、融资困难、税费负担重、人才缺乏、政策支持力度不够或落实难、市场萎缩、产品技术含量不高、管理方式陈旧、社会创业氛围淡薄、支持服务体系欠缺等。尤其是当前国际经济复苏缓慢、国内经济下行压力较大，进一步加大了中小微企业生存发展和转型升级的难度。

三、新冠肺炎疫情突发事件给中小微企业带来重大冲击

2020年全球突发大规模的新冠肺炎疫情，给我国的经济社会发展带来了严重冲

击。依靠党和国家的坚强领导，全国人民众志成城，统筹疫情防控和经济社会发展取得战略性成果。虽然今后或许还会有反复，但基于上一轮疫情的应对经验、共识和信心，我国完全有能力将新的疫情阻击在可控范围之内。放眼全球，截至2020年12月，新冠肺炎疫情仍然处于高发阶段，且多有反复。全球累计确诊病例已接近2000万例，死亡也已超过150万例。联合国秘书长古特雷斯指出："这是20世纪二战以来世界面临的最大挑战。"疫情全球肆虐，几乎无一幸免，且一波未平一波又起，反复迁延，至今仍未能实现有效遏止。

疫情造成全球经济严重紊乱，经济陷入衰退。国际货币基金组织（IMF）2019年预测的2020年全球经济增长3.3%言犹在耳，2020年3月已警告全球经济将进入衰退，IMF在2020年4月预测，全球经济将骤降6个点，全年负增长3%，疫情如继续恶化，将进一步降至−6%。世界银行在2020年6月预测，全球经济负增长5.2%，高收入国家负增长7%，新兴市场国家负增长2.5%。联合国秘书长古特雷斯警告，这场疫情可能引发一场"近代历史上无可比拟的衰退"。

不可否认，突发的疫情给全球经济带来了巨大的冲击，同时给中国经济也带来多方面的影响，对中小微企业带来巨大冲击，导致其生存发展空间进一步受到挤压。

第一，给制造业企业造成重大冲击。疫情造成产业链断裂或局部断裂影响企业正常生产经营，特别是与国际贸易相关的产业链。我国制造业所需的高端元器件和重要出口市场正是疫情蔓延爆发的欧美地区，欧美经济停滞、社会停摆，短期内产业和贸易恢复困难，已对我国上下游制造业形成夹击效应。对于国内而言，疫情对中国制造业，尤其是2020年第一季度的生产经营产生了极大的影响。企业营业收入明显减少、运营成本增加、企业盈利下滑，导致企业用工不同程度减少和固定资产投资不同程度减少。受疫情影响，2020年第一季度的投资增长率是−20%，大量中小企业的投资活动停滞。

第二，服务业受到严重冲击。为了防止疫情扩散，我们采取了必要的预防措施，造成了商店关门，餐饮店、宾馆、各种娱乐场所停业，整个社会服务体系基本停摆。疫情影响使我们寄予厚望的新型消费、升级消费、实物消费、服务消费等都面临有效需求不足的困难，而目前中国服务业占GDP的比重已经超过50%。在疫情防控常态化下，对人员流动的隔离、商务活动的限制成为常态，而且由于疫情持续时间拉长，多数中小微企业将面临更大的生存压力。

第三，疫情蔓延导致外需锐减，给中小微外向型企业带来重大冲击。新冠肺炎疫情导致港口封锁、运输停滞，对国际贸易产生了重大影响，国际订单的不确定性增加，企业出口不同程度减少，导致东南沿海一些外贸企业因为国外客户停单而放长假甚至倒闭。

四、中小微企业面临的融资难、融资贵问题仍然突出

融资难、融资贵问题一直是困扰我国中小微企业的突出问题。融资难、融资贵问题既是我国现有金融体制不健全所带来的问题，也有中小微企业自身发展不规范、不诚信的问题。

（一）企业融资难现象普遍存在

中小微企业大多数集中在劳动密集型行业，对技术和设备的依存度低，融资渠道主要以银行信贷等间接融资为主。同时，多数中小微企业财务管理制度不够规范，缺乏可抵押的有形资产，贷款需求又“短、小、频、急”，商业银行缺乏相应的信贷产品，银行贷款手续烦琐等，导致中小微企业融资难、成本高，企业经营成本不断上升。人工成本、原材料价格成为抑制中小微企业利润的两大因素。此外，政策成效也有待提高。虽然国家出台了一系列鼓励支持中小微企业发展的政策措施，但中小微企业普遍感到经营压力较大。

（二）融资渠道不畅通、成本高

国家统计局南京调查队对南京264家新设中小微企业和个体经营户关于融资需求程度与融资成功率的调查结果显示，高达80%的中小微企业可能面临经营资金周转方面的问题，87%的中小微企业未能成功取得所需资金，获得全部所需融资的企

业仅1家。中小微企业面临的，首先就是内部融资不足这一问题。传统的中小微企业获取发展资金的方式主要是资本积累。据统计，我国私营企业资金的26%来源于内部留存收益的资金，而私营企业中的中小微企业这一比例更高。但内部融资必然受到利润率与积累期的限制，对薄利且经营时长难以保证的中小微企业来说是杯水车薪。其次，我国中小微企业通过金融机构融资难。在我国的银行筹资方式下，普遍存在的是对大企业的“争贷”与对中小微企业的“惜贷”现象，造成这一现象的主要原因是中小微企业的信用水平和融资回报的双低，银行既要冒资金回收的风险又得不到较高的回报，因而不愿放贷给中小微企业。

（三）财务制度混乱和诚信不足也是造成融资难的重要原因

融资最根本之处在于诚信。中小微企业的诚信问题，不仅体现在产品质量上，也体现在其财务信誉上。长期以来，中小微经济型企业依靠我国生产要素价格低廉，习惯以低价战略赢得利润，但近年来原材料、能源价格大幅上涨，劳动者工资也水涨船高，而产品销售价格受供求关系影响不能大幅提高，导致企业利润很难维持，于是部分中小微企业便不顾企业信誉，以次充好，采用更低廉的原材料，降低产品成本，致使企业信誉严重受损。在资金运转方面，部分中小微企业拥有多套账本，财务管理混乱，银行等征信机构无法识别企业的信誉程度，进而造成企业陷入融资困境。

第五节

大力发展中小微经济

改革开放以来，我国中小微经济得到长足发展。中小微企业数量庞大、行业分布广、贡献巨大，已成为国民经济的重要支柱和社会就业的主渠道，是我国经济持续稳定健康发展的助推器，也是促进社会和谐稳定的稳定器。中小微企业的地位和重要性得到充分认可，今后仍然要加大对中小微企业的支持、鼓励和引导，坚定不移地维护“两个毫不动摇”，深化“放管服”改革，创造良好的营商环境，充分调动中小微企业的发展积极性，促进非公有制经济健康发展，为社会主义市场经济增添新的活力。

一、坚定不移地维护“两个毫不动摇”

中小微经济是非公有制经济的重要组成部分，在改革开放过程中，得到了党中央、国务院的高度重视。习近平同志指出：“我国非公有制经济，是改革开放以来在党的方针政策指引下发展起来的。公有制为主体、多种所有制经济共同发展的基本经济制度，是中国特色社会主义制度的重要组成部分，也是完善社会主义市场经济体制的必然要求。党的十一届三中全会以后，我们党破除所有制问题上的传统观念束缚，为非公有制经济发展打开了大门。”[1]习近平同志更进一步指出：“非公有制经济在我国经济社会发展中的地位和作用没有变！我们毫不动摇鼓励、支持、引导非公有制经济发展的方针政策没有变！我们致力于为非公有制经济发展营造良好环境和提供更多机会的方针政策没有变！”[2]

[1] 习近平：《在民营企业座谈会上的讲话》，人民出版社，2018。

[2] 同上。

（一）强化对中小微企业等非公有制经济的产权保护

市场经济的实践证明，产权清晰是市场经济发展最重要的基石。在坚持社会主义国家属性，坚持公有制为主体的前提条件下，实行多元的产权制度，就成为推动社会主义市场经济体制改革的关键。要以公平为核心原则，依法保护各种所有制经济产权和合法利益，依法保护各种所有制经济组织和自然人财产权，确保公有制经济财产权不可侵犯，非公有制经济财产权同样不可侵犯，依法严肃查处各类侵权行为，才能实现各种所有制经济依法平等使用生产要素、公平参与市场竞争，从而有效激发各类经济主体的市场活力。

（二）废除对非公有制经济各种形式的不合理规定，消除各种隐性壁垒

市场体系是商品交换和要素配置的“平台”和“中枢”。市场经济体制水平的高低很大程度上取决于市场体系的健全程度，市场体系越健全、资源配置能力越强，市场经济体制的水平就越高。改革开放以来，我国现代市场体系建设已取得长足进步，但与商品和服务市场相比，要素市场建设相对滞后，成为制约劳动力、土地、资金、技术、信息等要素自由流动和配置效率的主要障碍。因此，要构建高水平社会主义市场经济体制，就必须弥补上这些市场体系的“短板弱项”，从而建设成高标准的市场体系。

二、积极落实纾困惠企政策，创造良好的营商环境

营造稳定、公平、透明、可预期的市场化、法治化、国际化的营商环境，积极落实纾困惠企政策，出台进一步优化营商环境、更好服务市场主体的政策措施，是大力发展中小微企业的重要保证。

（一）放开市场准入，营造公平竞争的市场环境

要让中小微企业与其他市场主体一样平等地参与市场竞争。凡是法律法规未明确禁止的行业和领域都应该鼓励中小微企业资本进入，凡是我国政府已向外资开放或承诺开放的领域都应该向其他资本开放。全面实施市场准入负面清单制度，负面

清单以外的行业、领域、业务等，各类市场主体皆可依法平等进入，真正实现“非禁即入”。要进一步降低服务业市场准入门槛和制度性交易成本，优化营商环境，有效激发服务业市场活力。

（二）加快公共服务体系建设，提供技术支持和专业化服务

针对中小微企业研发水平低、创新能力弱的问题，建立面向非公有制企业的共性技术服务平台，积极发展技术市场。加大研发投入，发展科技创新型服务业，大力推动物联网、云计算、大数据等新一代信息技术广泛应用。积极顺应产业转型升级新趋势，不断推进服务业与制造业的融合发展，加速培育有利于提升中国制造核心竞争力的服务能力和服务模式，加快构建现代产业体系，为中小微企业提供自主创新的技术支持和专业化服务。

（三）积极落实纾困惠企政策组合拳

统筹推进疫情防控和经济社会发展，打出纾困惠企政策组合拳，全力支持企业复工复产。要针对受疫情冲击最大的行业领域的中小微企业，实施精准救助政策，加大扶持力度。精准落实各项惠企政策措施，确保市场主体平稳运行。积极扩大内需，提振消费，以需求牵引供给，以内需带动生产供给，助推中小微企业开工复工，以强而有力的支持政策增强中小微企业发展的信心。各地要切实落实好已经出台的支持中小微企业发展的扶持政策，按照实际就业原则来给予其优惠政策。积极落实央行货币政策，全力以赴落实支农支小再贷款、再贴现政策，为小微企业纾困，支持涉农、小微和民营企业发展。同时，要通过还款宽延等方式为中小微企业缓解资金压力，切实帮助中小微市场主体渡过难关。多难兴邦、共克时艰，政府对扩大内需强有力的支持，以及企业家的顽强奋斗精神，才是广大中小微企业活下去的根本保证。

（四）切实转变政府职能，深化“放管服”改革

要打破各种各样的“卷帘门”“玻璃门”“旋转门”，在市场准入、审批许可、经营运行、招投标等方面，为中小微企业打造公平竞争的环境，为中小微企业发展创造充足的市场空间。鼓励中小微企业参与国有企业混合所有制改革，发展多种所有制经济。要推进产业政策由差异化、选择性向普惠化、功能性转变，清理违反公平、开放、透明市场规则的政策文件，推进反垄断、反不正当竞争执法。要使相关政府部门无法再随意出台相关规定对市场准入进行限制。即使确需纳入市场、准入负面清单的新设事项，也“应在科学评估的基础上，依照法定程序提请制定或修订法律、法规或国务院决定”。对散见于法律、法规和国务院规定的市场准入管理措施，要全部汇总并及时加以评估，对原来含糊不清或有待解释的部分要进行明确，做到市场准入有法可依。对已有的市场准入规则，也要定期评估，排查、清理各类显性和隐性壁垒，推动“非禁即入”普遍落实。

三、解决中小微企业融资难、融资贵问题

党的十八大报告第一次明确提出“保证各种所有制经济依法平等使用生产要素”。这说明不同所有制企业在使用劳动力、土地、金融等生产要素方面还存在着歧视、不平等的问题。我国中小微企业在发展过程中，由于受到主观和客观因素的影响，一直饱受融资难、融资贵问题的困扰，尤其是在防范化解金融风险过程中，部分金融机构对中小微企业惜贷、不敢贷甚至直接抽贷、断贷的行为，造成中小微企业流动性困难甚至停业。因此，解决中小微企业融资难、融资贵问题，是促进中小微企业健康持续发展的重要措施之一。

（一）要健全完善金融体系，提供可靠、高效、便捷的金融服务

解决中小微企业融资难、融资贵问题，关键是要健全完善金融体系，为中小微企业提供可靠、高效、便捷的金融服务。要优先解决中小微企业融资难甚至融不到资的问题，同时逐步降低融资成本。要改革和完善金融机构监管考核和内部激励机制，把银行业绩考核同支持中小微企业发展挂钩，解决不敢贷、不愿贷的问题。要扩大金融市场准入，拓宽中小微企业融资途径，发挥民营银行、小额贷款公司、风险投资、股权和债券等融资渠道作用。要高度重视三角债问题，纠正一些政府部门、大企业利用优势地位以大欺小、拖欠民营企业款项的行为。

（二）要着力减轻企业税费负担，降低企业成本

要进一步清理、精简涉及民间投资管理的行政审批事项和涉企收费，规范中间环节、中介组织行为，减轻企业负担，降低企业成本。要抓好供给侧结构性改革降成本行动各项工作，实质性降低企业负担。要加大减税力度，推进增值税等实质性减税，而且要简明易行好操作，增强企业获得感。对中小微企业、科技型初创企业可以实施普惠性税收免除。要根据实际情况，降低社保缴费名义费率，稳定缴费方式，确保企业社保缴费实际负担有实质性下降。既要以最严格的标准防范逃避税，又要避免因为不当征税导致正常运行的企业停摆。

四、中小微企业要积极参与构建形成双循环新发展格局

构建以国内大循环为主体、国内国际双循环相互促进的新发展格局是我国根据发展阶段、环境和条件变化作出的战略决策。当前，市场和资源两头在外的国际大循环动能明显减弱，而我国内需潜力不断释放，国内大循环活力日益强劲。自2008年全球金融危机以来，经常项目顺差同国内生产总值的比率由2007年的9.9%降至现在的不到1%，国内需求对经济增长的贡献率有7个年份超过100%。而且，我国进出口贸易依存度已经由2006年的64%下降到了2019年的32%，这充分表明中国内需体系对经济贡献与日俱增。因此，我国经济已经转向以国内大循环为主体。构建“以我为主”的国内大循环也将更加有利于吸引国外资源和要素，通过国内大循环也能更好地打通国际大循环。中小微企业要积极发挥自身的独特优势，为构建新发展格局作出贡献。

（一）在构建新发展格局中，中小微企业要在构建完善内需体系中发挥积极作用

中小微企业要在畅通国内大循环中发挥积极作用，要从打通国内生产、分配、流通、消费的各个环节上下功夫，以满足国内需求作为中小微企业的出发点和落脚点，以提供优质的产品和服务满足人民对美好生活的需要。国内国际双循环相互促进，强调以国内经济循环为主，并不意味着关门封闭，而是通过发挥内需潜力，使

国内市场和国际市场更好地联通。中小微企业仍然要面向世界、拥抱全球，充分利用国内外两种资源、两个市场，发展壮大。

（二）在构建新发展格局中，中小微企业要在科技创新突破方面发挥积极作用

当前，国际环境复杂多变，尤其是美国对我国进行科技封锁和打压，走国家自主创新之路、构建国家创新体系迫在眉睫。创新必须依靠市场主体，中小微企业凭借“小而精、小而创”的特征，以精细发展、质量取胜，中小微企业往往专注于某一领域的生产经营活动，集中有限的资源攻其一点，在某一领域具有自主创新的优势，成为国家自主创新的广泛主体。关键核心技术买不来、讨不来、要不来，要发挥广大中小微企业在科技创新方面的生力军作用，通过制定优惠政策，鼓励广大企业加大科技研发投入，引导中小微企业抓紧在关键核心技术和新兴产业领域的投资布局，围绕关键的工艺、设备、技术进行重点研发、突破和提升，为打破我国关键核心技术受制于人的局面作出应有的贡献。

（三）在构建新发展格局中，中小微企业要在全球产业链、供应链中发挥积极作用

受制于逆全球化思潮和突发疫情的叠加影响，全球的产业链、供应链面临深度调整和重构，产业链、供应链将呈现出多元化、区域化、局部化的发展趋势。中小微企业是我国最广泛的市场主体，经营业务遍布国民经济和社会发展的各领域、各环节，可谓无处不在、量大而广；另外，中小微企业还具备机制灵活、信息灵通、决策灵敏的特殊优势。因此，在推动产业链、供应链优化布局过程中，国家要积极利用中小微企业在产业链中“无孔不入、见缝插针”的优势，按照中央战略决策部署，加快促进中小微企业适应全球产业链、供应链调整的步伐，抢先在新兴产业领域布局优化，重点在“固链、补链、强链”等方面下功夫，为建设以我国为中心的区域产业链，逐步形成以国内大循环为主体、国内国际双循环相互促进的新发展格局贡献力量，从而培育新形势下我国参与国际合作和竞争的新优势。

CHAPTER 9

第九章 外资经济的发展

自1978年以来，改革开放就成了我国的基本国策，从深圳、珠海、汕头、厦门建立经济特区开始，我国逐步形成了分步骤、多层次、逐步开放的格局。2001年，我国加入世界贸易组织，对外开放进入了新的历史阶段。党的十八大以来，我国加快构建开放型经济新体制，2017年习近平总书记在党的十九大上明确指出中国对外开放的大门只会越开越大。2018年，习近平总书记在博鳌亚洲论坛发表主旨演讲，宣布了一系列对外开放重大举措。应该说，重视对外开放和外资经济是我国过去经济发展取得巨大成就的重要原因。

第一节

外资经济发展与经济活力

针对如何解释中国经济奇迹，目前学术界已经形成大量不同的理论和观点，但是无论选择何种理论视角，中国打开了大门、选择了对外开放这一战略无疑是核心要素。从内容上说，这标志着中国与世界联系的对外开放是多方面的，如我国出口和进口规模的扩大、留学与来华人员交往的密切、国外先进技术的引进、对外贷款等，但利用外资无疑是对外开放的集中体现。回首40余年的改革开放历程，我国对外开放战略的主要内容和表现形式就是引进和利用外资。改革开放40多年来，中国利用外资取得了优异成绩，1979—2019年累计实际使用外资超过2万亿美元，在发展中国家名列第一。实际上，我国自1993年起利用外资规模就稳居发展中国家首位。一方面，大量外资的流入促进了我国资本存量的增加，而按照经济增长理论，资本正是促进经济增长的要素甚至是关键要素之一。另一方面，外资流入带来了先进的生产和管理技术，弥补了国内企业在技术和管理上的不足，提高了投资效益和资源配置效率，从而成为我国经济快速发展的一个有力支撑点。从某种意义上说，外资影响了我国，外资改变了我国。具体而言，外资对我国经济发展产生了以下几个方面的积极影响。

一、促进经济增长

对发展中国家而言，进入发展轨道最大的障碍往往是缺乏资本要素，外资给我国经济发展最直接的助力也体现于作为资本要素来推动我国经济增长。在拉动经济增长的“三驾马车”中，投资和出口在我国的地位尤为突出。自1978年以来，外资在中国固定资产投资中占有重要地位，但不同时期外资发挥的作用和地位差异较大。改革开放初期，外资占固定资产投资的比重不大，远低于其他资金来源方式，1990年以前，长期保持在5%左右。随着利用外资法规的不断健全和投资环境的日益改善，我国利用外资进入快速增长期，对固定资产投资的重要性明显增强，尤其是1992年以后跨国公司巨额资金的投入大大缓解了国内重大项目资金短缺的压力，促成一批重点工程早日开工建设，分散了投资风险。外资在1994年达到固定资产投资的17.08%，成为增长最快的资金来源，随后受外资流入结构性调整以及我国政府固定资产投资力度加大的影响，虽然2006年以来外商投资企业的固定资产投资额保持稳定增长，但是其占全社会固定资产投资的比重逐年降低。2018年外资企业固定资产投资额达到2.65万亿元人民币，同比增长了6.11%，但是占全社会固定资产投资的比重已经下降至3.91%[1]。

二、催生世界制造业基地

从不同产业的开放政策与开放力度来看，相比于服务业，我国制造业对外开放力度较大，制造业的开放吸引了大量的外资企业进入，增加了我国的工业产值，提升了制造业的国际竞争力，推动中国成为世界重要的制造业基地。

工业是我国对外资开放较早、开放领域较宽的产业，一直是吸收外资最多的领域。改革开放初期，我国利用的多为港澳台资金，多投入纺织、服装、箱包、鞋等劳动密集型轻工产业。1992年以后，大型跨国公司开始大举进入中国，带动机电产品等资本技术密集型产业的蓬勃发展。外商集中投资于工业领域，使得外商投资企业资产在全部工业资产中占有一定的份额。2006年，“三资”企业资产总额已占全行业资产总额的26.48%，主要集中于通信设备、计算机、交通运输设备制造、化学原料及化学制品制造等领域。外商持续大规模对工业领域的投资，使外资企业的产出在全国工业产出中逐渐占据重要地位，并随着我国经济体制改革的逐步推进对我

[1] 《〈外商投资法〉表决通过：外资给中国带来了什么？》，https：//cdf.cdrf.org.cn/cdf2019/xwbd/6894.jhtml?share=true#content。

国工业总产值的贡献逐步增强。

1985年以前，外资经济对工业总产值几乎没有影响；1985年后，我国经济体制由“计划经济为主、市场调节为辅”向有计划的商品经济体制转变，外商投资环境日益改善，其产值在工业总产值中的比重逐步提高，成为非国有经济工业产值比重提高的主要拉动力。1990—1997年，我国经济体制改革进入以公有制为主体、多种经济成分共同发展的社会主义市场经济阶段，外商投资经济工业产值迅速提高，对工业总产值的贡献率大幅上升，由1990年的2.28%跃升至1997年的18.57%。1997年后，我国经济体制改革进入以国有企业产权制度改革为核心的改革攻坚阶段，利用外资也进入以结构调整和优化升级为主的新阶段，更加注重改善吸收外资的产业和地区结构及外资质量，2006年外商投资企业工业产值占全国工业总产值的比重已达31.50%。因此，可以认为，自1979年以来，外商在华投资企业的经济增加值一直在我国GDP中占有不可忽视的比例，对我国总体经济有着积极的贡献。2018年，全国规模以上工业企业增加值占GDP的比重为33.9%。其中规模以上外商投资工业企业增加值达到7.04万亿元人民币，同比增长4.8%，对GDP的贡献率为7.82%，其重要性可见一斑。

三、带动区域经济发展

外资的进入普遍推动了中国各个地区经济的发展，同时各个地区吸收外资数量和质量的差异也成为导致地区经济发展速度差异的重要因素。20世纪70年代末，我国实施经济体制改革和对外开放政策以来，外资流入主要分布在东部地区，中西部地区吸引外资很少，外资分布的差异使外商投资企业对不同地区产出和出口的贡献有明显差异。1985—2001年，东部发达地区与西部落后地区之间GDP增长率的差异，大约有90%是由外商投资引起的。东部地区吸引外资额始终保持在全国利用外资额的85%以上，中西部地区吸引外商投资较少，外商投资企业占当地总产出的比重及对出口的贡献率远远低于全国平均水平和东部地区水平。从2004年开始，外商投资出现向西部地区转移的趋势，西部地区吸收外商直接投资的比重逐步上升，西部廉价的劳动力资源和其他生产要素的独特优势是吸引外资进入的主要因素。

外商直接投资的大规模进入通过增加资本形成、扩大出口和创造就业等途径，推动东部沿海地区经济的快速发展。同时，东部沿海地区经济的快速增长，又提高了该地区居民的收入水平，扩大了市场容量，并有利于改善外部条件，产生集聚经济效益，从而进一步扩大外商直接投资的进入。这样，就在外商直接投资和地区经济增长之间形成一种区域循环累积因果效应。而在中西部地区，尽管投资有较高的社会效益，但投资的直接收益总体上低于东部地区。所以，中西部地区总体上吸收外资的数量和比例较小。这种吸收外资的差异也是造成中国地区差距的重要因素。但随着中国产业转移，越来越多的外资企业开始投资于西部地区，成为促进当地经济发展的重要力量。

四、贡献大量财政收入

随着我国利用外资规模的不断扩大，在外商投资经济产值规模迅速扩张的同时，外资对企业所得税的贡献也迅猛增加，由1985年的1.47亿元增长到1991年的8.83亿元，1991年以后进入高速增长期，到2007年已高达1951.20亿元，22年间增长了1327倍。2017年，税收为2.92万亿元人民币，同比增长13.3%。2017年外商投资企业税收占全国同期总体税收的18.26%，较上年下降了1.61个百分点。结合外商投资企业就业人数来看，人均贡献税收除2013年较上年有所下降外，其他年份都是逐年增长，2017年达到每人11.31万元人民币，比1994年增加了10.32万元人民币，是全国城镇就业人口人均贡献税收的3倍。因此，外资企业税收增速远高于其他经济类型企业的税收增速，是我国企业所得税增长最快的税源。

与其增速相对应，外商投资企业和外国企业所得税在企业所得税总额中的比重也迅速提升，由1986年的0.46% 提升到2007年的25.26%，占国家税收总额的3.95%。总体上看，我国涉外税收中98%以上是外商投资经济创造的。外商投资经济税收的增长及其在我国工商税收总额中的比重变化，与外商投资经济的工业产值增长和在工业总产值中的比重变化基本是同步的。1982年，我国工商税收总额为623.17亿元，其中包含涉外税收在内的其他税收仅0.03亿元，1986—1991年，利用外资规模和外商投资经济规模扩大，但包含涉外税收在内的其他经济税收在工商税收总额中的比重也只提高到1991年的2.85%。1992年以后，外商投资进入高速增长时期，外资经济规模急剧扩大，涉外税收增长速度远高于同期工商税收总额的增长速度，涉外税收在国家工商税收中的比重也由1992年的4.25%提高到2006年的21.19%。

五、促进产业升级

随着经济全球化的深入发展，一国的产业结构受外部因素的影响越来越大，也有了突破自身需求结构限制的可能。外商投资企业特别是大型跨国公司在全球配置资源的过程中不可避免地将东道国纳入自己的分工体系中，这一过程提升了东道国的经济外向型程度，并且能够促进产业结构在外部需求的拉动下实现升级。

我国产业结构调整经历了几个阶段，从长期趋势看，第一产业比重不断降低，第二产业、第三产业比重不断上升。1970年以前，我国农业产值居首位，1970—1984年，我国第二产业发展迅速，产值比重超过第一产业，一直处于国民经济的主体地位，产业结构为“二一三”结构，1985年，第三产业也超过了农业，我国产业结构转变为“二三一”结构。改革开放之初，外商在我国直接投资是以劳动密集型产业起步的，对我国产业结构的升级未起到明显的带动作用。1992年以后，大型跨国公司的投资项目多属我国产业结构升级过程中鼓励发展的技术、资本密集型行业，外商投资产业技术水平明显上升，如外资带来了新产品，使符合市场需求的高技术含量和高附加值产品在我国制造业产出中的比重上升；外资还促进了新的产业部门的出现，如占我国工业总产值近10%的电子通信制造业中外资就占据主导地位。

可以说，经过40多年的发展，外商的投资结构发生了深刻的变化，外资企业的技术水平、管理水平有了质的提高，从而带动了中国产业结构的升级。随着我国加入WTO（世界贸易组织）过渡期的结束，我国按加入WTO的要求加大对第三产业的开放力度，外商对第三产业的直接投资比重逐步上升，对第二产业尤其是工业的投资比重相应下降，促使三次产业结构进一步合理化。

六、促进技术进步

由于外资往往来源于发达国家和地区，它们拥有的技术水平要远远高于当时正处于起步阶段的我国企业。在引进和利用外资的过程中，我国的技术进步进程也显著加快。外资企业在我国技术引进中的作用非常重要，并随着外商直接投资规模的迅速扩大，日渐成为我国引进技术的主要途径之一。外商直接投资通过设备投资和技术转移直接促进我国技术进步。我国外商直接投资的方式主要有合资经营、合作经营、合作开发、独资经营四种，与此相对应，外商直接投资在技术贸易中的技术引进方式是合作生产、合资技术许可、合资技术设备入股、独资技术许可等，其中合作生产方式占98%以上。对外借款、国际租赁等其他利用外资方式对技术进步虽然没有直接作用，但通过设备贸易和许可贸易等引进技术方式可以间接促进技术进步。

与单纯的技术转让相比，外资不仅为东道国带来先进技术，更为重要的是外资的技术外溢效应是影响当地企业技术进步的重要因素，既能促进有形生产要素如物质资本质量的改进和劳动力素质的提高，也对无形生产要素如制度创新等具有重要的推动作用。随着外商直接投资结构的不断优化升级，外商直接投资在带动相关行业快速发展的同时，也促进了相关行业主要是技术资本密集型产业的技术进步，对我国高新技术产业发展的贡献也不断增强。1985年以前，外资在我国高新技术行业的投资份额很少，加之投资规模有限，因此对我国技术进步特别是有形生产因素技术进步的影响较小。1984年合同利用外资中，劳动密集型行业的合同外资额占总额的39.22%，而化工、医药制造业、电子及通信设备等技术含量较高的行业合同利用外资额仅占总额的9.94%。这一阶段，外资企业的技术溢出效应比较小，对中国技术进步的贡献主要是通过技术引入的方式来实现的。

1991—1996年，随着外商直接投资规模的高速增长，外商对我国技术资本密集型行业的直接投资也高速增长，合同投资额由1991年的27.17亿美元迅速扩大到1996年的146.17亿美元，在合同利用外商直接投资中的比重也提高到1996年的19.48%。外商直接投资在促进相关行业快速发展的同时，相关行业也实现了技术进步，特别是电子通信行业的大型跨国公司在我国的大量直接投资，对我国电子通信行业的快速发展及其技术水平的大幅提高起到了至关重要的作用。

1997年至今，外商直接投资进入结构性调整期，实际利用外商直接投资额趋于下降，外商直接投资中用于技术资本密集型行业的投资额也有所下降，但投资于电子通信设备、化工等高新技术行业的投资额没有明显下降，在投资总额中的比重反而明显上升。就我国高新技术企业数而言，外资企业已经占到32.37%，重点高新技术产品出口企业都是外商投资企业，绝大部分从事加工贸易，成为我国高新技术产业发展的重要推动力。在高新技术产业中，外资企业的总产值、利润以及利润额的相对比重都明显高于其企业数比重。这一阶段，外资的溢出效应越来越大。外商直接投资特别是欧美投资，在其产品进入我国市场的同时，也带来了大量的先进技术和成熟技术，对我国的技术进步无疑具有重要的促进作用。外商投资企业对协作企业的技术援助和培训等技术转移也对相关企业的技术进步起到重要的促进作用。

七、解决大量就业问题

外资企业的另一个重要作用就是解决了大量的就业问题。随着外商企业在华数量的增加，外商投资单位和港澳台商投资单位带来的城镇就业人数由1994年的406万人增加到2000年的642万人，2013年外商投资单位和港澳台商投资单位的就业人数已经接近3000万人，如表9-1所示。如博世集团目前在华员工数量约为6万人，分布在38个生产基地和23个技术中心；雀巢集团在中国拥有约5万名员工，分布在该企业在华的33家工厂；荷兰皇家飞利浦公司在中国的员工数量超过8000人。外资企业通过产业链的延伸为我国增加了更多就业机会，仅美国苹果公司产业链的就业人口就高达500万。虽然2013年后外企就业人数同比有所下降，但平均每家外资企业吸纳城镇就业的能力，仍是全国企业平均水平的2倍。

表9-1　2000—2018年外商投资单位和港澳台商投资单位城镇就业人员与工资水平[1]

年份	外商投资单位城镇就业人员/万人	港澳台商投资单位城镇就业人员/万人	外商和港澳台商投资单位从业人员之和/万人	港澳台商投资单位就业人员平均工资/元	外商投资单位就业人员平均工资/元	城镇单位就业人员平均工资/元
2000	332	310	642	12210	15692	9333
2001	345	326	671	12959	17553	10834
2002	391	367	758	14197	19409	12373
2003	454	409	863	15155	21016	13969
2004	563	470	1033	16237	22250	15920
2005	688	557	1245	17833	23625	18200
2006	796	611	1407	19678	26552	20856
2007	903	680	1583	22593	29594	24721
2008	943	679	1622	26083	34250	28898
2009	978	721	1699	28090	37101	32244
2010	1053	770	1823	31983	41739	36539
2011	1217	932	2149	38341	48869	41799
2012	1246	969	2215	44103	55888	46769
2013	1566	1397	2963	49961	63171	51483
2014	1562	1393	2955	55935	69826	56360
2015	1446	1344	2790	62017	76302	62029
2016	1361	1305	2666	67506	82902	67569
2017	1291	1290	2581	73016	90064	74318
2018	1212	1153	2365	82027	99367	82413

[1]　数据来源：国家统计局。

第二节

外资经济发展的基本历程

1949年以来，我国利用外资从零开始，直至改革开放之前，利用外资的规模都非常小，可以说是长期处于萌芽期，这一时期主要与苏联、美国、日本等国有外资往来。改革开放之后的40多年是我国利用外资的黄金期，也是利用外资增速最快的时期。实际上，从1993年开始，我国利用外资规模就一直稳居发展中国家首位。观察1983—2019年我国实际利用外资情况，除个别年份略有下降外，我国实际利用外资金额整体保持较快的增长态势，如表9-2所示。

表9-2　1983—2019年我国实际利用外资规模变化情况

单位：亿美元

年份	实际利用外资规模	年份	实际利用外资规模
1983	22.61	2002	550.11
1984	28.66	2003	561.4
1985	47.6	2004	640.72
1986	76.28	2005	638.05
1987	84.52	2006	698.76
1988	102.26	2007	783.39
1989	100.6	2008	952.53
1990	102.89	2009	918.04
1991	115.54	2010	1088.21
1992	192.03	2011	1176.98
1993	389.6	2012	1132.94
1994	432.13	2013	1187.21
1995	481.33	2014	1197.05
1996	548.05	2015	1262.67

（续表）

年份	实际利用外资规模	年份	实际利用外资规模
1997	644.08	2016	1260.01
1998	585.57	2017	1310.35
1999	526.59	2018	1349.66
2000	593.56	2019	1381.35
2001	496.72		

资料来源：国家统计局。

2019年，我国实际利用外商投资额达1381.35亿美元，连续多年稳居世界第二位，累计设立外商投资企业已接近100万家。此外，由于国内外形势的变化，我国利用外资政策也在不断地调整和发展，目的是提高对外开放水平，使我国更好地融入全球经贸体系。纵观新中国成立后我国利用外资的发展历程，大致可划分为五个阶段。

一、市场形成阶段：1949—1977年

新中国成立初期因朝鲜战争爆发，以美国为首的西方国家对中国实行包围、封锁和禁运，进而也封闭了中国利用资本主义国家资金的大门。加上第二次世界大战后美苏冷战，中国不得不采取“一边倒”的外交策略，只能向苏联等社会主义国家寻求资金和技术援助，因此在20世纪50年代初期，中国访问苏联并签订《中苏友好同盟互助条约》，揭开了新中国利用外资的序幕。

“一五”计划期间，苏联对新中国援建156个工业项目，专业领域涵盖电力、钢铁、煤炭、机械等产业，为中国重工业发展打下了坚实的基础，使中国开始从落后的农业国迈入工业国行列。1972年美国总统尼克松访华，中美双方签订《中华人民共和国和美利坚合众国联合公报》，意味着中美关系逐渐打破坚冰，同时也加强了中国与世界主要发达国家的联系，为中国的对外开放营造了良好的外部环境。同

年9月，日本首相田中角荣与周恩来总理的会晤宣告了中日邦交正常化的到来，为进一步促进两国间的经济友好往来，中日双方在通商、航海、渔业、科技等方面缔结相关协定，逐渐形成中日外资合作雏形。整体来说，这一时期中国利用外资市场处于萌芽阶段，为此后的改革开放奠定了良好的基础。

二、探索开放阶段：1978—1991年

1978年党的十一届三中全会作出改革开放的伟大决策，抓住了迎合全球化浪潮的契机，同时也启动了加快利用外资的进程。1979年，中共中央、国务院批准在深圳、珠海、汕头、厦门试办出口特区（1980年改名为“经济特区”），创办特区的目的是引进外资，吸收国外先进技术，拓展对外贸易，为全方位推进改革开放积累经验。同年7月，全国人大颁布实施了我国首部引进外国直接投资的法规——《中华人民共和国中外合资经营企业法》，1984年国务院确立首批14个沿海开放城市，这些沿海开放城市的建设主要依靠政策途径：一是在税收、外汇管理等方面给予外商投资者优惠待遇；二是扩大城市的自主权，以便能充分开展对外经济活动。1985年又进一步将长三角、珠三角等开辟为沿海经济开放区。为改善外商投资企业的经营环境，国务院于1986年发布了《关于鼓励外商投资的规定》。此后，政府又相继批准设立海南经济特区（1988年）和上海浦东新区（1990年），初步形成“经济特区—沿海开放城市—经济开放区—内地”的渐进式开放格局。总体而言，这一阶段中国外商投资额因刚刚起步而增长缓慢，利用外资仍处于探索期，大多数外商投资者仍持观望态度。

三、快速发展阶段：1992—2000年

1992年继邓小平南方谈话后，党的十四大提出要建设社会主义市场经济，标志着中国对外开放和现代化建设事业迈入一个新的阶段，利用外资的实践也从摸索慢行转入快速发展的轨道，极大地鼓舞了外商投资者的信心。1992年，中国外商直接

投资额首次突破百亿美元，达110.1亿美元，约占当年实际利用外资的57.3%，利用外商直接投资成为我国利用外资的主要形式。1995年，国家有关部门发布《外商投资产业指导目录》和《指导外商投资方向暂行规定》，将外商投资项目划分为鼓励、允许、限制和禁止四类，外商投资领域从出口加工业延伸到高新技术等产业。为贯彻落实党的十五大精神，中共中央、国务院于1998年发布《关于进一步扩大对外开放，提高利用外资水平的若干意见》，一方面总结利用外资的成就和分析面临的新形势，另一方面继续把吸收外商直接投资作为利用外资的重点，同时提出也要适度筹借和切实用好国外贷款。整体而言，这一时期中国利用外资处于快速发展阶段，2000年实际利用外资额达593.6亿美元，年均增长率为15.2%。

四、高质量增长阶段：2001—2012年

2001年，中国加入世界贸易组织，国内市场进一步对外开放，中国对外经济合作步伐加快。为适应WTO规则，我国对涉外经贸的法律法规和部门规章进行了集中清理和修订，加入WTO前后分别修改了中外合资经营企业法、外资企业法、中外合作经营企业法等“外资三法”，取消其中与WTO规则不相适应的条款。按照“入世”承诺，中国逐步开放了金融、电信、旅游、交通等众多领域，外商投资范围从制造业扩大到服务业。2002—2007年，政府对《外商投资产业指导目录》等规章进行多轮修订，积极引导外资产业流向，鼓励吸引高新技术产业的外资。2008年，我国实行内外资统一税制，新税率确定为25%，受金融危机的影响，中国利用外资出现短期的小幅下降，到2010年又恢复增长态势。到2010年，中国吸收外资已突破千亿美元大关。

此外，为促进“引进来”与“走出去”政策相协调，国家发改委于2012年发布了《“十二五”利用外资和境外投资规划》，引导外资投向节能环保、新能源等领域和中西部地区。总体而言，这一时期中国利用外资规模达到新一轮高峰，我国吸收外资的质量进一步提高，外资政策体系也逐步完善。

五、全面发展阶段：2013年至今

党的十八大以来，以习近平同志为核心的党中央总揽全局、科学决策，准确把握国际国内环境的深刻变化，着眼于“两个一百年”奋斗目标和实现中华民族伟大复兴的中国梦，提出了一系列治国理政新理念新思想新战略新举措，大力推进中国国家治理体系和治理能力现代化建设，引领中国全面融入国际社会并力争发挥更大的国际影响力，开启了中国改革开放和现代化建设的新征程，形成了以新发展理念为主要内容的习近平新时代中国特色社会主义经济思想，为新时期进一步扩大对外开放、推动形成全面开放新格局指明了方向[1]。为进一步扩大开放，中国将在以下几个方面加大推进力度。

第一，激发进口潜力。中国主动扩大进口，不是权宜之计，而是面向世界、面向未来、促进共同发展的长远考虑。中国将顺应国内消费升级趋势，采取更加积极有效的政策措施，促进居民收入增加、消费能力增强，培育中高端消费新增长点，持续释放国内市场潜力，扩大进口空间。中国将进一步降低关税，提升通关便利化水平，削减进口环节制度性成本，加快跨境电子商务等新业态新模式发展。中国有14亿多人口的大市场，中国真诚向各国开放市场，中国国际进口博览会不仅要年年办下去，而且要办出水平、办出成效、越办越好。

第二，持续放宽市场准入。2018年4月，习近平总书记宣布要放宽市场准入各项举措，目前这些举措已基本落地。中国已经进一步精简了外商投资准入负面清单，减少了投资限制，提升了投资自由化水平。中国正在稳步扩大金融业开放，持续推进服务业开放，深化农业、采矿业、制造业开放，加快电信、教育、医疗、文化等领域的开放进程，特别是外国投资者关注、国内市场缺口较大的教育、医疗等领域也将放宽外资股比限制。2019年11月7日，商务部副部长王炳南在第二届中国国际进

[1] 门洪华：《推动中国对外开放进入新时代——党的十八大以来中国对外开放战略的总结与前瞻》，《社会科学》2019年第1期。

口博览会品质生活国际论坛上表示，预计未来15年，中国进口商品和服务将分别超过30万亿美元和10万亿美元，这将极大地加速整个世界经济贸易的重新繁荣。

第三，营造国际一流的营商环境。中国将加快出台外商投资法规，完善公开、透明的涉外法律体系，全面深入实施准入前国民待遇加负面清单管理制度。中国将尊重国际营商惯例，对在中国境内注册的各类企业一视同仁、平等对待。中国将保护外资企业合法权益，坚决依法惩处侵犯外商合法权益特别是侵犯知识产权的行为，提高知识产权审查质量和审查效率，引入惩罚性赔偿制度，显著提高违法成本。营商环境只有更好，没有最好。各国都应该努力改善营商环境，解决自身存在的问题，不能总是粉饰自己、指责他人，不能像手电筒那样只照他人、不照自己。

第四，打造对外开放新高地。中国将支持自由贸易试验区深化改革创新，持续深化差别化探索，加大开放压力测试力度，发挥自由贸易试验区改革开放试验田作用。目前已经实施了海南自由贸易港、上海自由贸易试验区临港新片区以及21个自由贸易试验区的对外开放战略布局。这是中国扩大对外开放的重大举措，将带动形成更高层次改革开放新格局。

第五，推动多边和双边合作深入发展。中国一贯主张，坚定维护世界贸易组织规则，支持对世界贸易组织进行必要改革，共同捍卫多边贸易体制。截至2020年底，中国、日本、韩国等15个国家已达成区域全面经济伙伴关系协定（RCEP），中欧投资协定谈判也已如期完成。接下来，中国将推动加快中日韩自由贸易区谈判进程，认真实施2018年中非合作论坛北京峰会提出的“八大行动”。中国支持二十国集团、亚太经合组织、上海合作组织、金砖国家等组织机制发挥更大作用，推动全球经济治理体系朝着更加公正合理的方向发展。中国将继续推进共建“一带一路”，坚持共商共建共享，同相关国家一道推进重大项目建设，搭建更多贸易促进平台，鼓励更多有实力、信誉好的中国企业到沿线国家开展投资合作，深化生态、科技、文化、民生等各领域交流合作，为全球提供开放合作的国际平台。

第三节

外资经济发展的现状

虽然近几年世界贸易格局出现重大变化，保守主义和逆全球化思潮兴起，但是整体上，我国外资经济仍处于比较健康的发展轨道。在全球范围内，我国仍然是外资关注和流入的重点地区。

一、外商直接投资平稳增长，利用外资的大国地位进一步巩固

在全球经济增长放缓、贸易局势趋紧以及商业信心不足等因素的影响下，全球外商直接投资延续低迷态势。联合国贸易和发展会议发布的《2019年世界投资报告》显示，2018年全球外商直接投资较上年下降13.4%，降至1.3万亿美元，已连续三年处于下降趋势，投资规模为2010年以来的最低水平。其中，流向发达经济体的资金进一步减少，仅为0.55万亿美元，较上年大幅下降26.6%，投资规模创2005年以来新低；流向发展中经济体的资金稳定增长，投资规模升至0.71万亿美元，较上年增长2.2%。发展中经济体占全球外商直接投资的比重升至54%，较上年提高8个百分点，为历史新高。

在全球外商直接投资增长乏力的情况下，2010—2018年我国实际利用外资呈现稳步增长态势，增长了261.45亿美元。实际利用外资项目数从2010年的27506个增长至2018年的60533个，尤其是2017年与2018年增加幅度较大，分别增加了7753个和24881个。近几年，在国际环境恶化、保护主义抬头的背景下，我国坚持对外开放政策，加大对外开放力度，实施外资准入负面清单管理措施，不断优化营商环境，吸引外资进入，取得了良好的成效，我国外商直接投资保持平稳增长。2019年，我国外资工作最突出的表现是在全球经济增长放缓、跨国投资低迷、国际环境

不确定性增加、各国引资竞争加剧的条件下，吸收外资实现逆势增长。吸收的外资额按人民币计，达到9415.2亿元，比上年增长5.8%；以美元计，达到1381.4亿美元，比上年增长2.4%。吸引外资规模再创历史新高，稳居发展中国家首位、全球第二位。

二、外资产业结构延续分化态势，高技术产业和服务业表现突出

根据历年《中国统计年鉴》的数据分析，我国2010—2018年各个行业利用外商直接投资总额排名前5的分别是制造业，房地产业，租赁和商务服务业，批发和零售业，信息传输、软件和信息技术服务业。数据显示，制造业利用外商直接投资额从2010年的495.91亿美元降至2018年的411.74亿美元，整体略微下降。这一方面是因为我国人力成本优势丧失使得外资撤离，另一方面是因为我国为促进产业结构升级，对制造业利用外资进行调控，限制外资进入高污染、高能耗的制造业。

然而，虽然制造业实际利用外商直接投资依然在各个行业中处于第1位，但从利用外资的产业结构看，我国利用外资延续分化态势。推动外资增长的动力由制造业向服务业转变，外资向高技术产业集聚效应愈发明显。受中美贸易摩擦带来的不确定性增加以及制造业利润下降等因素影响，2019年我国制造业利用外资规模较上年有所减少，特别是在2019年下半年，制造业利用外资增速明显回落。而在制造业利用外资增长疲弱的情况下，以医药制造业、仪器仪表制造业等为主的高技术制造业利用外资增长强劲，是支撑制造业利用外资的主要动力。服务业依然是外资流向的主要领域，在我国加大金融、养老、医疗等服务业对外开放程度后，服务业利用外资实现较快增长，2019年利用外资规模突破1000亿美元，达1000.3亿美元，同比增长8.9%，增速较上年同期明显提升，服务业利用外资的比重升至72.4%，较上年同期上升4.4个百分点，是推动我国利用外资增长的重要因素[1]。

[1] 彭波、林志刚：《当前形势下中国利用外资的意义、问题及前景》，《国际经济合作》2019年第5期。

在外资引入结构方面，2019年，我国服务业吸收外资6817.7亿元，增长12.5%。其中，信息传输、软件和信息技术服务业，租赁和商业服务业吸收外资分别增长29.4%和20.6%。制造业中，医药制造业、电器机械和器材制造业、仪器仪表制造业吸收外资分别增长61.3%、41.2%和48.2%。2019年，我国高技术产业吸收外资增长25.6%，其中高技术服务业增长44.3%。如科学研究和技术服务业增长了68.4%，合同外资1亿美元以上的大项目123个，同比增长了78.3%。新产业、新业态、新商业模式等“三新”活动外资增长了11.4%，有力地助推了我国经济发展新旧动能转换。2019年，三星、SK海力士、康宁显示、卡特彼勒、英力士、松下、埃克森美孚等制造业巨头纷纷加大对华投资，全年实际投入均超过1亿美元。这对推动我国供给侧结构性改革、弥补产业升级短板、增加高质量商品和服务供给发挥了积极作用。

三、外资区域结构持续改善，西部地区利用外资比重稳步提升

从利用外资的区域结构看，东部地区利用外资稳步增长，仍是外资流向的主要地区，根据实际利用外商直接投资额的比重进行划分，我国东、中、西部呈现较大的区域差异性。2010—2018年，我国实际利用外商直接投资的区域集中在东部地区，中部及西部地区利用外商直接投资比重较低。根据我国商务部外资统计年报和历年《中国统计年鉴》的数据分析可知，2010年东部地区实际利用外商直接投资额的比重占到83.9%，中部地区和西部地区的比重分别为11.2%、5.0%，2018年东、中、西部三个地区利用外商直接投资额所占的比重分别为83.4%、7.1%、7.1%，东、中、西部三个地区实际利用外商直接投资额的差异较大。

分地区看，2019年东部地区外资增长6.6%，占全国外资增长的比重达到86.2%，发挥了稳外资“压舱石”的作用。其中，上海、山东、浙江、河北分别增长了15.1%、23.5%、12.7%和19.7%，海南连续两年实现成倍增长。近年来，国家出台了一系列政策措施，鼓励中、西部和东北地区承接外资转移，并取得积极成效。中部地区外资稳步增长，其中，江西、湖南分别增长了10.3%和43.8%。西部地

区中，广西、云南、贵州、新疆、青海、甘肃实现两位数及以上的增长。东北地区外资增长5.7%，其中吉林增长23.9%。

我们必须注意到，西部地区对外资的吸引力不断增强，已成为我国利用外资的重要着力点。特别是西部地区积极融入“一带一路” 建设，内陆开放高地格局加快形成，对外开放水平日益提升。同时，西部地区在加大对传统产业优化升级力度的基础上，形成一批特色产业基地，产业集聚效应愈发明显。此外，我国还不断拓宽外商投资西部地区的领域，在2020年底发布的《鼓励外商投资产业目录（2020年版）》中，中、西部地区的优势产业目录已增至755条。受此影响，西部地区利用外资延续向好态势。随着营商环境的优化、产业配套设施的完善以及对外开放水平的提高，西部地区利用外资仍将保持较快增长，我国利用外资区域不平衡的状况将逐步改善。

四、外资来源地增加且进一步集中于亚洲地区

2019年，对华投资来源地国家和地区达到179个，比上年又增加了5个。“一带一路”沿线国家、东盟国家对华投资分别增长36.0%和40.1%。其中，新加坡、泰国分别增长51.1%和140.6%。欧盟成员国中，荷兰、爱尔兰、瑞典投资同比分别增长43.1%、311.4%和141.3%。国家统计局公布的数据显示，按照世界各大洲对我国的投资金额排名，2010—2018年我国实际利用外商直接投资排名第一的是亚洲。2010年，我国实际利用亚洲外商直接投资额为775.92亿美元，2018年增至1070.13亿美元，整体保持增长趋势。这一方面与亚洲国家和地区数量较多有关，超过35个国家和地区对我国内地进行直接投资，排名前列的包括我国的香港地区和台湾地区，以及新加坡、日本和韩国[1]。另一方面与我国“一带一路”倡议的实施相关，亚洲地区大多数国家参与“一带一路”建设，与我国加强国际合作，推动外资流入我国各个行业。拉丁美洲与欧洲的实际利用外商直接投资额则位列第2位和第3位，投资

[1]　金爱慧：《新时期提高我国利用外资质量的思考》，《宏观经济管理》2019年第12期。

总额均在100亿美元之内。其中大多数年份拉丁美洲国家流入我国的外资超过80亿美元，2010年实际流入我国的外商直接投资额为135.26亿美元，2018年为90.26亿美元，近年来有所下降。拉丁美洲投向我国的资金主要来源于维尔京群岛和开曼群岛。欧洲的实际利用外商直接投资额从2010年的59.22亿美元增长至2018年的111.94亿美元，增长了近1倍，尤其是近3年增长较多，主要来源于德国、英国、荷兰[1]。

五、我国外资企业以独资形式为主

2010—2018年，我国实际利用外商直接投资的企业主要有4类，即中外合资企业、中外合作企业、外资企业以及股份有限公司。其中，外资企业投资额比重较大，其次是中外合资企业，再次是股份有限公司，最后是中外合作企业。由此可见，我国实际利用外商直接投资中的大多数资金来源于外资企业。外资企业比重较大的原因：一方面是大型跨国公司在我国进行投资时，拥有成熟的经营经验，有能力开展独资经营活动；另一方面是我国外资营商环境不断优化。根据世界银行发布的《全球营商环境报告》，2010年我国营商环境排名第89位，2018年升至第46位。此外，我国外资企业的投资额占比在近3年均低于70%，与往年相比有所下降，中外合资企业的投资额占比则在近3年呈现出上升趋势，占比超过了20%，股份有限公司的投资额占比也呈现上升趋势，说明我国实际利用外商直接投资企业的形式日益多样化[2]。

[1] 前瞻产业研究院：《中国对外贸易行业市场前瞻与投资战略规划分析报告》。

[2] 杨艳：《我国利用外资现状分析》，《山西农经》2020年第12期。

第四节

外资经济发展面临的内外挑战

一方面，由于全球贸易自由化遇到阻碍，经济增长压力较大，各国都更加重视引入外资；另一方面，我国国内生产综合成本也在提高，外资转移至其他生产成本更低地区的动力也在增加。因此，外资经济在中国的发展也遇到了问题与挑战。

一、我国面临的引资竞争不断加剧

2008年全球金融危机造成的不利影响至今犹存，全球经济整体复苏乏力，外国直接投资（FDI）回报率下降，显著影响企业的投资活动。据联合国贸易和发展会议统计：金融危机前的2005—2007年，FDI回报率为8.6%；2016—2018年，FDI回报率下降至6.8%。2015年，全球FDI流入一度恢复至危机前水平，但此后又连续三年下滑。2018年，全球FDI流入下降至1.3万亿美元，与2015年高峰期相比下降了34%，其中发达国家下降了46%，发展中国家下降了3%。为了吸引FDI，促进经济发展和就业，世界各主要国家和地区都推出一系列投资自由化、便利化措施。美国等发达国家通过减税等方式促进制造业回流，重振实体经济。东南亚、南亚等发展中经济体通过扩大开放水平、改善营商环境并利用廉价的要素成本吸引FDI流入，对我国劳动密集型FDI流入形成分流。全球引资竞争不断加剧，联合国贸易和发展会议历年发布的《全球投资政策监测报告》显示，全球每年要出台100项左右与FDI有关的政策，很大一部分都是投资自由化和促进政策。此外，当前我国已经成为世界第二大经济体。尽管我国的人均收入水平还比较低，但是欧美国家已开始质疑我国的发展中国家地位，不愿意再将我国视作发展中国家，对技术转移、知识产权保护等相关方面的要求越来越严格，比如美国自2018年以来在世界贸易组织先后多次提交关于讨论发展中成员地位问题的提案。这对我国调整并规范利用外资政策提出了更高要求[1]。

二、我国国际比较成本优势减弱

客观分析，我国传统的生产要素成本比较优势确实在弱化。从劳动力成本看，与美国等世界其他国家相比，我国劳动力成本呈现出“相对增长迅速、绝对增长平稳”的特点。根据德勤《2016全球制造业竞争力指数》报告，20世纪90年代以来的20年间，我国劳动力成本从每小时0.3美元增加为每小时3.3美元，相对增速为1000%，远高于美国、日本、德国、韩国、印度等经济体，而劳动力成本的绝对增长为3美元，明显低于韩国、美国、德国等经济体。除劳动力成本外，我国的土地、能源、税负成本也呈现相对上升趋势。从能源成本看，根据波士顿数据，我国电力和天然气成本指数在全球排名前25位的出口经济体中分别排名第11位和第18位。从税负成本看，世界银行发布的《2018年全球营商环境报告》表明，当前我国企业税费与商业利润之比达68%，明显高于美国的44%、埃及的43.5%、越南的39.4%、印度的60.6%、印度尼西亚的30.6%。若美国政府的新税改方案得以通过，美国的税费成本优势将更加凸显[2]。

同时，中美贸易摩擦和各个发达国家目前出现的回迁本国企业的行为也可能加速成本敏感型企业向外转移。我国出口导向型的外商投资企业较多，外商投资企业进出口总值占我国全部进出口总值的比重约为50%。中美经贸摩擦短期内难以从根本上解决，将长期存在。为了避免中美贸易摩擦可能升级或扩大的风险，加之东南亚等新兴市场国家大力改善基础设施状况，不断加大税收、金融等政策优惠力度，加工贸易型外商投资企业，特别是以服务美国市场为主的企业，很可能会未雨绸缪、提前布局，逐渐将产能转移至其他国家和地区。新的外资流入也会更加保守、

[1] 邹晓梅：《提高利用外资质量的思路及政策建议》，《中国物价》2020年第6期。

[2] 金爱慧：《新时期提高我国利用外资质量的思考》，《宏观经济管理》2019年第12期。

更加谨慎。

三、现行外资管理体制仍然存在改善空间

从具体的外资管理体制分析，目前我国服务业领域针对外资企业的特别管理措施明显多于欧美发达国家，主要表现在四个方面。

第一，股比限制。按照《外商投资产业指导目录》，我国在医疗、教育、市场调查、文化、电信、农产品批发市场等领域或者不允许外资进入，或者必须成立合资企业，甚至要求中方必须控股，而绝大多数发达经济体在医疗、教育、文化等领域均基本对外资不设置太多限制。

第二，经营业务范围限制。这类限制实际上属于服务贸易的范畴。如在金融领域，我国在此次放开之前，明确规定中外合资证券机构在设立时只能从事人民币普通股、外资股和政府债券、公司债券的承销与保荐，外资股的经纪，政府债券、公司债券的经纪和自营业务等。

第三，我国存在诸多同时针对内外资行业的市场准入限制。由于我国在环保、安全等领域的事中事后监管制度尚未完善，为保护环境、推进结构调整而在大多数制造业领域对很多污染风险较大、产能过剩的具体技术和领域进行严格限制。发达国家并不运用这种行业准入类负面清单的方式，而是通过事中事后环保核查、制定行业技术规范等方式进行管理，加之在具体执法过程中各级政府执法能力存在差异，往往导致内资企业的违法成本低于外资企业，造成了事实上的非国民待遇。这种方式也存在被定义为负面清单的风险，导致负面清单被技术性拉长。

第四，行政许可限制。与欧美发达国家不同，我国企业在开展业务之前，仍然面临着向行业主管部门申请业务开展许可的重要环节。这些行政许可并不能始终保障对内外资企业一视同仁，往往客观上会导致内外资企业获取许可的难度存在明显差异，形成事实上的非国民待遇。如在电信领域，我国虽然允许外资企业以非控股形式进入增值电信和基础电信领域，但对于外资电信企业能够从事的具体业

务，则基于《电信业务分类目录》《外商投资电信企业管理规定》以及中国电信业对 WTO的承诺减让表实施业务准入许可。又如在药品和医疗器械注册许可领域，外资企业普遍反映其所使用的药品和医疗器械即便通过了美国的食品药品监督管理局（FDA）认证，通过国内食品医药监督部门注册许可的时间也要明显长于国内企业；在教育培训行业，外资在上海市设立教育机构需要上海市教育部门发放业务准入许可，而内资企业只需要各区县发放业务准入许可，外资企业获得许可的难度明显高于内资企业。

四、进一步健全完善外资促进政策

当前的外资促进政策，主要立足于各行业主管部门对国内行业发展状况的了解以及对未来行业发展状况的预判。目前，行业促进政策的内容较为详细，甚至涉及各个领域具体应用的技术、生产线的工艺等。这种倾斜性的政策在技术路线相对明确的追赶时期是较为有效的，能够有效地避免走更多的弯路，提高资源整合效率，以求尽快赶上国际先进水平。然而，随着我国和国际先进技术水平的差距逐渐缩小，政府部门很难真正把握未来技术突破的关键所在，依托政府部门设定优先发展行业可能存在较大的风险。而很多看似不属于优先发展的行业，甚至夕阳行业也可能由于新技术的出现重新焕发生命力。因此，当前的完全基于行业特征甚至技术特征的倾斜性利用外资政策的效力也在逐渐减弱。此外，区域领域的外资促进政策也需要进一步明确，虽然我国出台了大量政策鼓励中西部地区加大招商引资力度，然而，中西部地区整体经济发展水平仍落后于东部地区。同时，中西部地区各省份之间差距仍然较大，其中既有江西、四川等经济相对发达的省份，也有云南、西藏、新疆等经济较为落后的省份。即便在各省份内部，不同地市之间的发展差距也非常大。在当前的区域促进政策下，一些地理位置优越、经济基础较好的地市（如重庆、开封、西安）利用外资规模增长十分迅速，但仍有大量的经济不发达地市由于客观条件的限制难以吸引外资，事实上加剧了中西部地区内部的不均衡。

五、经开区等平台对高质量利用外资的作用有所减弱

国家级经济技术开发区（简称“国家级经开区”）、综合保税区等高水平平台是我国外资企业的主要承接地。长期以来，相关平台主要依靠税收、土地、能源等领域的综合优惠政策，以及产业集群优势吸引外资。但我国利用外资的重心转移到塑造营商环境后，开发区体制机制的相对优势明显有所下降。对于企业来说，营商环境是一个综合的概念，事实上主要包括三个方面的关系。一是和各个政府部门的关系。企业从项目开始设计到最终执行，不仅要涉及发展改革、经信、商务、海关等经济相关部门，更要涉及环保、建筑、消防、安全、质检、公安、民政、社保等一系列和经济并不直接相关的部门。如前所述，当前，制约营商环境进一步改善的重要因素并非政府部门“不作为”“懒政”。事实上，国家级经开区相关部门的工作效率在国内是首屈一指的。在实际操作上，这些部门必须以遵守大量的法律法规为前提对企业进行服务。而这些法律法规虽然具有内在的合理性（如维护公共安全），但并不一定甚至不是最有利于提升经济效率的。遵纪守法是各部门的职责所在，这就决定了如果被赋予的权限不足，在开发区层面能做的改善营商环境的空间是有限的。二是和银行、保险等金融机构的关系。当前，银行、保险等不同类型的金融机构有自身的运行规则，开发区在降低区内企业融资成本上能够发挥的作用是有限的，真正解决创新型企业融资等问题需要金融体系的不断完善。三是和市场的关系，包括保护知识产权、维护市场公平竞争等。国家级经开区的政策力度主要集中于供给端，而市场则主要处于需求端，国家级经开区在需求端为企业创造良好环境的能力也是有限的。当前，与自贸试验区相比，国家级经开区并不是体制机制创新的最前沿区域，所赋予的功能也是较弱的，与其具有的产业集群优势和在我国利用外资的重要地位并不相称。

此外，经济技术开发区、高新技术开发区等虽然在表面上对招商引资对象而言存在一定的差别，但由于各类开发区的管理模式、优惠政策以及运作模式均具有一

定的相似性，因此，实际上，各个平台的功能定位较为重复，彼此之间往往出现恶性竞争。在一些经济欠发达的省份，一个城市往往申报多类多个经济开发区以招商引资，但事实上很多开发区在激烈的竞争中往往无法吸引到足够的项目进驻，甚至造成了严重的土地浪费。

第五节

推动外资经济发展的若干建议

利用外资是我国对外开放基本国策和构建开放型经济新体制的重要内容。当前，我国经济已由高速增长阶段转向高质量发展阶段，利用外资面临新形势新挑战。为贯彻落实党中央、国务院关于推动形成全面开放新格局的决策部署，实行高水平投资自由化便利化政策，对标国际先进水平，营造更加公平透明便利、更有吸引力的投资环境，保持我国全球外商投资主要目的地的地位，进一步促进外商投资稳定增长，实现以高水平开放推动经济高质量发展。

一、大幅度放宽市场准入，提升投资自由化水平

放宽市场准入是以习近平同志为核心的党中央多次向全世界作出的庄严承诺，具体而言，放宽市场准入和提升投资自由化水平应做到以下几点。

第一，全面落实准入前国民待遇加负面清单管理制度。贯彻落实全国和自由贸易试验区外商投资准入特别管理措施（负面清单），与国际通行规则对接，全面提升开放水平，以开放促改革、促发展、促创新。负面清单之外的领域，各地区各部门不得专门针对外商投资准入进行限制。

第二，稳步扩大金融业开放。放宽外资金融机构设立限制，扩大外资金融机构在华业务范围，拓宽中外金融市场合作领域。修订完善合格境外机构投资者（QFII）和人民币合格境外机构投资者（RQFII）有关规定，建立健全公开透明、操作便利、风险可控的合格境外投资者制度，吸引更多境外长期资金投资境内资本市场。深化原油期货市场建设，积极推进更多符合条件的期货品种引入境外交易者参与交易。深化境外上市监管改革，支持符合条件的境内企业到境外上市，稳妥有

序地推进在境外上市公司的未上市股份在境外市场上市流通。支持外资金融机构更多地参与地方政府债券承销。

第三，持续推进服务业开放。取消或放宽交通运输、商贸物流、专业服务等领域外资准入限制。加大自由贸易试验区范围内电信、文化、旅游等领域对外开放压力测试力度。

第四，深化农业、采矿业、制造业开放。取消或放宽种业等农业领域，煤炭、非金属矿等采矿业领域，汽车、船舶、飞机等制造业领域外资准入限制。

二、深化“放管服”改革，提升投资便利化水平

贸易自由化是吸引外资的大前提，但是任何外资的顺利落地和发展都必须依赖投资和贸易的便利化水平，这就需要我们深化“放管服”改革，优化营商环境。具体来说，应该从以下几个方面着手。

第一，持续推进外资领域“放管服”改革。外商投资准入负面清单内投资总额10亿美元以下的外商投资企业设立及变更，由省级人民政府负责审批和管理。支持地方政府开展相对集中的行政许可权改革试点。在全国推行负面清单以外领域外商投资企业商务备案与工商登记“一口办理”。

第二，提高外商投资企业资金运用便利度。进一步简化资金池管理，允许银行审核真实、合法的电子单证，为企业办理集中收付汇、轧差结算业务。放宽企业开展跨国公司外汇资金集中运营管理试点备案条件。支持跨国企业集团办理跨境双向人民币资金池业务。

第三，提升外国人才来华工作便利度。研究出台支持政策，依法保障在华工作外国人才享有基本公共服务。为符合国家支持导向的中国境内注册企业急需的外国人才提供更加便利的外国人来华工作许可管理服务。积极推进外国高端人才服务“一卡通”试点，进一步简化工作许可办理程序。

第四，提升外国人才出入境便利度。中国境内注册企业选聘的外国人才，符合

外国人才签证实施办法规定条件的，可凭外国高端人才确认函向驻外使馆、领馆或外交部委托的其他驻外机构申请5—10年有效、多次入境、每次停留期限不超过180天的人才签证，免除签证费和急件费，可在2个工作日内获发签证。

三、加强投资促进，提升引资质量和水平

随着我国经济发展水平和产业技术水平的提升，外资质量对我国接下来的经济发展的作用会变得越来越大，因此，未来需要进一步提升引资质量和水平。

第一，优化外商投资导向。积极吸引外商投资以及先进技术、管理经验，支持外商全面参与海南自由贸易港建设，强化自由贸易港、自由贸易试验区在扩大开放吸引外资方面的先行先试作用。引导外资更多地投向现代农业、生态建设、先进制造业、现代服务业，投向中西部地区。进一步落实企业境外所得税收抵免、境外投资者以境内利润直接投资以及技术先进型服务企业的税收政策。

第二，支持外商投资创新发展。积极落实外商投资研发中心支持政策，研究调整优化认定标准，鼓励外商投资企业加大在华研发力度。进一步落实高新技术企业政策，鼓励外资投向高新技术领域。

第三，鼓励外资并购投资。鼓励地方政府根据市场化原则建立并购信息库，引导国内企业主动参与国际合作。允许符合条件的外国自然人投资者依法投资境内上市公司。比照上市公司相关规定，允许外商投资全国中小企业股份转让系统挂牌公司。完善上市公司国有股权监督管理制度，进一步提高国有控股上市公司及其国有股权流转的公开透明程度，为符合条件的国内外投资者参与国有企业改革提供公平的机会。

第四，降低外商投资企业经营成本。允许各地支持制造业企业依法按程序进行厂房加层、厂区改造、内部用地整理及扩建生产、仓储场所，提升集约化用地水平，不再增收地价款。支持外商投资企业科学用工，通过订立以完成一定工作任务为期限的劳动合同、短期固定期限劳动合同满足灵活用工需求。完善外商投资企业

申请实行综合计算工时工作制和不定时工作制的审批流程，缩短审批时限。加快推进多双边社会保障协定商签工作，切实履行已签署社会保障协定的条约义务，依据协定内容维护在华外国劳动者的社会保障权益，免除企业和员工对协定约定社会保险险种的双重缴费义务。

第五，加大投资促进工作力度。鼓励各地提供投资促进资金支持，强化绩效考核，完善激励机制。支持各地在法定权限范围内制定专项政策，对在经济社会发展中作出突出贡献的外商投资企业及高层次人才给予奖励。充分运用因公临时出国管理有关政策，为重大项目洽谈、重大投资促进活动等因公出访团组提供便利。各地在招商引资过程中，应遵守国家产业政策、土地利用政策、城乡规划和环境保护等要求，注重综合改善营商环境，给予内外资企业公平待遇，避免恶性竞争。

四、提升投资保护水平，打造高标准投资环境

从过去外资在我国发展的经验看，外商投资和外资企业的发展环境仍然有待优化。

第一，应加大知识产权保护力度。推进专利法等相关法律法规修订工作，大幅提高知识产权侵权法定赔偿上限。严厉打击侵权假冒行为，加大对外商投资企业反映较多的侵犯商业秘密、商标恶意抢注和商业标识混淆、专利侵权假冒、网络盗版侵权等知识产权侵权违法行为的惩治力度。严格履行我国加入世界贸易组织时作出的承诺，在外商投资过程中技术合作的条件由投资各方议定，各级人民政府工作人员不得利用行政手段强制技术转让。加强维权援助和纠纷仲裁调解，推进纠纷仲裁调解试点工作，推动完善知识产权保护体系。

第二，保护外商投资合法权益。完善外商投资企业投诉工作部际联席会议制度，协调解决涉及中央事权的制度性、政策性问题。建立健全各地外商投资企业投诉工作机制，各部门要加强对地方对口单位的指导和监督，及时解决外商投资企业反映的不公平待遇问题。各地不得限制外商投资企业依法跨区域经营、搬迁、注销

等行为。

第三，拓宽外商投资企业融资渠道。允许西部地区和东北老工业基地的外商投资企业在境外发行人民币或外币债券，并可全额汇回所募集的资金，用于所在省份投资经营。在全口径跨境融资宏观审慎管理框架内，支持上述区域金融机构或经批准设立的地方资产管理公司按照制度完善、风险可控的要求，向境外投资者转让人民币不良债权；在充分评估的基础上，允许上述区域的银行机构将其持有的人民币贸易融资资产转让给境外银行。

第四，降低外商投资企业物流成本。在中西部地区和东北老工业基地建设陆空联合开放口岸和多式联运枢纽，加快发展江海、铁空、铁水等联运。支持增加中西部和东北老工业基地国际国内航线和班次。加强中欧班列场站、通道等基础设施建设，优化中欧班列发展环境，促进中欧班列降本增效。完善市场调节机制，调整运输结构，提高运输效率，加强公路、铁路、航空、水运等领域收费行为监管，进一步降低西部地区外商投资企业物流成本。

第五，加快沿边引资重点地区建设。鼓励地方统筹中央有关补助资金和自有财力，支持边境经济合作区、跨境经济合作区、边境旅游试验区建设。鼓励政策性、开发性金融机构在业务范围内加大对边境经济合作区、跨境经济合作区企业的信贷支持力度。积极支持注册地和主要生产地均在边境经济合作区、跨境经济合作区的符合条件的内外资企业，申请首次公开发行股票并上市。

第六，打造西部地区投资合作新载体。在有条件的地区高标准规划建设若干个具有示范引领作用的国际合作园区，试点探索中外企业、机构、政府部门联合整体开发，支持园区在国际资本、人才、机构、服务等领域开展便利进出方面的先行先试。

五、推动国家级开发区创新提升，强化利用外资重要平台作用

前文指出，当前，国家级开发区吸引外资的力量在下降，作为改革开放过程中的重要引资主体，国家级开发区在我国尚未完成全面工业化的背景下，应继续深化

改革，稳固其在引入高水平外资过程中的作用，对接下来保证我国外资经济的平稳健康发展具有无可替代的重要作用。

第一，促进开发区优化外资综合服务。省级人民政府依法赋予国家级开发区地市级经济管理权限，制定发布相应的赋权清单，在有条件的国家级开发区试点赋予适宜的省级经济管理审批权限，支持国家级开发区稳妥高效用好相关权限，提升综合服务能力。支持国家级开发区复制推广上海市浦东新区“证照分离”改革经验，创新探索事中事后监管制度。借鉴国际先进经验，鼓励外商投资企业参与区中园、一区多园等建设运营。

第二，发挥开发区示范带动提高利用外资水平的作用。省级人民政府依法制定支持国家级开发区城市更新、工业区改造的政策，优化土地存量供给，引进高技术、高附加值外商投资企业和项目。各地在安排土地利用计划时，对国家级开发区主导产业引进外资、促进转型升级等用地予以倾斜支持。在国家级开发区招商引资部门、团队等实行更加灵活的人事制度，提高专业化、市场化服务能力。进一步提升国家级开发区建设的国际化水平。

第三，加大开发区引资金融支持力度。引导各类绿色环保基金按照市场化原则运作，支持外资参与国家级开发区环境治理和节能减排，为国家级开发区引进先进节能环保技术、企业提供金融支持。地方政府可通过完善公共服务定价、实施特许经营模式等方式，支持绿色环保基金投资国家级开发区相关项目。鼓励设立政府性融资担保机构，提供融资担保、再担保等服务，支持国家级开发区引进境外创新型企业、创业投资机构等，推进创新驱动发展。

第四，健全开发区双向协作引资机制。在东部地区国家级开发区建设若干产业转移协作平台，推进产业转移项目对接合作。支持地方制定成本分担和利益分享、人才交流合作、产业转移协作等方面的措施，推动东部地区国家级开发区通过多种形式在西部地区、东北老工业基地建设产业转移园区。支持东部与中西部地区国家级开发区合作，引入国际双元制职业教育机构，增加外商投资企业人力资源有效供给。

CHAPTER 10

第十章

所有制、经济治理制度与经济活力

所有制是资源、信息和收入的归属与拥有，是人们对资源与收入的社会契约关系和安排。不同所有制，反映着不同的资源和收入的社会契约关系和安排。所有制决定着基本经济制度，决定着根本性的资源与收入的社会契约关系和安排。经济治理制度是资源和收入的配置方式，是人们生产与生活的一种合作安排与合作机制。经济治理制度决定着资源配置的范围和效率，决定着人们生产与生活的合作效能。经济治理制度影响着所有制和基本经济制度的资源配置范围与收入能力，决定着经济主体和资源要素的激励兼容与适配效率，决定着经济活力。

第一节

经济治理制度与经济活力

经济治理制度是经济中资源、信息和收入的配置方式，是资源配置的体制与机制，是经济发展目标取向与经济动能激发的制度安排。经济治理制度决定着经济发展的约束条件，决定着经济动能激发的动力基础，决定着经济发展的效率、公平和可持续性，决定着经济发展的水平和能力。一句话，经济治理制度决定经济活力。

一、经济治理制度决定经济动能

（一）经济治理制度的内涵与构成

经济治理制度，是指经济中资源、信息和收入的配置方式，是资源配置的体制机制，是经济发展与动能激发的制度安排。经济治理制度，核心是如何进行契约安排，如何配置产权，使得资源、信息和收入能够实现更高的配置效率和更被认同的公平。其本身是一个不断变迁演进的过程。就契约安排和产权配置而言，经济治理制度本身就包括了政治制度安排，即包括了国家的制度安排。国家本身就是一个经济治理的制度安排，是一种经济治理的正式制度安排。家庭本身也是一个经济治理的制度安排，其既是经济治理的构成基础，是经济治理的基本单位，也是经济治理的建构主体，是整个经济治理的制度基石。家庭和国家构成经济治理的支柱，二者的关系以及对资源、信息和收入的配置的主导权属决定着经济治理的体制机制，决定着经济治理制度的不同方式。经济治理制度按照家庭与国家的治理主导权属可以大体分为统制经济和市场经济两种经济治理体制机制、两种经济治理制度。资源、信息和收入配置权属由国家主导的，称之为统制经济治理制度；资源、信息和收入配置权属由家庭主导的，称之为市场经济治理制度。统制经济治理制度有市场，但市场并不是主导性和决定性的体制机制，管制和计划才是其主导性和决定性的体制机制；市场经济治理制度有管制和计划，但管制和计划不是主导性和决定性的体制机制，市场才是其主导性和决定性的体制机制。二者的核心区别在于契约安排和产权执行主体是家庭还是国家：如果主体是国家，就是统制经济；如果主体是家庭，就是市场经济。

不同的经济治理制度决定着经济治理方式的衍生与扩展。市场经济治理制度决定着契约和产权的家庭主导权属，决定着国家的代理功能和守夜人职能，决定着市场主体权属的衍生和扩展、法人主体企业的诞生、契约执行的仲裁和经济法庭的诞生、产权交易与分割交易场所的诞生，以及与契约和产权密切相关的自由公平竞争的市场法律法规建设和保障。统制经济治理制度，决定着契约与产权的国家主导权属，决定着家庭的工具功能和服从职能，决定着统制主体权属的衍生和扩展，国营（官营）企业的诞生，以及资源、信息和收入国家（官府）垄断经营的管制法制制度。市场经济治理制度决定了契约和产权的家庭主导性权属，决定了其对资源、信息和收入的交易性和合作性，决定了经济治理的合作扩展，决定了其经济治理方式为开放型经济制度；而统制经济治理制度决定了契约和产权的国家主导性权属，决定了其对资源、信息和收入的垄断性和自给性，决定了其经济治理方式为封闭型经济制度。

经济治理制度，从整体构成看，由经济治理主体、经济治理主导权属、经济治理法制（或法律）制度，以及经济治理的体制机制和对外经济合作构成；从治理范围看，由微观经济治理、中观经济治理和宏观经济治理构成，其中，微观经济治理包括企业治理和市场规制，中观经济治理包括产业、技术和地区政策，宏观经济治理包括治理体制机制、宏观经济政策和对外经济政策；从资源、信息和收入配置的决定性主导中心看，由统制（计划）经济体制机制与市场经济体制机制构成，其中统制（计划）经济体制机制是单中心（国家）——国家主导和决定资源、信息和收入配置，市场经济体制机制是多中心（家庭和国家）——市场主导和决定资源、信息和收入配置。

经济治理制度的不同方式选择，决定着经济发展的目标和效率，决定着经济发展的动能。

（二）经济治理制度方式与效能

经济治理制度方式是经济治理的体制机制，是经济治理中资源、信息和收入配置的主导性和决定性的运行体制机制，是经济中资源、信息和收入使用的决策、运营和分配方式。从资源、信息和收入配置的主导性和决定性体制机制看，经济治理制度方式可以分为统制（计划）经济治理制度方式和市场经济治理制度方式。统制（计划）经济治理制度方式因资源、信息和收入的所有制方式不同，可以区分为传统自给自足的自然经济、经典社会主义的计划经济和资本主义国家的管制经济。市场经济治理制度方式以资源、信息和收入的配置自由程度和范围不同，可以区分为城邦经济和现代市场经济。经济治理制度方式是中性的，其可以适用于不同的资源、信息和收入的所有制方式。在最严格的统制经济中，市场依然存在，如对外贸易和对外经济合作等。在经典的市场经济中，计划无处不在，如家庭的计划、企业的生产计划等。

经济治理制度方式的效能，是一个经济治理制度方式实现资源、信息和收入配置的效率和能力，是实现既定经济发展目标的绩效和动能力量。不同的经济治理制度方式蕴含着不同的经济效能，受限于一定的技术水平、科学认知水平、人文发展水平和文化价值理念。在大一统的古代中国“普天之下莫非王土”的所有制下，受契约安排和产权保障的技术与制度约束，水资源垄断国营的“井田制”和盐铁资源垄断国营的“重农抑商”制度变成了帝王统制经济的治理制度方式。在西方，则是实行土地分封的封建制。正如黑格尔所说，存在即合理。经济治理制度方式的选择也是在既定的技术和制度约束条件下，实现既定发展目标的一种理想选择，是一种制度演进的理性结果和合理的制度安排。而在现代经济中，科技进步日新月异，国家竞争愈演愈烈，制度和技术创新一日千里，市场经济治理制度方式替代统制经济治理制度方式，成为现代经济治理制度方式的唯一选择。市场经济治理制度方式成了经济现代化的一种根本的经济治理制度方式。市场经济治理制度方式以其更充分的契约自由和公平竞争，以及产权有效保障和创新驱动，成为资源、信息和收入配置最有效率的经济治理制度方式，成为最能实现经济增长和持续发展的经济治理制度方式。因而，从资源、信息和收入配置效率看，市场经济治理制度方式是最具效能的经济治理制度方式。

无论是城邦市场经济制度方式还是现代市场经济制度方式，就其资源、信息和收入的配置效率以及经济增长和发展能力而言，相比于统制（计划）经济制度，都具有更高的经济治理效能。但是，经济治理制度方式的治理效能并不是经济治理制度方式有效性的唯一选择，经济发展目标和制度技术环境约束在某种程度上是经济治理制度方式有效性选择的基础。苏联社会主义计划经济治理制度方式和新中国成立后的社会主义计划经济治理制度方式的选择，既有理论认知方面的影响，也有外部环境的约束，根本因素是生存与重工业优先发展的工业化发展战略。外部技术与贸易等的封锁和敌对威胁，使得生存和重工业战略竞争成为唯一的发展目标选择，重工业优先发展战略和自力更生、独立自主发展的工业化道路就成为经济发展的唯一路径。这一生存与重工业战略竞争的发展目标选择和重工业优先发展战略与自力更生、独立自主发展的工业化道路，决定了统制和计划的经济治理制度方式。虽然计划经济治理制度方式的效能低，但是在外部技术和资源封锁以及敌对对抗势力的约束环境下，计划经济治理制度方式成为既定环境约束条件下的最优选择，既可以实现资源、信息和收入向发展战略目标集聚，也可以实现家庭和国家利益的激励兼容和协调统一。普遍的外部环境导致社会主义国家早期普遍采取计划经济治理制度方式。不仅如此，西方资本主义国家在战争条件下，也采用了普遍的管制经济，其性质和计划经济完全一致，就是资源、信息和收入向国家发展战略目标集聚。西方资本主义国家虽然在管制经济治理方式下依然采取市场经济，但市场的决定性和主导性已经被替代，契约安排和产权保障也由国家支配，市场已经不再是决定性的配置方式。无论是西方资本主义在战时实施的管制经济，还是社会主义国家初期实施的计划经济，作为统制经济两种不同的经济治理制度方式，其对资源、信息和收入的配置效能都是低的，但就其实现的发展战略目标而言，却是一种合理有效的经济治理制度方式。因此，经济治理制度方式的效能分微观效能和战略效能，战略效能与经济发展战略目标密切相关，微观效能与经济资源配置效率密切相关。战略效能与微观效能并非完全冲突，其关系取决于外部环境约束。在和平与发展的外部环境约束下，二者是一致的，因而，促进微观效能也是促进战略效能，市场经济治理制度方式就成为最优的选择；在战争与对抗的外部环境约束下，二者是冲突的，因而，抑制微观效能才能促进战略效能，计划经济和管制经济的经济治理制度方式就成为最优的选择。因此，经济治理制度方式的选择，根本因素是受外部环境约束的战略效能取向是否与微观效能一致。

经济治理制度方式的选择和效能评估，关键看战略效能与微观效能是否一致，取决于外部环境约束。

（三）经济治理制度激励与协调

经济治理制度决定着契约安排与产权保障，决定着经济主体经济行动的激励水平，决定着经济整体的组织协调。家庭是经济的最基本单元，家庭的行为反映和代表着理性经济人的行为，反映和代表着经济行动的动力基础。家庭作为理性经济人的行为主体，其经济行动目标就是实现收入与效用最大化，实现资源和信息的最有效率配置，实现收入最大化。无论是统制经济治理制度还是市场经济治理制度，就家庭的经济行动目标来说，是一致的。在市场经济治理制度中，家庭的经济行动与经济产出是激励兼容的，简单地说，就是与如何“做大蛋糕”是激励兼容的。因此，市场经济治理制度的正向激励兼容，有效地激发了经济动能的动力基础，带来了经济总量的持续增长与扩大；同时，市场经济治理制度决定着契约安排和产权流动自由，以及由之决定的公平竞争，使得质量发展、技术创新、制度创新和信用价值成为竞争的最有效方式，经济表现为高质量发展和创新驱动。相反，在统制经济治理制度中，由于契约安排和产权的残缺与缺乏保障，激励更多是逆向的，抑制了经济动能的动力基础，其结果是经济总量的持续萎缩与减少；同时，统制经济治理制度中的垄断和资源、信息与收入配置代理行为，使得寻租行为、短期行为、数量稽考、技术与制度固化和信用无效成为效用竞争的最优方式，经济表现为浪费型和动能失速型。在协调方面，由于市场经济治理制度是竞争的且契约安排是自由的，价格成了资源、信息和收入以及产出、创新等的协调机制，经济动态均衡就成了经济运行的内在规律和内在机制；相反，统制（计划）经济治理制度是垄断的且契约安排受到约束的，国家指令就成了资源、信息和收入以及产出等的协调机制，经济平衡尤其是短平衡成了经济正常运行的强制手段和必然方式。市场经济治理制度的价格协调和均衡机制，保证了经济健康运行；而统制（计划）经济治理制度的国家指令协调和平衡方式，导致了经济不断地萎缩和生产经常性的难以为继。价格与指令、均衡与平衡、规律与强制就成了统制（计划）经济治理制度与市场经济治理制度的最根本区别。

市场经济治理制度正向激励兼容与价格协调，有效地激发了经济动能的动力基础，实现了经济开放、增长、创新与可持续发展。统制（计划）经济治理制度的逆向激励兼容与指令协调，抑制了经济动能的动力基础，使得经济封闭、萎缩、固化与反发展。

二、经济治理制度决定经济发展水平

（一）经济治理制度与技术进步

经济增长理论表明，经济增长和经济可持续发展的最根本动力是技术进步。技术进步是经济增长突破要素约束、供给约束、需求约束、环境约束、制度约束的重要增长要素。因此，经济中的技术进步状况决定着经济发展水平。一项研究显示，科学技术对全球经济增长的贡献率在50%以上，其中技术进步对美国经济增长的贡献率达到80%。根据科技部的统计，2020年，中国技术进步对经济增长的贡献率也达到60%，相比于21世纪初的39%，增长了21%。世界发达经济体和创新型经济体的技术进步对经济增长的贡献率都在70%以上。中国距离进入创新型发达经济体的技术进步对经济增长的贡献率还有10%的距离，相比美国，还有20%的距离。技术进步决定经济发展水平。

经济治理制度方式决定着技术进步的状况。市场经济治理制度通过契约安排自由和产权保障，尤其是知识产权的保障，促进了人力资本和技术发明的发展。公平竞争激发了技术进步，同时开放与对外自由贸易，也促进了技术转移和技术再创新，促进了技术在更大的范围内和规模中实现其经济价值和增长收益。技术进步竞争优势是市场经济治理制度中的第一竞争力，是市场经济治理制度的配置和激发优势。统制（计划）经济治理制度，限制了契约安排自由，削弱了产权，包括知识产权保障，因而抑制了人力资本的发展和技术发明。无处不在的垄断和封闭，使得垄断成了获取收益的第一比较优势，争取和获得垄断成为资源、信息和收入配置的最优安排，技术固化和落后就成了必然结果，经济增长和资源配置效率就会因寻租和租值耗散而日益停滞和低下。相反，市场经济治理制度的技术进步第一竞争优势，却有效地促进了资源、信息和收入的配置效率，有效地促进了经济增长。

（二）经济治理制度与企业家

经济增长是资源、信息和收入配置组合的结果，其水平和状况取决于资源、信息和收入如何配置、谁来配置、谁获益。无论是资本、劳动还是技术进步等要素，其如何配置以及配置效率，取决于企业家。企业家是经济增长和经济发展的发动机。发达经济体与发展中经济体尤其是落后经济体，最根本的差别是企业家要素的多寡。发达经济体中活跃着大量的企业家，而且企业家的功能能够充分发挥；相反，发展中经济体和落后经济体中的企业家数量很少，并且企业家功能受到限制，甚至受到削弱和被消灭。中国改革开放带来发展奇迹，一个至关重要的原因，就是支持、保护、培育和催生了大量的企业家。在一个统制（计划）经济治理制度中，是没有企业家的，资源、信息和收入配置的国家垄断使得经济中只有管理者、寻租者，而没有企业家。经济学家熊彼特研究发现，经济增长的核心动力是创新，经济繁荣的灵魂是企业家，而企业家的职能就是要实现创新。创新就是要实现资源、信息和收入配置的新组合，而这一新组合的实现者、实施者就是企业家。企业家推动了经济的创新和飞跃式发展。创新本身是一个经济概念，而不是技术概念，是企业家的行为和功能。市场经济治理制度的自由公平竞争和开放，特别是契约自由安排和产权保障，既促进了企业家推动技术创新和进步，也促使企业家推动制度创新和变革，从而实现经济不断打破垄断，实现迭代竞争和创新，实现飞跃发展和进步。市场经济治理制度既是企业家的沃土，也以企业家为灵魂。

（三）经济治理制度与制度创新

古典经济学和新古典经济学研究，由于视制度为既定，而非一种经济变量，因此其对经济增长与发展的要素归结为劳动、资本和土地以及技术进步。新制度经济学从组织和制度的经济治理分析切入进行研究，发现组织和制度并非一个社会因素，其本身就是一个经济变量。制度是一种契约安排，是一种产权结构安排，是一种资源、信息和收入配置的组织方式。哈罗德·德姆塞茨在研究北美毛皮贸易时发现，产权作为一种制度和契约安排，是收益内部化和保护资源可持续发展的一种制度创新。而引起排他产权制度安排产生和形成且引起这一制度创新的，是贸易导致的皮毛价格和收益的变化。皮毛价格和收益的变化引发狩猎增加，如果没有排他性产权和契约安排的话，就会导致公地悲剧和资源（猎物）耗竭，就不会产生猎物驯化家养的技术进步，最终会因资源耗竭导致印第安人狩猎的毛皮资源的枯竭和生存危机。通过产权形成、界定、安排和制度创新，北美印第安人的毛皮资源和贸易产业成为一种持续的经济动能。道格拉斯·诺斯在《经济史中的结构与变迁》一书中指出，在技术没有发生变化的情况下，制度创新和变迁是提高生产率和实现经济增长的唯一途径。制度创新和变迁与技术进步一样，本身也存在成本和收益，只有收益大于成本，制度创新和变迁才得以发生。而且技术进步本身也是制度创新和变迁的推动因素和引致结果。道格拉斯·诺斯在《西方世界的兴起》一书中，更是开门见山地提出一个不同凡响的观点，对经济增长起决定性作用的是制度而非技术因素。“有效率的经济组织是经济增长的关键，一个有效率的经济组织在西欧的发展，是西方兴起的原因所在。”而有效率的经济组织的产生和发展，其核心是保证企业家和家庭的激励兼容与经济参与，保护产权与契约安排自由的制度形成、创新和变迁。家庭联产承包责任制和现代企业制度以及市场经济制度就是中国奇迹的决定性因素——制度创新和变迁。市场经济治理制度本身就是一种促进经济增长的制度创新，也是一种不断促进制度创新的经济治理制度母体。统制（计划）经济治理制度引起垄断和寻租激励机制，导致其必然是利益固化、制度固化、技术固化，其结果就是经济衰落。

三、经济治理制度决定经济质量与范围

（一）经济治理制度与经济质量

经济质量，可以界定为一个经济体中的资源、信息和收入高效率配置和高效用满足经济主体家庭消费的经济性状。其中，资源、信息和收入高效率配置的特征表现就是持续推进技术进步、大量培育企业家、不断促进制度创新，稳健地创造和提供大量丰富的高质量产品和服务，始终保持经济体的竞争优势和发展优势。高效用满足家庭消费既是指普遍普惠服务经济体中的家庭消费，也是指提供高健康高安全的家庭消费。经济质量，不仅是一个质的概念，也包含一个量的概念。统制（计划）经济治理制度通过加大严格管理和严格检查的力度形成的产品性能质量，可以满足少数甚至极少数特权家庭的消费高效用，但无法提供大量、丰富、普遍普惠的产品给普遍经济主体家庭消费，同时也无法提供多样的消费选择。统制（计划）经济治理制度的垄断性、封闭、指令调节和信息无知，必然导致其低经济质量发展和非普遍经济服务。市场经济治理制度的竞争、开放、价格调节和信息遍悉，决定了其高质量经济治理和普遍经济服务，既体现了经济效率，也体现了经济公平。高效率且公平的经济，就是高质量经济。

（二）经济治理制度与经济范围

经济范围，是经济中资源、信息和收入配置的广度和深度，既包括空间地域的范围，也包括时间跨期的范围，还包括要素、技术、制度和企业家等要素范围。市场经济治理制度的自由契约安排和产权保护、公平竞争和价格调节、开放和专业化与分工，能够调动一切可能的局部信息和知识，能够跨越区界、域界、国界调配全球（包括太空）的一切资源，能够跨期代际调集不同时域的资源，能够发现、发明、创造、创新一切可能的要素、技术、制度和企业家资源。市场经济治理制度的经济范围是无限开放的，创新是日新月异的。经济范围决定经济中资源、信息和收入的规模，决定配置效率，决定经济增长，因此，市场经济治理制度决定了无限开放的经济范围和日新月异的创新，也就决定了经济增长的持续繁荣和经济体的持续竞争优势。正如斯密所说，分工受市场范围限制。分工决定着技术进步、制度创新和企业发现，决定经济增长与增长的效能、质量。一句话，市场范围决定经济增长。

相反，统制（计划）经济的垄断、封闭、产权与契约限制、指令与内部化分工，决定了其无法调动一切可能信息和局部知识，无法实现范围经济和规模经济，其结果只能是各自分立的大而全、小而全，高成本、低产出，低效率、高失调，也就决定了经济增长持续萎缩和衰落。

（三）经济治理制度与经济品质

经济品质是指经济中资源、信息和收入配置高效率，经济产出和服务品类众多且质量卓越，高效用、高趣味满足家庭消费和经济社会中人们的情趣陶冶。经济品质不仅反映着经济质量、经济范围，也反映着经济道德、经济人文。经济道德反映着一个经济体中整个经济供给和需求的道德情趣与道德水准，体现着经济治理制度中人们的合作信任、信用和对共同体的价值信仰。经济人文反映着一个经济体中整个经济供给和需求的人文品位与人文关怀，体现着经济治理制度中人们的文化凝聚、文化丰富、文化优美和对共同体的文化传承与传播。统制（计划）经济治理制度，因其封闭、固化和资源、信息聚集，虽然可能在经济质量和经济范围方面限制经济增长，但却可能在物质匮乏和价值导向的影响下，出现一定程度的高水平经济品质。市场经济治理制度，因其开放、创新和资源、信息分集，虽然可能在经济质量和经济范围方面促进经济增长，但却可能在物质泛滥和价值淡化的影响下，出现一定程度的低水平经济品质。因此，如何创新经济治理制度，发扬统制（计划）和市场经济治理制度两种制度的优势，推动经济高品质发展便成为一个经济体走向高发展水平面临的突出问题。

第二节

所有制与经济治理制度的关系

所有制决定资源、信息和收入的归属与拥有，是一种契约和产权制度安排。所有制本身是制度演进的结果，同时也随着技术进步和制度创新而不断演进。所有制会影响经济治理制度发挥机制作用的起点或初始条件，会影响经济治理制度运行的激励兼容性，也会影响经济治理制度机制运行的结果。经济治理制度虽然是中性的，但因受所有制制度安排不同的影响，而出现经济运行的微观、中观和宏观治理效能差异，导致微观效能与战略效能不一致，从而引发经济治理制度去中性化情形，由此引发了所有制与经济治理制度的适配与选择问题。

一、所有制决定经济治理制度方式与效能

（一）所有制与经济治理制度方式

所有制是资源、信息和收入的归属和拥有，是交易成本引致的内部化成本与收益的一种契约和产权制度安排。所有制的核心是一种收入归属和拥有享用界定的产权安排。罗纳德·科斯在《社会成本问题》一文中指出，在交易成本为0的情况下，不管产权如何初始界定，市场交易都将导致资源配置处于帕累托最优。也就是说，在交易成本为0的情况下，所有制的制度功能是无效的，所有制不影响资源配置效率。也就是在交易成本为0的情况下，资源的贡献和收益以及收入的分配和享用都能够清晰界定，所有的产出和收入效用都满足边际收益等于边际产出，不存在寻租和剩余控制权问题，因而，产权和所有制的控制功能就失去了存在的价值。而现实的情况是交易成本不为0，因此产权界定和所有制安排就变得有其制度价值。而且在交易成本不为0的情况下，产权界定和所有制安排就决定了资源配置效率和

经济治理制度方式的选择。

交易成本决定着所有制，决定着经济治理制度方式的选择。当交易成本无限高时，分工、专业化与合作就成为不可能，产权和所有制就会完全内部化成本，经济治理制度就会采取自给自足的家庭自耕农经济治理制度或完全的统制（计划）经济治理制度。在产权和所有制以家庭为单位归属时，就形成自耕农经济治理制度；在产权和所有制以国家为单位归属时，就形成完全的统制（计划）经济治理制度。当交易成本为0时，分工、专业化和合作成为最有效的生产方式，产权和所有制就不存在内部化成本的问题，也就失去了其制度功能，经济治理制度就会采取完全按要素贡献分配的方式来实现资源的帕累托最优配置和社会福利帕累托最优。而现实情况是，交易成本既非无限高，也非为0，分工、专业化和合作是有效的生产方式，但是有成本的，于是制度安排和成本内部化成为必需，产权和所有制成为必要和必需的，经济治理制度就会采取市场经济治理制度方式。

社会进步和文明的核心标志就是契约安排和产权保障，从而交易成本不断降低，分工、专业化和合作不断扩展，制度安排和成本内部化也在不断调整，产权和所有制不断变革，释放出更多的激励和活力，市场经济治理制度更加扩展和不断丰富。

（二）所有制与经济治理制度效能

所有制反映着交易成本状况，反映着契约安排和产权安排的保护状况，也就反映着分工、专业化和合作的范围和程度，反映着经济效率，反映着经济治理制度效能。经济治理制度方式是中性的，其适配和选择完全取决于交易成本决定的产权和所有制安排。在高交易成本决定的完全内部化成本的家庭所有制情况下，自耕农是最佳的经济治理制度选择，也是在既定交易成本约束下的最优选择。从微观来讲，经济治理制度效能是高效的；但从宏观来讲，因公地悲剧，自耕农的经济治理制度效能很低效。同样，在高交易成本决定的完全内部化成本的国家所有制（公有制）情形下，从宏观来讲，统制（计划）经济治理制度效能是高效的；但从微观来讲，因委托代理与信息不对称，其效能是低效的。从社会资源的配置来看，无论自耕农还是统制（计划）经济治理制度，其国民财富增长和资源总体配置效率都是低效的。在低交易成本决定的部分内部化成本的产权与所有制安排情形下，市场经济治理制度就成为最优选择，其既能够实现微观效率、战略效率，也能够实现总体效率。相比于自耕农和统制（计划）经济治理制度而言，市场经济治理制度的效能是高效的。

所有制既非完全家庭归属，也非完全国家归属，而是根据交易成本的高低变化，形成家庭和国家以及企业的各自部分归属，能够从微观到宏观，形成激励，同时适配市场经济治理制度高效能，实现社会资源的更优配置和国民财富的更高效增长。

（三）所有制与经济治理制度创新

技术进步、企业家行动和制度创新，能够积极有效甚至剧烈地改变交易契约和产权安排，降低交易成本，因此，也就积极甚至剧烈地改变所有制，导致所有制制度安排创新。无限高额的交易成本，导致了家庭所有制或国家所有制（公有制），与之对应，决定了自耕农或统制（计划）经济治理制度。随着技术进步、企业家行动和制度创新，交易成本大幅度降低，契约安排和产权制度安排保障与创新，企业所有制和企业法人出现，经济治理制度出现了现代企业治理制度，融市场与科层体制于一体，实现所有权与经营权两权分离，形成剩余索取权与剩余控制权的分离与产权制度创新。企业所有制出现——企业所有制超越单一的家庭所有制和国家所有制，诞生了混合所有制。而且由于剩余索取权与剩余控制权分离，以及剩余索取权可证券化地自由交易，企业所有制和混合所有制更加能够促进现代企业制度中性、竞争中性和经济上的所有制中性，更加充分地实现资源配置的经济动能，更加深度地促进市场经济治理制度的中性发展和效能发挥。交易成本降低推动所有制制度创新，也积极推动了经济治理制度的制度创新。市场经济治理制度成为现代经济唯一高效能的经济治理制度，现代市场经济体系成为现代经济唯一高经济动能的经济治理体系。而且，所有制创新也在不断地推动市场经济治理制度的制度创新。交易所的出现、证券市场的发展繁荣、风险投资市场的积极崛起，数据市场的广泛兴起，宏观、中观、微观经济治理的日益丰富，都是所有制创新所推动的经济治理制度创新。

二、经济治理制度决定所有制绩效与形式

（一）经济治理制度与所有制绩效

经济治理制度是经济中资源、信息和收入的配置方式，体现经济中的激励兼容程度和协调专业化能力以及经济风险分散状况。经济中激励兼容水平、专业化分工水平和经济风险分散水平，决定着资源、信息和收入的配置效能，决定着国民财富增长与经济发展动能及水平，决定着所有制的绩效，影响所有制的形式。完全内部化的经济治理制度方式，包括家庭自耕农和统制（计划）经济治理制度，其专业化分工水平都很低，经济风险分散水平很低，决定着其资源、信息和收入配置低效能，决定了其国民财富增长与经济发展动能低下。因此，二者决定了家庭所有制和国家所有制的绩效低下。虽然家庭自耕农激励兼容水平高，其经济治理制度的微观效能较高，但宏观、中观效能低下；完全国家所有制（公有制）的战略效能可能较高，不过是短期的，其激励兼容水平也低，且其经济治理制度的微观、中观、宏观效能都是低下的。

市场经济治理制度，一方面有着较高的激励兼容水平、较高的专业化分工协调水平和风险分散水平，另一方面其契约自由与产权制度创新推动了所有制决定的资源、信息和收入的配置组合和实现方式的多样性和多元化，这两个方面都积极地促进了国民财富增长和经济发展，推动了所有制实现形式的多元混合和自由配置，大大提高了所有制的经济绩效水平。

（二）经济治理制度与所有制形式

经济治理制度决定着激励兼容水平、专业化分工协调水平和风险分散水平，也

就决定着契约安排和产权安排的多样化和多元化程度。契约安排与产权安排决定着资源、信息和收入的配置组合状况和重组能力，决定着所有制的实现形式。低专业化分工协调水平和风险分散水平决定了资源、信息和收入的单一归属性，决定了契约和产权安排的完全内部化，也就决定了所有制形式的单一化性质，要么家庭所有制，要么国家所有制。所有制的产权占有、使用、转让和收益完全内部化，产权无法分解，无法实现资源、信息和收入的多样化配置和收益多元化处置。这一单一化和完全内部化的产权安排决定了所有制绩效的低效能。统制（计划）经济治理制度和家庭自耕农经济治理制度决定了单一形式的所有制形式，也就决定了低效的所有制绩效。

市场经济治理制度通过交易和重复博弈，有效地降低了交易成本，推动了产权与契约安排的创新与变迁。产权占有、使用、转让和收益实现多样化配置和多元化处置，企业所有制的产生，所有权与经营权的分离，资产证券化配置，资产流动性与占有和使用性分离，从契约和制度安排上大大地促进了所有制实现形式的多样化和多元化。所有制实现形式的发展，促使了归属权、占有权、使用权、转让权和收益权的完全分离和自由配置，也促使了所有权与经营权的有效分离，还促使了剩余索取权与剩余控制权的有效分置，这些都能促进实现规模经营和规模经济，大大地促进了专业化及分工和风险分散与规避，促进了所有制收益保障和所有制产出绩效。

经济治理制度决定了所有制的实现形式，决定了专业化分工与规模经济水平，决定了风险分散水平，也决定了经济增长和发展的绩效、水平和动能。

（三）经济治理制度与所有制变革

经济治理制度与所有制都不是固定不变的，而是随着技术进步、企业家行动、制度创新等的变化引发的交易成本变化发生着变革和演进。

市场经济治理制度，因应技术进步、企业家行动、制度创新等，通过契约和产权安排的变革和创新，推动了所有制实现形式的变革和演进。所有制实现形式，由单一的家庭所有制或国家所有制，变革和演进为资源、信息和收入的所有权和经营权分离，收益权与占有权分置，转让权与使用权分置，使得资源、信息和收入归属和收益的股权化证券化、家庭自由处置化，资源、信息和收入拥有和使用的资产化、企业化、企业独立运营化。所有制实现形式的这一多样化和多元化实现了所有制产权的归属法权与资产经营法权分离，大大地促进了资源、信息和收入的经济收益属性与经济价值属性分离，从而大大地促进了规模经济发展和技术进步，同时保障和促进了收益安全和收益增长。

所有制实现形式的多样多元发展，既促进了所有制绩效和效能的提升，也促进了所有制的变革和演进，单一所有制向混合所有制演进，完全所有权向剩余索取权与剩余控制权分离演进。

三、所有制与经济治理制度变革与协同

（一）技术进步影响所有制与经济治理制度变革

技术进步始终是影响经济社会变革的重要因素，也是影响所有制和经济治理制度变革的重要因素。畜力对应的是自耕农的小农生产经济，也就是自给自足的家庭所有制经济；蒸汽机对应的是大工业生产经济，也就是科层所有制经济，包括企业所有制经济和国家所有制经济；信息技术对应的是互联网经济，也就是共享所有制经济。同样，畜力对应的是封闭的自耕农经济治理制度，蒸汽机对应的是市场经济或统制（计划）经济治理制度，信息技术对应的是共享经济治理制度。

技术进步不仅推动所有制体现的资源、信息和收入的要素变革，从家畜、土地、劳动到机器、能源、信息、数据，以及人力资本、知识产权、企业家等；而且推动所有制实现形式变革，从完全所有制到占有、使用、转让和收益权多样多元分解明晰到所有权与经营权分离、剩余索取权与剩余控制权分离，再到所有权和收益权与使用权和占有权分置等，促进了资源、信息和收入的使用集中和实现规模经济，也扩大了所有制既有资源、信息和收入的产出绩效和收益效益。

技术进步推动了经济治理制度的变革，蒸汽机与信息技术革命推动了市场经济治理制度、企业治理制度、国家经济治理制度的形成和变革。

（二）制度创新决定所有制与经济治理制度演进

制度是推动经济增长和发展的关键因素。制度创新是决定经济发展的核心要素，也是决定所有制与经济治理制度演进的核心要素。

产权的诞生、所有制的出现本身就是制度创新的结果和表现。为了更好地实现经济价值，减少可能的交易成本，企业家会积极寻求制度突破和创新，从而通过契约与产权制度安排的变革与演进，把降低交易成本作为制度巩固下来，实现持续的可保障的长期收益。知识产权保护制度的形成就是一个制度创新的结果，有力地激发了知识和技术的发展与应用。企业的形成、现代企业制度与公司治理的诞生、现代国家经济治理制度的形成，都是制度创新推动形成的经济治理制度创新和演进；交易所的诞生、共享经济的诞生，都是制度创新带来的经济治理制度演进。

企业家是制度创新的灵魂，是经济治理制度和所有制演进的动能，是交易成本降低和国民财富增长的动力。企业家积极发现市场机会，接受技术变革，进行制度创新，推动所有制从要素到形式发生变革和演进，推动经济治理制度从一元到多元、从冲突到协调的变革和演进。

（三）市场范围推动所有制与经济治理制度协同

正如亚当·斯密在《国富论》中分析指出的，分工受市场范围的限制。后来，经济学家阿瑟·杨格将亚当·斯密的这一论述发展为斯密定理，指出分工取决于市场规模，而市场规模又取决于分工，经济进步的可能性就存在于这一条件中。在《国富论》中，亚当·斯密分析指出，分工可以提高熟练程度、可以节约时间、可以促成新的发明，分工和专业化是国民财富最核心的增长因素。而分工和专业化受到市场范围的限制。罗纳德·科斯在《企业的性质》一文中指出，交易成本的存在，是企业诞生的原因。企业，作为一种制度安排，通过降低交易成本，有效地配置了资源。企业替代市场，本质是交易成本的比较。企业的最优规模就是边际企业管理成本等于边际价格成本。企业自身无法扩大分工和专业化，从而无法促进技术发明和进步，也无法实现专业化带来的效率。而制度创新，通过交易的重复和博弈的重复，使得重复交易和博弈的收益远远大于一次或有限次交易和博弈的收益时，市场范围就扩大了，分工与专业化就促成了，而分工与专业化又从纵深方面扩大了市场的规模和范围，于是市场范围与分工和专业化相互促进，实现了技术进步、制度创新，以及资源、信息与收入在更大范围内的配置和获益，也就实现了国民财富的增长和经济发展。

在市场范围与分工和专业化互相促进并推动制度创新和经济进步的过程中，经营权与所有权的分离，产权占有、使用与转让获益分置，企业的诞生、交易所的诞生等，体现了所有制和经济治理制度的协同演进和变迁。

经济全球化、信息化，市场范围从广度和深度上都实现了最广泛的扩展，由此推动的分工与专业化，以及分工与专业化和市场范围的相互促进，有力地实现了技术进步和制度创新，孕育了大量企业家，实现了全球经济的持续增长，实现了世界经济的伟大变革与发展。

第三节

所有制、经济治理制度与经济发展

所有制反映着资源、信息和收入的归属与拥有，也反映着由此拥有和归属的资源、信息和收入形成的贡献和收益，是这种归属与拥有、贡献与收益保障的契约安排和产权制度。经济治理制度反映着资源、信息和收入的配置，反映着所有制的归属和拥有的配置方式。所有制决定经济生产什么、为谁生产，经济治理制度决定经济如何生产。经济发展反映着经济中资源、信息和收入的构成范围和水平，反映着资源、信息和收入配置的效率与结构。所有制与经济治理制度决定着经济发展的水平和能力。

一、所有制决定经济发展动力

（一）所有制与激励水平

所有制决定了资源、信息和收入的归属与拥有，决定着生产什么和为谁生产，也决定着生产的方式选择，还决定着经济参与和贡献努力程度。用博弈论与委托代理理论的术语来说，就是所有制决定着参与约束和激励约束，决定着激励兼容的水平和程度。激励兼容的水平和程度决定着经济发展的内在动力。

新中国在社会主义改造完成后建立的单一公有制，包括国家所有制和集体所有制，资源、信息和收入的国家和集体归属与拥有，由于其实现形式单一，缺乏充分的信息和竞争标尺衡量，家庭的参与和贡献努力动力很低，激励兼容的水平和程度极低，出现了干多干少一个样、干好干坏一个样，导致经济发展动力严重不足，经济发展出现萎缩和退步。

小岗村开启的中国农村家庭联产承包责任制，发展了所有制的实现形式，改变了激励兼容的水平和程度，大大提高了家庭生产参与和努力水平，带来了中国农村的繁荣和农业的大发展。

国有企业股份制改造、乡镇企业发展、民营经济发展、外资经济发展等，大大拓展了所有制的理论认识和实践经验，拓展了所有制的方式和实现形式，激发了从农村到城市、从地区到全国、从国内到国际的各种资源、信息和收入的参与和贡献，形成了高水平的激励兼容，创造了经济发展的中国奇迹。

理论是灰色的，生命之树常青。所有制首先是一个实践问题，一个发展问题。促进经济发展的所有制及其实现形式，就是合理有效的真所有制理论和实践；相反，妨碍和限制经济发展甚至导致经济发展倒退的所有制及其实现形式，就是错误的、假的所有制理论和实践。真所有制理论是与经济发展激励兼容的，并给经济发展注入持续动力。而妨碍经济发展、与经济发展不激励兼容的，一定是错误的所有制认识，是假所有制理论。检验所有制理论真假的唯一标准，就是是否持续促进经济发展。

（二）所有制与技术进步

技术进步是经济发展的关键动力。技术进步体现在资源、信息和收入中，体现在资源、信息和收入结合中。所有制反映着资源、信息和收入的归属与拥有，决定着资源、信息和收入的经济参与与贡献，也就决定着技术进步的实现与激励。

一方面，单一自耕农所有制与单一公有制，由于其激励不兼容，不仅妨碍了经济发展的激励，更重要的是妨碍了接受和积极参与技术进步的动力。另一方面，由于单一自耕农所有制与单一公有制的所有制实现形式简单，无法实现所有权与经营权分离、收益转让权与占有使用权分置、生产经营的独立分置，以及规模经济。规模经济和范围经济不仅决定分工和专业化，还决定技术发明和进步以及高效能先进技术的应用。

现代所有制体系，既有效地混合和实现各种所有制方式有机组合，也有效地实现所有制实现形式的多元化和多样化，实现了占有、使用、收益和转让的分离，所有权与经营权的分离，有效地实现了规模经济、范围经济，促进了分工和专业化，推动了创新发明和技术进步。

（三）所有制与制度创新

所有制决定着资源、信息和收入的配置活力和激励动力，决定着契约与产权安排的聚力和张力，以及企业家的孕育和创造力。所有制，反映着经济资源的产权，反映着产权的完备程度，尤其是所有制所反映的外部人对经济资源和产权的利益，会影响产权的完备程度。一个完备的产权，是一个产权束，包括占有、使用、处置（转让）、收益等权利。在封建土地所有制下，土地产权的占有、处置、收益是残缺的，商业的动产占有等也是残缺的，其所有制基于人身依附关系，故其所有制的产权是残缺的。残缺的产权，限制了所有制拥有的产权处置权，削弱了产权的收益权保障，导致资源、信息和收入配置缺乏活力和激励动力，也导致缺少企业家及其孕育的环境。这些决定了封建土地所有制是不利于促进制度创新的。单一公有制（国有制和集体制），完全限制了产权转让和使用收益保障，犹如公共牧场一样，必然导致公地悲剧，消费和短期占有资源的收益最大化行为，劫杀了牧场牧草与养羊数量的可持续性，也扼杀了长期投资和技术进步，牧场上只有短期的投机获利者，而没有推动技术进步与制度创新以推动经济增长的企业家。

所有制及其实现形式，反映着产权完备程度，反映着经济中的行为，决定了经济中比较优势行为。在单一公有制与封建土地所有制制度下，当短期行为和短期消费效用最大化成为比较优势行为时，经济资源就会枯竭，遍地是涸泽而渔的投机者；而在产权完备的所有制制度下，当长期行为和长期消费效用最大化成为比较优势行为时，经济资源就会实现长期价值收益最大化，遍地是固本浚源的企业家。在投机者普遍占优的所有制条件下，制度就会固化，经济就会失去活力；而在企业家普遍占优的所有制条件下，制度创新和技术进步日新月异，经济就会蓬勃发展。

所有制反映的产权完备程度，决定着企业家占优、投资占优，以及技术进步的成效和程度，也就决定着制度创新与资源、信息和收入配置的效率和活力，决定着经济发展动力。

二、经济治理制度决定经济发展活力

（一）经济治理制度与市场范围

市场范围决定着分工与专业化，决定着经济内生扩展。分工与专业化决定着技术发明与技术进步，决定着经济增长动力；分工与专业化也决定着市场范围，市场范围和分工与专业化相互内生，决定和推动经济内生扩展，推动产业化、城市化与实现规模经济，推动经济增长。因此，市场范围决定和推动经济增长，决定经济发展活力。

经济治理制度影响市场范围。自给自足的小农家庭经济治理制度和国家指令的统制（计划）经济治理制度，其封闭和内在化分工配置，决定了经济中的市场范围极其狭小，甚至消除了市场的存在。与之相适应的国家经济治理政策，重农抑商和消灭市场，严重削弱和消除了市场，削弱和消除了市场范围。市场范围决定经济活力，因此，自给自足的小农家庭经济治理制度和国家统制（计划）经济治理制度，其内在的小而全和大而全封闭自给倾向，削弱了市场范围，也就抑制了经济发展活力。市场经济治理制度的开放性和专业化分工配置，决定了经济中的市场范围无限扩大。与之相适应的国家经济治理政策，尊商亲商重商和开放市场，极大地扩展了市场，扩大了市场范围。市场范围决定经济发展活力，因此，市场经济治理制度始终激发着经济发展活力。

（二）经济治理制度与要素配置

经济增长和发展是要素结合并贡献的结果，经济发展活力取决于要素配置状况。不同的经济治理制度影响要素配置的状况和活力。封闭的自耕农家庭自给自足经济治理制度和国家统制（计划）经济治理制度，限制了要素配置的范围和方式，抑制了要素配置效率和激励机制，不利于要素贡献，也不利于要素发展，抑制了经济发展活力。不仅如此，与自耕农家庭自给自足经济治理制度和国家统制（计划）

经济治理制度相适应的分别是小农家庭经营和国办国营，由于要素无法流动，无法通过竞争来显示其机会贡献和机会成本，要素需求和获取表现为边角均衡，即有或无，而非内角均衡，即多或少。要素的边角均衡失去了其数量调整和配置效率，由此导致要素配置的低效，不利于激发经济发展活力。尤为重要的是，自耕农家庭经济治理制度和国家统制（计划）经济治理制度虽能规避外部可能的不确定性，但缺乏竞争，经济中虽广泛存在着不确定性，但却没有企业家产生以发现不确定性并进行创新，实现要素组合创新和新要素引入等企业家行动，经济就缺乏了要素配置的活力，也就不利于激发经济发展活力。

市场经济治理制度以及与其相适应的现代公司治理和企业制度，有效地降低了交易成本，增进了要素的自由流动和组合，激发了企业家发现和利用不确定性带来的机会贡献和机会成本，创造新产品，形成新供给，增加新需求，创设新组织，创造新利润，驱动经济增长和发展，增强经济发展的活力。

（三）经济治理制度与契约安排

市场范围，其本质是一种契约安排的范围；要素配置，其根本是一种契约的安排。因此，契约安排决定着市场范围，决定着要素配置，也就决定着经济发展的活力。

经济治理制度，从经济和法权的意义上讲，是契约安排的方式和契约安排系统。经济治理制度既反映着契约自由程度、契约安排的范围和方式，也反映着契约安排的持久性和变革效能。从博弈论的视角看，经济就是一种博弈，是一种实现合作博弈的契约安排机制和系统。合作既能扩展市场范围，扩大分工与专业化，促进技术进步，发挥规模经济效能，也能推动企业家培育和成长，推动制度创新，创造经济新动能。也就是说，合作博弈决定经济增长的动力，决定经济发展的活力。合作博弈，从根本上讲，就是契约安排的自由程度、范围广度、持久程度、方式多样程度和变革重组能力。

不同的经济治理制度反映和决定着契约安排的应力和张力。封闭的自耕农家庭自给自足经济治理制度和国家统制（计划）经济治理制度，其内在的威权配置和指令协调，既妨碍了契约自由，也妨碍了契约的收益。正如亨利·梅因在《古代法》中指出的，所有进步社会的运动，其本质上是一种从身份到契约的运动。身份，从产权和契约意义上讲，就是一种掠夺征集制度，而非一种交易制度，是一种对抗零和博弈，而非合作共享博弈。在身份支配的经济治理制度中，既不存在保障契约与产权的公法，也不存在保障契约与产权的私法，因而也既生发不出市场经济，也创设不出独立的企业产权制度，这从根本上妨碍了技术进步、规模经济和跨期投资、资本积累的发展，阻止和抑制了经济增长与经济发展活力。

在以契约代替身份的现代进步社会，市场经济的生成和现代企业产权制度的创设，企业家的大量产生和制度的不断创新，有效地实现了契约安排方式的多元化和多样化及效能的提升，促进技术进步，实现规模经济和长期投资的发展，促进经济增长与激发经济发展活力。

三、契约与产权安排决定经济发展水平

一个经济体的经济发展水平，取决于其资源配置的经济效率，取决于其资源配置的经济范围，取决于经济革新浪潮。

（一）契约与产权安排和经济效率

经济发展水平，是经济发展规模数量与结构质量的总体状况。因此，经济发展水平既反映要素投入的规模数量，也反映要素配置的结构质量。无论是要素投入的规模数量，还是要素配置的结构质量，其经济效能都体现为经济效率。经济效率反映并决定经济发展水平。

经济效率，即经济运行效率，是既定资源要素成本基础上的经济收益率。经济效率反映着经济资源要素的参与约束率，也反映着资源要素的激励约束率。经济学家认为，最优的经济效率是资源配置的帕累托最优状况，实现既定资源成本约束下产出和收益最大化水平，缺乏经济效率是资源配置非帕累托最优，既定资源成本约

束下产出和收益达不到最大化水平，极限缺乏效率的经济是既定资源成本约束下产出和收益为0。高经济效率，表现为资源配置与总产出收益激励兼容，同时与个体长期效用和社会福利激励兼容；低经济效率，表现为资源配置与总产出收益不激励兼容，同时与个体长期效用和社会福利不激励兼容。低经济效率，表现为资源配置更多用于寻租和分配，而不是产出和收益，表现为个体效用零和博弈。

契约与产权安排是资源要素的经济价值实现与分配，决定着经济资源要素的参与约束率，也决定着经济资源要素配置的激励约束率。由此，契约与产权安排决定了经济资源配置的经济效率。契约与产权安排决定着要素贡献与产出的保障，决定着要素配置的边际水平，因而决定着要素的边际产出与边际成本比较状况，尤其是边际私人成本与边际社会成本、边际私人收益与边际社会收益的比较状况。边际产出与边际成本，体现在私人与社会两个方面，决定了经济效率。契约与产权安排越是自由且得到充分保障，成本和收益越是能充分内部化，则经济资源要素配置越是接近边际成本等于边际收益的帕累托最优效率水平。

（二）契约与产权安排和经济范围

经济发展水平还表现为经济资源要素配置的经济范围。经济范围越广阔，资源要素配置的边际水平越高。当资源在全球范围内实现配置，在既有可能的技术和产业实现配置时，也就是说，当资源在广度和深度两个方面实现配置时，则资源配置的边际水平最高。相反，当资源仅在一个家庭、一个地区或一个国家配置，仅在落后技术和产业配置时，则资源配置的边际水平较低。自耕农家庭自给自足的资源配置边际水平最低，因而其经济范围最小。

契约与产权安排决定着资源配置的成本和收益的内在化水平，因而决定着资源配置的边际水平，影响和决定资源配置的经济范围。经济范围也会影响契约与产权安排的革新与变革，促进资源配置效率提升。

（三）契约与产权安排和经济革新浪潮

经济发展水平决定于由新技术革命引发的经济革新浪潮。阿尔文·托夫勒在

《第三次浪潮》中，将人类社会划分为三次浪潮：第一次浪潮，即农业阶段，从1万年前开始；第二次浪潮，即工业阶段，从17世纪末开始；第三次浪潮，即信息化（或服务业）阶段，从20世纪50年代后期开始。每一次浪潮，都带来持续的经济新供给和新需求，带来持续的新经济，颠覆了经济生活与价值方式。三次浪潮后面的推动力量是技术革命和制度变革，体现在经营制度方面，表现为个体经营阶段、工场经营阶段、现代公司经营阶段、共享合作经营阶段；体现在经济治理体制方面，表现为自给自足经济阶段、市场经济阶段和共享经济阶段；体现在经济范围方面，表现为乡村经济阶段和城市经济阶段；体现在消费方面，表现为生活必需品消费阶段、耐久消费品消费阶段、不动产消费阶段和服务消费阶段。从经营到治理体制，从经济范围到消费方式，每一次变革都伴随着新经济的出现，伴随着经济发展水平的提高；每一次变革，都伴随着契约与产权安排的变革，新技术、新制度的兴起，以及新供给和新需求的产生。

契约与产权安排通过其制度创新，降低交易成本，促成从经营到体制、从范围到消费方式、从技术到供求的变革浪潮，推动经济深刻变革和经济发展水平不断迈向新的台阶。

第四节

推动制度创新与变革，提升经济活力

所有制和经济治理制度影响和决定着经济增长与经济发展活力。从契约与产权安排角度看，所有制和经济治理制度都是契约与产权的制度安排。制度本身是演进和变迁的，制度创新与变革不断推动契约与产权安排的变革和重组，推动所有制和经济治理制度的革新和变迁，推动经济增长与发展，激发和提升经济活力。

一、变革所有制结构与形式，提升经济配置活力

（一）多元化所有制结构，容纳一切配置要素

所有制是资源要素、信息和收入的一种产权契约安排。因此，产权契约安排决定资源要素、信息和收入的配置决策。经济活力，核心是经济配置活力，是各类资源要素、信息和收入主体的配置参与与激励约束。只有多元化所有制结构才能广纳各类资源要素、信息和收入主体的配置参与与激励约束。经济效率，决定于资源要素、信息和收入的边际配置程度，资源要素、信息和收入越广泛，则边际配置程度越高，资源要素、信息和收入的配置效率也就越高。经济效率决定和反映经济活力。因此，一是要鼓励、支持和保护各类适合经济发展要求的所有制，包括外资等各类所有制，活化各类资源要素、信息和收入在国民经济中的配置价值；二是鼓励、支持和推动各类国民所有制企业“走出去”，全球化配置，提升资源要素、信息和收入的配置效率；三是优化所有制结构，提升各类资源要素、信息和收入的竞争活力、规模效益和升级动力。多元化所有制结构，是增进收入跨期和跨期效用最大化配置的有效途径，也是增加资源要素收入份额、优化多元化收入结构的有效经济制度。

（二）多样化所有制形式，促进专业化分工与技术进步

所有制结构多元化，反映要素配置活力；所有制形式多样，反映要素配置效率。所有制形式多样化表现为所有制产权安排的多样化。承包、租赁、股份制、信托、期权等都是所有制产权多样化的表现形式。所有制形式多样化，核心是产权的占有、使用、转让、收益、处置权的分立分离，要素收益索取权与要素控制权分立分离，破除所有制产权归属权对拥有使用权的藩篱，打破法权对经营权的控制，在充分保障所有制归属收益权的前提下，更好地促进要素使用，推动专业化分工与技术进步，实现规模经济和范围经济。因此，一是要加快和推进物权法的更好实施，确立推进所有制产权形式多样化分立分离的制度保障，促进所有制产权归属权保障下的要素使用经营权更高效配置；二是推进集体产权与土地产权、林权等制度改革深化，实施所有权、承包权、经营权三权分置，更好地保障集体产权与土地产权收益和提升经营效率；三是推进国有产权制度改革，实施产权资本化管理，促进资产中性化和提升经营效率。

（三）发展混合所有制，提升经济治理制度效能

所有制结构和形式，影响和决定着经济治理制度效能。混合所有制是容纳融合多元所有制结构和多样所有制形式的一种高效率的所有制产权制度。混合所有制能够有效地降低交易成本，实现经济治理制度创新，实现信息充分、竞争公平、配置优化，提升经济治理制度效能。因此，一是要加快混合所有制改革和发展，创造多元多样所有制结构和形式的融合发展，拓展市场治理空间；二是要调整优化国家所有制布局和结构，实现要素配置信息充分和竞争公平，推进国有控股企业现代企业制度建设和治理效率提升；三是要积极发展股权、期权和控制权产权所有制，推进经理人要素市场化和企业家要素发展，推动经济高效发展和创新治理。

二、创新经济治理制度方式，激发经济创新活力

（一）建设现代市场经济体系，推进经济治理制度现代化

现代市场经济体系，是现代经济治理制度的基础体系，是一个现代所有制产权制度和资源配置方式的经济治理系统。现代市场经济体系包括经济主体体系、产权体系、经济要素体系、经济产品服务体系、货币金融体系、对外经济体系与经济循环体系。经济主体体系是家庭、企业、政府、国外经济主体构成的一个市场法人主体；经济要素体系是劳动力市场、资本市场、技术市场、信息市场、能源市场、经理人市场、企业家市场等构成的一个市场要素体系；经济产品服务体系是产品市场与服务市场构成的最终消费品和服务体系；产权体系是要素产权分割与交易的市场体系；货币金融体系是由中央银行、商业银行、货币以及其他金融机构构成的经济融通体系；对外经济体系是国际贸易和国际资本流动构成体系；经济循环体系是要素流、产品服务流、收入流、支出流和对外循环构成的体系。建立现代市场经济体系：一是要建立包括经济主体、要素、产权、产品服务、货币金融、对外经济和经济循环的整个市场体系系统；二是要加快要素与货币金融市场体系改革和完善，补足市场经济体系的短板；三是要完善现代统一市场体系建设，促进现代市场经济体系的开放、竞争和有序统一；四是要规范国家经济主体行为，明晰国家运动员和裁判员职能身份，促进现代市场经济体系透明、公平和效率。

（二）健全现代公司治理制度，推动企业治理制度现代化

企业和市场都是资源配置的方式，二者可以相互替代，是降低交易成本的两种替代方式。企业是科层组织治理，市场是产权交易治理。由于信息不对称、外部性和不确定性的存在，高昂的交易成本使得经济行动无法达成合作，市场实现不了资源配置功能，而企业通过内部科层组织，可以降低交易成本，实现信息不对称、存在外部性和不确定性条件下的经济行动合作。现代经济体系，除了市场体系外，一个重要的治理制度就是现代企业制度和现代公司治理。因此，一是要通过公司法的

健全和完善，推动企业建立普遍的现代企业制度；二是要通过资本市场、投资者保护法等制度建设，推进公司治理现代化；三是要推动国有控股企业普遍建立真正的现代企业制度和现代公司治理机制，确保国有资产的保值增值；四是在推动和发展混合所有制经济的过程中，推动市场普遍法人治理的现代化。

（三）完善国家经济职责，实现国家经济治理现代化

国家作为一个经济主体，同时作为一种经济治理方式，是现代市场经济的一个重要特征。因此，必须明晰国家“守夜人”的裁判员与“看得见的手”的运动员的职责和边界，健全国家作为“看得见的手”的运动员的职责，即经济主体职责和经济治理职责，推进国家经济治理现代化。一是要明晰国家作为资产所有者的平等所有制身份，促进国有资产配置效率的提升和保值增值；二是要明确国家在经济治理制度中的身份和职责，强化其市场监管、产业与地区协调、宏观政策制定等经济职能；三是要确立国家作为发展和竞争主体的身份和职责，制定实施国家发展战略和提升国家经济竞争优势；四是要发挥国家治理外部性优势，强化水、空气、技术、环境等资源外部性治理，推进生态文明建设和高质量发展。

三、健全现代产权契约制度，保持经济持久活力

（一）加强产权保护，奠定现代经济体系基石

产权制度是现代经济体系的基石。正因为交易成本不为0，也不可能为0，因此，产权明晰和保障，是现代经济治理制度的前提和基础。建立现代经济体系，首要任务是加强产权保护，健全现代产权制度。一是要树立产权（包括公共产权和私人产权）神圣不可侵犯的国家法律意识和法律精神，这是现代文明契约经济替代传统落后身份经济的一个核心特征；二是要建立健全平等产权制度和保护制度，平等公产权与私产权，平等国家政府产权与其他经济主体产权，实施平等保护的司法和法律制度；三是要加强知识产权保护，知识技术是经济进步的源泉；四是要建立现代所有制结构和形式，发展混合经济，建设产权保护的企业与市场治理机制；五是

要扩大开放，形成产权保护的竞争制衡机制。

（二）强化契约保障，织牢现代经济体系网格

契约安排是现代经济体系的网格。现代市场经济的内核就是契约经济。从市场交易到企业组织，其核心就是契约的不同实现形式。企业本身就是一个契约组合，市场本身就是一个契约约定。因此，契约安排是现代市场经济体系的网格。保障契约实施，是织牢现代市场经济体系网格和通络经济神经系统经络的保障。一是要建立现代契约精神，包括私法的契约精神和公法的契约精神，创造合作博弈的社会经济人文环境与引入社会资本；二是要确保契约实施，保障契约方利益，创造和促进现代市场经济体系网络和秩序扩展；三是要严格政府守信践诺机制与私人契约信用治理机制，健全现代公司治理和第三方治理机制，促进经济资源跨域跨期配置，提升经济增长持续动力。

（三）完善信用监管，安置现代经济体系枢机

信用是契约和博弈的声誉，也是合作博弈与重复博弈的一种可置信抵押。现代市场经济是重复与合作博弈经济，核心就是赋能信用信誉以经济价值，使得信用信誉成为一种有效的契约抵押，成为一种治理工具。信用是现代经济体系的枢机，决定着现代产权与契约安排，决定着现代经济治理，决定着经济体系现代化。因此，一是要建立健全现代信用与征信体系，构建现代经济治理的枢机；二是要构建信用治理体制机制，增强现代经济的社会资本治理效能；三是要完善信用监管制度，建设高效的社会诚信治理机制。

后　　记

本书由范恒山教授负责主持并组织编著、确定内容纲目、明确写作规范、审阅审定书稿，惠双民副教授协助商定内容纲目、组织写作团队、协调有关单位并协助审稿。全书共分十章，对所有制发展理论、所有制现实形态、所有制改革演进，以及经济治理制度等进行了研究分析，全方位多层面揭示了所有制改革与经济活力的内在机理、实践变革轨迹、现实挑战及改革深化的趋向。全书既有思想理论探索，也有现实问题梳理和相关改革建议，期望对深入认识中国所有制改革与经济发展奇迹及推进相关理论拓展、实践进程有所裨益。

本书具体章节编著者如下。第一章：范恒山、阎豫桂；第二章：范恒山、杨刚强；第三章：张慧君；第四章：张元馨；第五章：邹一南；第六章：李蓉；第七章：张增伟；第八章：汪彬；第九章：蔡之兵；第十章：惠双民。

在此衷心感谢各位编著者所付出的辛勤劳动，向本书审读专家张占斌教授致谢，也要感谢组织与出版单位杨若曦、张齐、刘亚平、余朔等同志的大力支持与热情指导，本书的顺利出版是大家共同努力的结果。